전봉준, 혁명의 기록

전봉준, 혁명의 기록

동학농민전쟁 120년, 녹두꽃 피다

이이화 지음

생각
정원

일러두기

· 본문 속 날짜는 별도 언급이 없는 한 음력이다.
· 본문 속 이미지는 대부분 동학농민혁명기념재단에서 제공받았다.
· 주요 인물 소개는 각주로 정리하고 따로 인물 색인을 정리하지 않았다.
· 참고한 자료는 미주로 정리하여 책의 뒤에 따로 나열했다.

전봉준이 돌아왔다

나는 역사학자가 되어 동학농민혁명을 연구하면서 전봉준을 '발견'했습니다. 동학농민혁명은 민중이 양반과 상놈을 타파하고 지배세력의 부정부패를 척결하며 주권을 유린하고 이권을 앗아가는 침략 세력을 몰아내려 봉기한 사실을 말합니다. 이를 밑으로부터의 변혁 운동이라고도 합니다. 전국에 걸쳐 이 땅의 민중이 한마음으로 평등과 자주를 외치면서 일어났다가 끝내 큰 희생을 치렀습니다. 그 중심에 전봉준이 자리를 잡고 있었습니다.

잃어버린 진실을 찾아서

나는 몇 십 년 동안 전봉준을 찾아 헤맸습니다. 그러면서 때로는 존경의 마음으로 옷깃을 여몄습니다. 그런 속에서 나는 전봉준을 인간미 넘치는 따뜻한 친구로 여기기도 했고 '가장 어려운 시대에 처절한 삶을 산 민족의 지도자'로 우러러보기도 했습니다. 나는 애써 전봉준을 위대한 영웅이나 위인으로 보려 하지 않았습니다. 그저 그의 정의롭고 희생적인 삶을 찾아보려 안간힘을 썼습니다.

그의 집은 아주 넓고 복잡했지만 그저 가난하고 소외받는 머저리들이 살고 있었습니다. 다시 말해 그의 집에는 종들, 백정들, 빈농들 그리고 장리쌀을 얻어먹고도 갚지 못해 논배미를 빼앗긴 사람들, 세금을 내지 못해 딸을 팔아먹은 사람들이 살고 있었습니다. 이런 사실을 알고는 너무나 안타까웠어요.

그런데 정작 그 집의 주인인 전봉준이 쓴 글이나 신상 기록이 턱없이 많지 않았습니다. 그가 '역적'으로 몰려 죽은 탓에 자료가 거의 없어졌습니다. 특히 그의 부모형제와 관련 있는 내력, 아내와 얽힌 이야기, 자식들의 행적 등은 어렴풋이 전해지는 말 말고는 거의 알아낼 수 없었습니다. 또 그의 청소년기 성장 배경도 미궁 속에 파묻혀 있었습니다.

그래서 민중의 입에서 입으로 전해지는 전설 같은 이야기와 여기저기 단편으로 기록된 것들을 주워 모아 생애를 추적하는 수밖에 없었습니다. 구전되는 이야기는 때로는 애정이 담겨서 부풀려지기도 하고 때로는 확실하지 않은 사실을 알려주기도 합니다. 쉽게 말해 믿을 것도 있고 믿지 못할 것도 있다는 뜻입니다.

전봉준을 연구하는 많은 학자들과 문인들은 어리둥절해하다가도 나름의 해석을 내려 자기의 주장을 내세우거나 작품을 쓰기도 했습니다. 그 결과 여러 이설이 나오게 되었습니다. 나는 이런 전설과 기록을 나름대로 종합하고 분석해 가장 진실에 가깝다고 판단되는 사실을 선택해 이 책의 줄거리를 끌어냈습니다. 나름대로 진솔하게 전봉준의 삶을 추적했으나 자료의 미비 등 여러 가지 객관적인 조건의 한계로 너무나 미흡한 부분이 많다고 여겨집니다. 또 인명과 지명이 많이 나와 지루한 느낌을 줄 수도 있겠습니다. 그럴 적에는 건너뛰어 읽어도 괜찮습니다.

봉기의 이유

그런데 말이지요. 그가 싸움패인 줄만 알았더니 그게 아니었습니다. 근본으로는 아주 따뜻하고 부드러운 평화주의자였습니다. 전봉준은 다른 사람의 처지를 이해하고 배려할 줄 알았습니다. 몇 가지 보기를 들어봅시다. 그는 무엇보다도 양반과 상민, 상전과 노비, 남자와 여자의 차별을 없애려 노력했습니다. 또 누구나 호칭을 동등하게 접장接長이라 부르게 했습니다. 어린애와 여자에게도 맞절을 했습니다. 그는 평등한 세상이 오기를 열망했던 것입니다. 그러나 그 소망은 이루어지지 않았습니다.

부자에게 재물을 울려내서 가난한 사람들에게 나누어줄 적에도 윽박지르지 않고 설득을 펴서 동의를 구해냈으며 부자에게 쌀을 싸게 사서 굶주린 사람들에 싸게 되팔았습니다. 또 부정한 높은 벼슬아치와 수령들에게 칼을 들어 내리치기보다 백성을 위하는 마음을 가지라고 꾸짖었으며 백성을 짓누르는 구실아치들에게는 나쁜 짓을 하지 말라고 타일렀습니다.

19세기 말 당시는 외세가 개입해 조선의 자주권을 방해하기도 하고 주권을 유린하기도 했습니다. 외세가 이권을 거머쥐기도 하고 외국의 상인이 마구잡이로 상품을 팔아먹어 우리네 살림살이는 더욱 쪼들렸습니다. 그리하여 전봉준은 침략 세력을 몰아내려 목숨을 걸고 봉기를 했습니다. 신념과 정열로 끝까지 불의와 맞서 싸웠으나 실패했습니다. 그러나 그의 정신은 우리의 역사에 길이 살아 있습니다.

끝나지 않은 싸움

이 책의 후반부, 곧 전봉준이 거사한 뒤의 이야기에서는 참으로 용기 있고 신념에 찬 그의 모습을 볼 수 있습니다. 이 부분의 내용은 이미 있던 자료와 새로 발굴한 자료를 모두 모아 선택해 꾸몄습니다. 특히 일본 사람들이 염탐꾼 또는 밀정 노릇을 하면서 쓴 목격담과 신문 기사도 활용했습니다.

예전 나라 안의 벼슬아치와 선비들은 전봉준을 '역적'으로 몰아서 좋은 주장도 나쁘게, 바른 행동도 옳지 못하게 그렸을 뿐만 아니라 바른 행동도 일부러 쓰려고 하지 않았습니다. 그저 '흉악한 인간'으로만 몰아갔습니다. 특히 일본 사람들은 전봉준을 친일파로 끌어들여 이용하려고 온갖 회유와 음모를 꾸몄으나 전봉준은 "내 수많은 부하들이 죽었는데 나만이 목숨을 구걸할 수 없다" "당신네들이 우리나라를 도와준다고 하지만 내 믿을 수 없다"고 선언하고 사형장으로 끌려갔습니다. 얼마든지 살릴 목숨을 대의를 위해 버렸던 것입니다.

올해는 동학농민군이 봉기한 지 120주년이 되는 해입니다. 오늘날 전봉준이 바라던 평등과 자주의 세상이 열렸을까요? 양반과 종들이 없어졌고 남녀의 차별이 사라지고 독립국가도 열렸습니다. 그런데 오늘날 조국이 분단되어 갈등이 일어나고 강대국의 간섭이 사라지지 않고 인권을 유린하는 일이 벌어지는 등의 모순은 근본적으로 청산되지 않고 있습니다. 또 탐욕적 자본주의가 만연해 이권을 독점하고 빈부 격차가 벌어졌습니다. 새로운 불평등사회가 빚어지고 있습니다.

이 책을 읽으면 동학농민군을 이끈 지도자 전봉준이 보입니다. 그의 삶과 신념을 통해 이 시대를 바라보는 지혜를 얻을 수 있으며 사람을 사랑하는 정신을 배울 수 있습니다. 그를 영웅으로 추앙하기보다 인간다운 면모에 다가가서 그와 친구가 되어봅시다.

2014년, 동학농민혁명 120주년을 맞이해
통일로 가는 길가의 마을 헤이리에서 지은이 씁니다.

차 례

암울한 시대의
불행한 이들

골목대장 녹두

 오늘날 전라북도 고창 땅의 덕정면 죽림리에 당촌이라는 마을이 있다. 당촌은 고창 읍내에서 3킬로미터 정도 떨어져 있는데 앞으로는 인내가 들판을 가로질러 흐르고 뒤로는 해발 400미터가 조금 넘는 화실봉이 길게 자락을 늘어뜨리고 있다. 당촌은 전형적으로 배산임수背山臨水에 자리한 우리네 여느 농촌마을이다.

 당촌에는 천안 전全씨들이 대대로 살고 있었다. 전봉준이 태어날 무렵 이 마을에는 전씨들이 20여 호 살았다 한다. 전씨들이 작은 집성촌集成村을 이루고 있었던 것이다. 현재 이 마을의 주민들은 입을 모아, 마을의 북쪽 끝머리에 전씨들이 만들어 오래 받들어온 '말무덤(言塚)'이 있다고 증언한다. 집성촌에서는 흔히 집안끼리 이 말 저 말로 헐뜯거나 모략질을 하여 말로 인한 싸움판이 벌어져서 의가 상하는 일이 많았다. 이를 예방하는 방법으로 사발 같은 그릇에 말을 주워 담아 묻어두는 풍습이 있었다. 이 마을 사람들은 말무덤을 잘 보존하고 제사를 지내기도 했다.

 당촌에 살던 전씨들은 번듯한 양반은 아니지만 그렇다고 상놈도 아니었다. 이들은 몇 대가 지나도록 낮은 벼슬 한 자리 하지 못하는 수가 많았다. 어찌어찌 해 공명첩空名帖(돈을 주고 산 벼슬 임명장)이나 하나 사서 행세하려

드는 정도였다. 재산도 그리 넉넉하지 않았다. 그저 열심히 논밭을 갈아 먹을거리를 겨우 마련하는 수준이었다.

당촌의 사람들도 여느 마을 사람들과 마찬가지로 세미歲米(쌀로 환산해 나라에 바치는 세금)니 공물貢物(관가에 바치는 특산물)이니 군포軍布(장정이 군대 경비로 내는 포목)니 하는 명목으로 나라에 바치는 것 말고도 온갖 구실에 따라 식량과 재산을 갈취당했다. 그래서 더욱 가난한 처지로 몰락한 탓으로 보릿고개(춘궁기)가 되면 굶어서 부황이 들어 누렇게 뜨는 사람들이 많았다.

건너편 마을은 도산리다. 예전에 이 마을에는 80호쯤 살았는데, 주로 양반이라 거들먹거리는 안동 김씨와 청풍 김씨들이 많이 살았다. 김씨들은 조상 덕분에 많은 재산을 모아 지주가 되었으며 관가와 결탁해 소작인들을 못살게 굴기도 했다. 도산리의 김씨들은 당촌의 전씨들이 자기들보다 지체가 낮다고 하여 늘 깔보았다. 전씨와 김씨들은 이런저런 이유로 이웃 마을에 살면서도 늘 앙숙으로 지냈다. 모처럼 장터에서 만나도 인사를 제대로 나누지 않았다.

아이들도 이런 분위기를 알아차려 정초에 석전놀이를 벌이면서 이를 악물고 상대에게 생채기를 내려 들었다. 이때 나이에 비해 유난히 키가 작으면서도 앞장서 돌을 당차게 날리는 아이가 있었으니, 전씨 성을 가진 '녹두'(전봉준)였다.

대보름날의 석전놀이

전봉준은 1855년 곧 을묘년에 당촌에서 태어났다. 그의 태생지를 둘러싸

고창 당촌의 전봉준 생가. 전봉준 사후 관군들이 지른 불에 타 폐허가 되었다가 2000년에 현재 모습으로 복원되었다. 중간 지주의 집 규모로 복원했다고 해서 논란을 빚었다.

고 몇 가지 다른 말들이 있으나 많은 연구자들이 당촌을 전봉준이 태어난 곳이라고 믿고 있다. 몇몇 기록과 여러 전설이 이를 뒷받침해주고도 있다.

전봉준의 아버지 전창혁全彰赫은 1827년생이요 어머니 언양 김씨는 1821년생이다. 족보에는 어머니가 아버지보다 나이가 여섯 살이 더 많은 것으로 기재되어 있다. 예전 시대에는 아내가 지아비보다 나이가 많은 경우가 더 정상적인 부부 관계였다. 족보의 기록을 믿는다면, 전봉준은 아버지의 나이 28세, 어머니의 나이 34세에 태어난 것이다. 그 시절의 관례로는 '늦둥이'인 셈이다. 전봉준의 형제자매에 대해서는 전하는 이야기가 거의 없다. 아마 외동아들일지도 모른다. 동네 사람들이 전해주는 이야기 한 토막을 들어보자.

정월대보름날, 날씨가 조금 풀린 것 같았다. 들판과 냇가에 쌓여 있던 눈들이 녹아내리고 있어서 철벅거렸다. 당촌 뒤로 아스라이 보이는 화실봉의 산

마루에는 눈이 덜 녹아 잔설이 군데군데 보였다. 해거름이 되자 동네 아이들이 쥐불놀이를 하려고 몰려나왔다. 열 살이 조금 넘은 아이들이 앞장서서 여기저기 논 언덕에 쥐불을 놓았다. 쥐불놀이는 밤이 늦어서야 끝이 났다.

다음 날 오후에도 고만고만한 아이들이 동네 어귀에 서 있는 소나무 아래로 몰려들었다. 30명쯤 되었다. 아이들마다 주머니에 잔돌을 가득 채우고 양손에도 제법 큰 돌을 쥐고 있었다. 건너 마을 도산리의 아이들도 같은 모습으로 냇가의 들판으로 몰려나왔다. 그 숫자가 당촌의 아이들보다 훨씬 많았다.

양편 아이들이 일제히 함성을 질렀다. 하늘에는 구름이 잔뜩 끼어 있었고 들판을 가르는 인내의 냇가에 늘어서 있는 버드나무 사이로 잔설과 얼음이 얕게 깔려 있었다. 요란한 함성과 함께 돌격전이 벌어졌다. 아이들은 돌팔매를 연달아 날리면서 상대편을 향해 달려들었다.

한동안 돌팔매질과 돌격전이 이어졌다. 나이에 비해 유난히 키가 작은 아이가 앞장서서 이리 뛰고 저리 뛰었다. 도산리의 아이들은 숫자가 많았는데도 힘이 부쳐 먼저 물러났다. 당촌의 아이들은 승리의 함성을 질렀다. 양쪽 마을 아이들은 이마와 머리통이 깨져 피를 흘리기도 하고 다리를 절뚝거리기도 하고 다친 팔을 늘어뜨리기도 하면서 각자 집으로 돌아갔다.

두 마을의 아이들은 정초가 되면 해마다 석전놀이를 벌였다. 연중행사였던 셈이다. 서로 심하게 다치는 사고가 벌어지지만 치료비를 물어내라거나 관가에 고발하는 일 따위는 없었다. 모두들 그저 정초의 액땜쯤으로 여겼다.

아무튼 녹두는 열두어 살이 되어서도 또래 아이에 비해 유난히 키가 작았다. 그래서 자연스럽게 작다는 뜻으로 녹두라는 별명이 붙었다. 녹두는

키는 작았으나 몸이 다부졌다. 사람들은 그의 모습을 두고, 귀공자처럼 피부가 하얗고 눈이 반짝거리고 체구가 단단했으며 주먹이 큼직했고 또 담력이 있어 무슨 일이건 앞장섰다고 말했다. 그런 탓으로 동네 아이들과 어울릴 적에 골목대장이 되었다.

분수를 아는 백구, 갈취하는 지주

녹두는 골목대장 노릇만 한 것이 아니었다. 당촌 마을 어귀 언덕에 서당이 있었다. 당촌의 사람들은 비록 가난했지만 서당을 차려 아이들에게 글공부를 시켰다. 서당 훈장은 전봉준의 아버지 전창혁이 맡았다. 그는 글줄이나 하는 선비여서 마을의 일을 보기도 하고 고부(현재 전라북도 정읍 지역) 향교의 장의掌議(공립 교육기관의 실무 책임자) 노릇을 맡아보기도 했다고 한다.

어찌된 연유인지 전창혁은 가난하기 짝이 없었다. 아마도 조상에게서 물려받은 재산도 없고 글줄이나 하다 보니 농사를 짓기보다 마을의 이런저런 일을 보느라 재산을 모으지도 못했던 것으로 보인다. 그래서 훈장질을 하여 가족의 생계를 이었다. 당시 훈장은 1년 단위로 글을 가르친 대가를 받았다. 가을 추수를 마친 뒤 쌀이나 잡곡 등으로 일정한 분량을 보수로 받았다. 가난한 마을에서는 보수가 넉넉할 리 만무했으며 농번기에는 학동들을 서당에 보내기보다 농사일을 시켰다.

녹두는 어릴 적부터 아버지에게서 글을 배웠다. 많은 사람들이 전봉준을 유식한 사람이라고 칭송한 것을 보면 그의 지적 수준이 상당히 높았음을 알 수 있다. 그가 만일 글을 배우지 않고 농사만을 지었다면 그의 장래는 어떻게 되었을까? 홍길동이나 임꺽정이나 장길산 같은 단순한 의적이 되었을까? 시대가 영웅을 만든다 했으니 태평한 시대에 태어났다면 재산을 많이 모은 농부가 되었을지도 모른다.

어린 시절의 녹두는 글을 배우는 틈을 타서 아이들을 이끌고 마을 주변을 돌아다니면서 놀이를 벌였다. 봄이면 화실봉에 올라 진달래를 꺾기도 하고 나무를 해오기도 하고, 옆 마을인 매산리에 널려 있는 고인돌 사이에서 돌팔매질도 하고 놀았다.

녹두는 남달리 호기심이 많았다. 녹두가 열세 살 무렵 지었다는 한시를 한번 보자. 인내와 그 옆에 펼쳐진 작은 모래밭에는 가을철에 백구白鷗들이 자주 날아들었다. 녹두는 서당에서 백구를 바라보다 문득 시상을 떠올렸다.* 이 나이쯤 되는 학동들은 중국의 당시唐詩를 외우기도 하고 습작으로 시를 짓기도 하는 것이 하나의 과정이었다. 백구 시의 첫 구절은 이러하다.

스스로 모래밭에 뜻을 얻어 노니니
흰 날개 가는 다리 홀로 맑은 가을 즐기누나.

백구의 고고한 기상을 떠올리고 있다. 인간 세상의 번잡함을 애써 털어버리려는 뜻이 담겨 있다. 끝 구절을 보기로 하자.

---

* 서당이 아닌 다른 곳에서 지었다는 설도 있다

번거롭게 마시고 쪼나 분수를 알고 있노니

물속의 고기떼들아, 너무 걱정 말아다오.

백구는 욕심을 부리지 않고 적당히 배만 채우니 물고기들이 그리 걱정할 것이 없다는 뜻을 담고 있다. 분수를 지킨다는 말이다. 전봉준이 이 시를 열세 살에 지은 것이 사실이라면 아주 뛰어난 시재를 지녔다고 말할 수 있을 것이다. 인간들은 이와 달랐다. 제 배를 채우고도 끝없는 욕심을 부려 남의 재산을 갈취하고 국가의 재물을 부정으로 축낸다. 더욱이 기아에 허덕이는 소작 농민을 갈취하는 지주도 많이 있지 않은가?

전봉준의 일화가 아련히 전해지는 이 마을에 오늘날에는 전씨가 한 가구도 살고 있지 않다. 전봉준이 역적으로 몰려 죽고 난 뒤 관군들이 마을을 뒤져 전씨들을 찾아내 죽이고 불을 질러 폐허로 만들었기 때문이다. 살아남은 전씨들은 도망쳐서 성을 바꾸고 살면서도 족보를 감추어 보존했다고 한다. 현재의 당촌은 그 뒤에 새로 형성된 동네나 다름없다. 다만 전봉준의 생가를 새로 복원해 전봉준의 흔적을 알려주고 있을 뿐이다.

이 마을 저 마을 떠돌이생활을 하며

전봉준은 10대 초반의 나이에 살길을 찾아 헤매는 아버지를 따라 당촌을 떠나서 이 마을 저 마을을 옮겨 다니면서 유랑생활을 거듭했다. 아마도 당촌에서 살림을 꾸리기가 힘겨웠던 탓일 것이다. 전봉준은 10대 후반의 나이에 한때 가족과 함께 금구 원평 언저리에 있는 항새마을(鶴峰) 등지에서

살았다고도 한다. 이곳은 동학농민군 지도자인 김덕명*이 살았던 용계동과
도 가깝다. 촌수는 알 수 없으나 전봉준의 어머니 언양 김씨와 김덕명은 일
가가 된다. 전봉준의 가족이 한때 김덕명의 집에서 더부살이를 했다는 말
도 전해진다. 예전에는 본관만 같아도 혈연의식이 끈끈했으니 전봉준 집안
이 김덕명의 도움을 받았을 가능성이 많을 것이다.

또 전봉준은 10대 후반 무렵에는 태인의 동곡리에 있는 지금실에서 살았
던 것으로 보인다. 동곡리는 현재 정읍군 산외면에 속하나 예전에는 태인
현에 속했다. 산외면은 주변에 여러 산들이 뻗어 있어서 구릉과 같은 산지
가 여기저기 널려 있는 산골이다. 좁은 들녘에 논밭이 군데군데 자락을 펼
치고 있다. 따라서 지금실은 농업 소득이 보잘것없는 가난한 마을이었다.
동쪽에는 험악한 회문산에 가로막혀 있어서 교통이 매우 불편했다. 주민들
은 주로 상두산 줄기의 지금실재를 넘어 원평으로 장을 보러 다녔다. 원평
장터와 지금실은 20리쯤 떨어져 있으니 그리 멀지 않은 거리다.

지금실에는 이 주변의 토호 세력인 도강 김씨들이 집성촌을 이루고 있
었다. 바로 김기범(뒤에 개남으로 고침)이 태어나 살던 곳이다. 김기범은 중간
정도의 자영농 지주의 아들로 태어났다. 따라서 전봉준의 처지보다는 훨
씬 여유 있는 집안 출신으로 볼 수 있다. 김기범의 어릴 적 별명은 '개똥이'
였다 한다. 그도 전봉준처럼 키가 작았으나 당찬 기상을 지녔다고 한다. 두
사람은 비슷한 구석이 많았다. 그러니 청년이 된 녹두와 개똥이가 어울려

---

* **김덕명金德明** 농민군 5대 지도자로 꼽힌다. 고향인 금구(지금의 전라북도 김제)의 대접주로 활동하면서 원평 집회를
여는 데 힘을 쏟았고 백산대회에 총참모로 추대되었으며 원평에 집강소를 차려 지휘했다. 서울로 끌려와 재판을 받고
사형이 언도되어 전봉준과 함께 처형되었다. 처형된 다섯 지도자 중에 유일하게 시신을 찾아와 묘소를 조성했다.

마을을 휘저으며 놀면서 세상 돌아가는 얘기도 나누었을 것이다.

전봉준은 이렇게 성장하면서 언제쯤 혼인을 했을까? 족보에 따르면 첫
아내는 여산 송씨로 송두옥의 딸이며 1851년생으로 기재되어 있다. 그녀
는 전봉준보다 네 살이 더 많았다. 예전에는 대개 10대 후반의 나이에 장가
를 드는 것이 관례였다. 전봉준 둘째 딸의 나이가 1879년생이다. 그녀가 살
아 있을 때 밝힌 자신의 출생년도다. 이런 사실로 미루어보자면, 전봉준이
혼인한 시기는 적어도 10대 후반의 나이 때인 1874~5년 무렵으로 추정할
수 있다. 그렇게 되면 송씨는 23세 무렵 혼인했다는 말이니 그 시절의 관례
로는 너무 늦은 것 같다. 또 족보에 따르면 송씨는 1877년에 죽었다. 결혼
한 지 몇 년이 못 가 죽은 것이다. 전봉준은 고부에 살 때 자주 자녀들의 손
을 잡고 아내의 무덤을 찾아 고개를 숙이고 묵도했다고 한다. 동네 사람들
이 그 모습을 보고 전봉준의 아내 사랑이 극진했다고 수군거렸다. 송씨의
무덤은 황토재 남쪽 언덕바지에 있었다고 한다.[1]

전봉준이 아내의 무덤을 자주 찾은 것으로 보아 아내를 추모하는 정이
남달랐던 것으로 짐작할 수 있다. 예전 시대에는 흔히 지아비는 아내의 제
사를 지낼 적에도 자식들에게 맡기고 멀건히 바라보는 것이 남성의 체면을
세우는 것이라 여겼다. 그가 자녀들을 데리고 가끔 아내의 무덤에 성묘했
다 하니 자녀들에게 어머니를 일깨워주려는 생각이 있었을 것이다. 또 족
보에 따르면 전봉준의 둘째 아내는 남평 이씨다. 그녀가 전봉준과 언제 혼
인했는지는 확실치 않다. 전봉준은 송씨와 이씨 사이에서 2남 2녀의 자녀
를 두었다고 한다.

그런데 한국근대사를 연구했던 일본인 기쿠치 겐조(菊池謙讓)는 "이곳(지금실)에서 후처인 이소사가 오랫동안 외로운 안채를 지키며 전처의 소생과 자기의 소생인 두 아들을 기르고 있었는데 전쟁터에서 갑자기 돌아온 남편을 맞이하는 이소사의 기쁨과 두 아이의 환호는 비유하기 어려운 광경이었다"고 기록했다.[2] 자녀들을 데리고 살림을 꾸린 이씨는 이소사李召史(이두로는 '조이'라 발음)였다 한다. 위의 인용문은 전봉준이 전주에서 물러나 집강소執綱所 활동을 벌일 때 아내 남평 이씨에게로 돌아갔던 정경을 기록한 것이다. 당시 전봉준의 가족은 고부 봉기 이후 지금실로 다시 옮겨가 살았다. 그런데 '소사'는 과부의 별칭이다. 호구 문서에는 이를 성 밑에 붙여 과부임을 표시했다. 그러니까 남평 이씨는 과부의 몸으로 전봉준과 재혼했던 것으로 보인다. 전봉준이 죽고 난 뒤 남평 이씨의 행방은 전혀 알려진 것이 없다.

이놈의 세상 빨리 망해야지

    전봉준은 지금까지 보아온 것처럼 여러 곳을 떠돌아다니면서 살았다. 적어도 10대 초반부터 30대 중반까지 여기저기 돌며 유랑생활을 했던 것이다. 그가 살았던 곳은 산간 마을도 있었고 들판 지대도 있었다. 조금 풍족한 마을에서 살게 되면 먹고 살기에는 다소 여유가 있었을 것이다. 그렇다고 그야말로 찢어지게 가난한 유랑생활의 고초가 크게 달라지지는 않았을 것이다.

공맹의 학에서 동학까지

생각이 깊은 사람은 자기의 처지에서만 세상을 바라보기보다 여러 사람들이 왜 고통을 받고 사는지, 어찌해야 그 고통을 풀어줄 수 있을지를 고민한다. 더욱이 전봉준은 비록 가난한 삶 속에서도 글을 익히고 뜻있는 동지들과 어울렸으니 이런 생각을 갖지 않았을 리가 없었을 것이다. 전봉준의 눈매는 지금 전해지는 어렴풋한 사진으로 보아도 형형한 빛을 던지고 있다. 그 형형한 눈빛으로 세상 돌아가는 꼴을 예리하게 살펴보고 원대한 꿈을 키웠던 것이다.

전봉준은 그의 이름으로 알린 글에서 정론이요 공론이라고 우기는 '공자왈, 주자 왈'을 인용한 기록이 거의 보이지 않을 정도로 유교의 가르침에 충실하지 않았으며 농민전쟁 과정에서 읍양진퇴揖讓進退 같은 엄숙하고 고집스런 유교적 선비의 풍모를 보이지도 않았다. 그 자신은 뒷날 재판정의 심문관에게 '공맹孔孟의 학學'을 했다고 말했으나 이를 유학자의 길을 걸었다고 말하는 것으로는 볼 수 없고 그저 여느 사람들이 상식으로 글을 배운 걸 말했을 것이다.

전봉준이 불교를 믿었다는 근거도 전혀 찾아볼 수 없다. 비록 백양사의 스님들과 어울리기도 하고 몇몇 스님들과 뜻을 맞추기도 했으나 신도로서의 모습은 보이지 않는다. 그저 지식인으로서 소양을 쌓는 정도로 관심을 가졌고 소외된 중들과도 동지 관계로 사귀었을 뿐이다.

또 그 자신이 "동학을 몹시 좋아한다"고 했고 고부의 접주 노릇을 했으나 동학의 포덕布德(동학을 전파하는 일)에 나서지는 않았다 한다. 그는 오히려 동학 조직을 봉기 세력으로 이용하려는 의지가 강했다. 농민전쟁이 시작되기 몇 년을 앞두고서야 뒤늦게 동학에 입도했다는 사실도 이를 증명할 것이다.

격랑의 시절

전봉준이 유랑생활을 하던 20대와 30대 중반의 나라 안 사정은 어떠했던가? 이 시기는 우리 역사에서 가장 격랑에 휩싸인 때였다 해도 지나친 말이 아닐 것이다. 전통사회가 무너지고 새로운 사회가 전개되는 여러 사건들이 벌어졌기 때문이다. 그 상황을 두 가지로 나누어 살펴볼 수 있다. 한 쪽은 비참한 농촌의 현실이요, 다른 한 쪽은 부정으로 얼룩진 지배세력의 동향이다. 이 둘을 하나로 묶어 설명해보면 다음과 같다.

전봉준의 나이 열두 살 때인 1866년, 프랑스함대가 강화도를 침입한 사건이 벌어졌다. 천주교도들을 살해한 것을 응징한다는 구실을 내걸고 침입했다. 프랑스 병사들은 강화도 일대의 건물에 불을 지르고 약탈을 일삼았다. 그리고 왕실의궤 등 귀중한 문화재를 약탈해 가져갔다. 이를 병인양요丙寅洋擾라 부른다.

또 전봉준의 나이 열일곱 살 때인 1871년에는 강화도에서 신미양요辛未洋擾가 벌어졌다. 미국의 시꺼먼 군함이 대포를 장진하고 서해안을 거슬러 올라왔다. 이들은 엄청난 파괴력을 자랑하는 대포를 쏘면서 강화도 광성진에 상륙했고 이곳을 수비하던 우리 군대가 결사 항전을 벌였다. 미국 해군들은 통상을 요구하다가 실현시키지 못하고 적당한 수준에서 물러갔다.

홍선대원군은 병인양요와 신미양요를 계기로 하여 일대 서양배척운동을 벌였다. 홍선대원군은 두 양요를 하나로 묶어 서양인들이 연달아 조선을 침략하러 넘본다고, 대대적인 선전활동을 전개했다. 그리고 서양인들과 적당히 타협하려는 주장을 배척해 "화의를 주장함은 나라를 팔아먹는 것이다(主和賣國)"라고 선언했다. 이어 철저한 항전을 독려하는 구호를 적은 척화비斥和碑를 전국의 중요한 곳마다 세우게 했다.

이렇게 하여 인민들 사이에는 서양 배척 의식이 더욱 고양되었고 정부는 이를 다시 천주교도를 탄압하는 빌미로 삼았다. 사람들은 막연하게 서양인은 눈이 파랗고 코가 이상한 사람으로 여겼으며 윤리와 도덕이 없는 짐승과 같은 존재로 알았다. 서양 사람들이 어린애의 간을 꺼내간다는 유언비어도 떠돌았다.

신미양요가 나던 해에는 문경새재에서 직업적 봉기군인 이필제 일파가 잡히는 일도 일어났다. 이필제는 최제우*의 원수를 갚자고 최시형**과 동학 교도들을 유인해 영해부 관아를 점령한 일이 있었다. 영해변란사건이라 부른다. 그 뒤에 새재에서 다시 동학교도, 불평객들과 손을 잡고 일대 변란을 꾸미려다가 잡혔다. 정부에서는 그를 오랫동안 추적해왔다. 이필제의 체포는 동학교도들이 더욱 탄압을 받는 계기가 되었다.

준비 없이 맞은 개항의 충격

무엇보다 조선을 충격에 빠뜨린 사건은 개항이었다. 개항을 강요당한 시기는 1876년이었으니 흥선대원군이 권좌에서 물러난 뒤이며 전봉준이 스물두 살 때였다. 일본인들은 군함 여러 척을 이끌고 인천 앞바다에 나타나 정부를 위협하면서 개항을 요구했다. 어쩔 수 없이 정부는 교섭에 응해 부산·인천·원산 등 세 항구를 열어 일본 상인들이 거주하면서 무역을 하게

---

* **최제우**崔濟愚 경주 용담 출신으로 1860년대 처음 경주를 중심으로 동학을 창도했다. 그 뒤 경상도와 전라도 남원 일대에서 포덕을 하여 많은 교도를 거느렸다. 동학에서 후천개벽을 부르짖고 검가를 통해 혁명사상을 전파했으며 양반·상놈을 가리지 않는 이시천인人是天 사상을 고취하자 좌도난정左道亂正의 죄목으로 처형되었다. 저서로 《동경대전東經大全》과 《용담유사龍潭遺詞》가 전해진다.

** **최시형**崔時亨 동학의 2세 교주였다. 경주에서부터 최제우를 충실하게 받들었고 최제우가 대구에서 처형당할 때 도망쳐서 강원도 일대에서 동학재건운동을 벌였다. 보은 집회 등 여러 집회에 늘 은인자중을 당부했으나 끝내 대동원령을 내려 손병희에게 일선 책임을 맡겼다. 전라도 임실에 숨어 있다가 북상해서 보은 북실에서 마지막 패배를 하고 다시 강원도 일대로 들어가 포덕을 하다가 1897년에 잡혀 처형당했다. 묘소는 여주에 조성되어 있다.

하고 일본영사를 두게 했다. 또 일본이 조선의 연해와 섬들을 측량할 수 있게도 허락했다. 이것을 강화도조약이라 부른다.

이 개항으로 말미암아, 조선은 서양의 여러 나라들과도 무역을 허락하게 되었고 외교관계도 맺게 되었다. 개항은 내부의 아무런 준비도 없이 일본과 서양 세력들의 활동무대를 제공하는 결정적 계기가 된 것이다. 그 결과 조선은 일본인과 서양인들에게 금광개발권·삼림벌채권·철도부설권 등의 이권을 내주었으며 금·은 등 자원과 쌀·콩 등 식량을 수출하는 대신 커피·양주·양복지·옥양목 그리고 사치품 따위의 물품을 수입하는 소비시장이 되었다.

개항이 이루어진 뒤 온 나라가 들끓었다. 민씨 정권은 외세와 결탁해 이권을 하나씩 거머쥐었으며 서양 배척 의식이 강한 척사파斥邪派들은 개항을 반대하는 운동을 열렬히 벌였다. 인민들은 식량이 더욱 모자라는 현실에 부딪쳤으며 높은 벼슬아치와 부호들은 수입 물품으로 사치스런 생활을 했다.

보기를 하나 들어보자. 일본과 청나라의 상인들은 영국에서 기계로 짠 옷감을 대량으로 들여와 조선 시장에 내다팔았다. 서양 옷감을 '질이 좋은 서양의 포목'이라 하여 옥양목玉洋木이라 불렀다. 옥양목은 금세 우리 시장을 휩쓸었다. 그리하여 외국 상인들은 중계무역으로 톡톡히 이익을 남겼지만 국내 목화 생산과 포목산업은 마비되어 농촌 경제를 파탄으로 내몰았다. 이처럼 동등한 입장에서 무역이 이루어지지 않아 나라의 자원이 유출되었고 전통의 시장경제는 마비되었던 것이다.

한편 개항으로 말미암아 개방을 주장해왔던 개화파들은 기세를 올렸고 민씨들은 정권을 유지하는 수단으로 이들을 이용했다. 그런 속에서 국가는 동등한 조건의 국교를 수립하지 못하고 계속 불평등조약에 시달렸다. 게다가 척화파와 개화파가 서로 으르렁거리면서 대결을 벌여 나라가 더욱 혼란스러웠다. 이런 현실에서 서울의 정동 거리에는 미국·영국·독일·러시아의 공사관이 들어섰고 눈이 파란 백인들이 거리를 활보했으며 양장 차림을 한 백인 여성이 쓴 파라솔도 가끔 보였다.

청나라와 일본군에 놀아나는 조선

이 무렵인 1882년 구식 군인들이 폭동을 일으켰다. 이를 임오군란壬午軍亂이라 부른다. 민씨 정권은 무리하게 개화정책을 밀고 나갔다. 정부에서는 신식 군인을 양성하면서 구식 군인들에게는 봉급도 제대로 지급하지 않았다. 구식 군인들은 이에 항의해 집권 세력인 민씨들의 타도에 나섰다. 구식 군인들은 경복궁으로 밀려들어가 고종을 압박했고 민씨의 배후 인물인 민비를 잡아 죽이려 했다. 구식 군인들은 권력에서 밀려나 있던 흥선대원군을 받들어서 정권을 맡게 했다.

민씨들과 민비는 도망을 쳤다. 서울에 주둔해 있던 청나라 군인들은 민씨들의 요구에 따라 구식 군인들을 일망타진했고 흥선대원군을 잡아 중국으로 끌고 가서 유폐시키는 불법적 행동을 멋대로 저질렀다. 그리하여 군인 폭동은 일단 수습되었으나 국가 주권은 청나라에 의해 처참하게 유린되었다.

1884년에는 개화파들이 민씨 정권을 타도하려는 일대 사건을 일으켰는

데 이를 갑신정변^{甲申政變}이라 부른다. 개화파는 민씨들이 자신들이 추구하는 개화정책을 반대하자 일본의 힘을 빌려서 민씨 정권을 타도하려 했다. 그리하여 김옥균·홍영식 등은 일본군의 지원을 믿고 우정국 건물 낙성식을 빌려 민씨들을 압박하고 경복궁을 습격했다. 그러자 다시 청나라 군대가 이들을 축출했고 일본 군인들은 협조한다는 처음 약속과는 달리 적극적으로 나서지 않았다. 김옥균·박영효 등 주동자들은 일본으로 망명했다. 이 사건은 사흘 만에 실패로 끝나 '삼일천하'라 불렀다. 이 과정에서 지금까지 보는 바와 같이 조선은 청나라와 일본의 군대에 놀아나고 있었다.

이 두 사건으로 국가의 주권이 크게 훼손되었다. 외세는 더욱 기승을 부려 이권을 앗아갔으며, 식량과 금과 같은 자원이 야금야금 유출되었다. 민씨 정권은 더욱 부패해 외국 상인들에 이권을 팔아먹었고 뇌물을 챙기고 벼슬을 파는 따위의 불법과 부정 행위를 거듭했다.

대대로 벼슬을 누려온 문벌들은 척사파·개화파·수구파 따위로 갈라져 한시도 쉴 틈 없이 권력 쟁탈로 날을 지새우는 속에서 다시 친일파·친청파·친미파·친러파 따위로 갈라져서 아웅다웅 끊임없이 분란을 일으켰다. 엊그제까지는 당파 싸움으로 날을 지새웠는데 오늘에는 청나라파·일본파·러시아파 따위로 갈라져 대립했던 것이다.

"민가 놈들 때문에 못살겠다"

이런 현실에서 국가의 수탈이 가중되었다. 토지에 매기는 세미는 규정보다 턱없이 많게 거두어들였을 뿐만 아니라 흉년에 세미를 면세해주는 토지에도 조세를 매겨 착복했다. 군사 경비를 위해 호구마다 매기는 군포는 어린애, 노인들 심지어 군적에도 없는 배냇아이에게도 받아냈다. 환곡은 춘궁기에 빌려주고 추수기에 회수하는 구휼제도인데 빌려줄 적에는 나쁜 쌀이나 돌이 섞인 쌀을 나누어주고 회수할 적에는 말을 턱없이 고봉高捧(말질을 할 때 위로 수북하게 담음)으로 대서 받아냈다.

지주들은 소출의 7~8할을 소작료로 받았으며 부호들은 1년에 배의 이자를 받는 장리쌀을 풀었다. 끝내 도조賭租(논밭을 빌려서 농사를 짓고 빌린 대가로 해마다 벼를 냄)와 장리의 대가로 남은 논을 빼앗긴 소작인들은 먹고살 길이 없어 고향을 떠나 떠돌며 밥을 빌어먹기 일쑤였다. 중간 지주도 온갖 명목의 잡세를 내느라 농사를 지어도 손에 떨어지는 것이 없을 지경이었다. 그리하여 중간 지주들도 불평불만에 차 있었다. 도시의 떠돌이 상인들에게도 조금도 빠짐없이 난전세亂廛稅(가게가 없는 떠돌이 장사꾼에게 매기는 세)를 받아갔으며 영세 어민들에게는 하찮은 고기잡이배에도 무거운 어업세를 물렸다.

민중은 "에이, 이놈의 세상 빨리 망해야지"라고 수군거렸으며 소외된 몰락 양반들도 "민가 놈들 때문에 못살겠다"고 불평을 토해내기 일쑤였다. 최하층민인 노비와 백정들은 세상이 뒤집어지기만을 바라면서 세상 돌아가는 꼴을 살폈다. 그런데도 민씨들과 일부 벼슬아치들은 집 안 벽장에 금송아지를 숨겨두고 부엌에는 고량진미가 널려 있었으며 곳간에서는 고기가 썩어 냄새를 풍겼다. 또 사랑채에는 항상 맑은 술과 청정한 과일이 담긴 주안상이 놓였다.

개혁사상가 정약용을 만나다

전봉준은 20대 후반에서 30대 중반에 걸쳐 나라 안의 크고 작은 일을 여럿 겪었으며 몸소 비참한 농촌 현실을 목도했다. 그는 "이래서는 안 되지, 도려내야지"라고 새롭게 각오를 다지면서 돌아가는 현실을 예리하게 살펴보았다. 한때의 흥분과 충동만으로는 큰일을 도모할 수 없다. 그의 은밀한 행동거지는 이 무렵부터 가동되고 있었다. 그의 인생관과 현실관은 이 시기에 확고하게 정립되었다고 볼 수 있을 것이다.

당장 개혁하지 않으면

이 무렵 전봉준은 다산 정약용이 저술한 《경세유표經世遺表》를 읽고 개혁방안을 모색했다. 정약용은 18년 동안 강진 지방에 유배되어 있으면서 국가를 개조할 방안인 《경세유표》를 저술했고 수령들의 부정부패를 막을 방법을 《목민심서牧民心書》에 담았다. 두 저술은 먼저 강진 지역에 살던 선비들의 손에 들어가서 읽히고 유포되었다. 전봉준은 해남과 강진의 선비들 손에서 전해진 《경세유표》를 탐독하고 감동을 받았다 한다.

1817년, 정약용은 《경세유표》의 서문에서 "지금 당장 개혁하지 않으면 나라는 반드시 망하고야 말 것이다"라고 썼으며 저작의 목적을 "우리의 낡은 나라를 새롭게 개혁하려는 뜻"이라고 밝혔다. 나라와 백성을 사랑하는 마음으로 개혁의 방책을 제시했던 것이다. 《경세유표》의 요지는 새 국가 건설을 위한 정치사상이라고 보면 될 것이다. 정약용의 주장을 더 들어보자.

첫째, 고대 중국의 탕왕과 무왕은 백성을 학대하는 폭군인 걸임금과 주임금을 무력을 써서 몰아냈는데 이를 혁명이라고 보아 그 정당성을 부여한 〈탕무혁명론湯武革命論〉을 썼다. 어느 때고 간에 인민을 짓누르는 폭군은 몰아내야 한다는 논지다. 유교에서 가르치는 '불사이군不事二君(두 임금을 섬기지 않는다)'을 부정한 사상이다.

둘째, 토지제도의 전면 개편을 주장하는 〈여전론閭田論〉을 썼다. 곧 모든 토지를 국유화하고 농민은 이를 공동 노동을 통해 경작하며 그 소득을 공동으로 분배해야 한다는 것이다. 이 제도를 실시하면 포악한 지주도 없어지고 농토가 없는 농민도 노동의 대가로 일정한 소득을 얻게 된다고 했다. 이 방법을 실시하면 굶어죽는 사람도 없게 되는 것이다.

셋째, 형벌의 남용으로 인권이 심각하게 유린되는 일들이 많았다. 태형笞刑(매를 때리는 형벌) 이상의 형벌을 실시할 수 없는데도 부정을 일삼는 수령들은 규정을 어기고 모진 형벌을 가하기 일쑤였다. 〈홍보전〉을 보면 홍보가 하찮은 대가를 받고 그 대신 매품을 판다. 죄인에게 안기는 매도 사고팔 수 있었던 것이다. 이를 《흠흠신서欽欽新書》에 담았다.

몇몇 문벌가의 사람들이 벼슬을 독점하고 이권을 독차지했으며, 세도가들은 벼슬자리를 마음대로 팔아먹는 부정이 자행되었던 것이다. 그리하여 정약용은 이 시대를 두고 "털끝 하나 병들지 않은 분야가 없다"고 한탄했다. 정약용은 잘못된 현실을 바로잡고자 많은 개혁방안을 용기 있게 냈기에 조선시대에 가장 뛰어난 개혁사상가로 꼽힌다.

나라와 백성을 사랑하는 마음으로

전봉준은 토지가 없는 농민들이 남의 땅을 소작해 소출을 거의 소작료로 다 빼앗기고 기아에 허덕이는 농촌 현실을 현장에서 목격했으며, 무고한 백성들이 이 구실 저 구실로 잡혀가 호된 형벌을 받는 모습을 누구보다도 많이 보아왔다. 더욱이 지역에서 적용하는 형벌은 거의 법조문을 무시하고 불법으로 이루어졌다. 그러니 백성을 짓누르는 국가의 수탈과 폭력, 부정한 수령과 포악한 지주들의 탐학과 압박, 신분제도에 따른 벼슬아치와 양반이 누리는 특권과 위세를 없애는 개혁방안이 절실히 요구되었다.

전봉준이 정약용의 저술들을 읽은 게 사실이라면 이를 통해 이런 새 국가 건설의 방안과 새로운 사회를 열어갈 제도를 터득하고 구상했다고 볼 수 있을 것이다. 꿈이 많은 젊은 나이에 이런 저술들을 읽고 감명받았을 것이요, 캄캄한 현실 속에 번쩍 눈이 열렸을 것이다.

전봉준을 직접 만나기도 한 오지영*은 전봉준을 두고 경전 등 많은 책을 읽었으나 마음에 만족하지 못했다고 했으며, "항상 불평한 마음이 많아 사

---

* 오지영吳知永 전라북도 고창 출신으로 일찍이 동학에 입도해 익산 등지에서 활동했다. 남·북접의 화해에도 노력을 기울였다고 한다. 그는 살아남아서 천도교에 가담해 혁신운동을 벌였으며 일제시기에 《동학사》를 써서 전해주었다. 여기에 전봉준이 홍계훈에게 제시한 폐정개혁 12조가 기재되어 있어서 사료로 활용되고 있다. 해방 뒤 정치활동을 한 것으로도 알려져 있다.

람을 사귀어도 신사상을 가지고 개혁심이 있는 자를 사귀고 따랐다"[3]고 전해주었다. 그래서 전국을 돌아다니면서 많은 지사들을 만나 의견을 나누고 사귀었는데 호남으로는 손화중 · 김덕명 · 최경선[**] · 김개남[***] 등이, 호서로는 서장옥 · 황하일[****] 등이 있었다. 이들은 사생을 함께한 평생 동지였다. 어느 때인가는 전봉준이 서울로 올라와 정치정세와 외세의 동향을 엿보았다고 했다. 한때 서울에서 실세해 있던 흥선대원군도 만났다고 한다. 흥선대원군과 얽힌 이야기는 다음 대목으로 넘기기로 하자.

---

* **손화중孫華仲** 전라북도 정읍 출신. 초기에는 정읍 무장 등지에서 동학 포덕에 나서는 활동을 벌였으며 동학농민전쟁 당시에는 전봉준의 거사와 집강소 활동에 협조했다. 2차 봉기 당시에는 최경선과 함께 광주에서 활동하면서 나주 전투를 벌였으나 실패하고 고창 안현리에 숨어 있다가 체포되어 서울로 압송되었다. 정식 재판을 받고 전봉준 등과 함께 교수형에 처해졌다. 농민군 3대 지도자로 꼽힌다.

** **최경선崔景善** 태인의 지주 아들로 태어나서 전봉준의 동지요 후배가 되었다. 백산대회에서 영솔장으로 행동대장의 책임을 맡았다. 전봉준이 집강소 활동을 전개할 적에 손화중과 함께 광주와 나주로 내려가서 나주 공격에 나섰으나 실패했다. 2차 봉기를 할 때 남쪽에서 군수전 · 군수미를 마련해 전봉준에게 보내주었고 함께 나주 감옥에 갇혔다가 서울에서 교수형을 당해 전봉준과 한날 한시에 죽임을 당했다.

*** **김개남金開南** 전라북도 태인(오늘날 정읍) 출신으로 일찍이 잘못된 세상을 바로잡으려 결심했다. 전봉준의 친구로 동학에 입도해 농민군 지도자가 되어 남원 일대를 중심으로 활동했다. 2차 봉기 때 청주병영의 공격에 나섰으나 실패하고 전주에서 처형당했다. 농민군 3대 지도자로 꼽힌다. 본명은 '기범'이었는데 이상 사회인 남조선을 연다는 뜻을 따서 '개남'으로 바꾸었다.

**** **황하일黃河一** 충청북도 청주 출신. 서인주와 함께 최시형을 받들었다. 서인주의 노선을 따라 강경파로 무력 대결을 주장했으며 전봉준 · 김개남들을 지도했다고 한다. 동학농민전쟁 당시 서인주와 함께 충주 괴산 일대에서 활동했으며 청주 병영의 공격에도 나섰다. 끝내 보은에서 잡혀 서울에서 재판을 받아 유배되었다. 그 뒤 그의 행방은 묘연했다.

체구는 작지만 눈빛은 형형하여

　전봉준의 행동은 은밀해서 잘 알려져 있지 않다. 다만 그와 얽힌 일화들은 민중의 입을 통해 많이 떠돌아다녔다. 전봉준은 나들이를 할 적에 거의 여러 사람들과 함께 말을 탔고, 말에 여러 물건과 도구들을 싣고 다녔다 한다. 곧 먹을거리라든지 짚신이라든지 밥그릇과 숟가락 따위를 지니고 다녔다. 전봉준 일행이 어둑한 시간에 친지의 집에 들면 마루에 산가지를 내놓았다. 일행의 숫자를 산가지로 계산해 밥 먹을 사람의 수를 알려주었다 한다. 밥을 해주는 사람은 일행이 누구인지 얼굴을 보지 못하고 몇 사람인지도 알 수 없었다. 다음 날에도 이들은 인적이 드문 새벽에 조용히 사라졌다.

　전봉준 일행은 깊은 산속이나 친지가 없는 곳에서는 스스로 밥을 지어 먹기도 하고 노숙도 했는데 그때 필요한 도구들을 말에 싣고 다녔던 것이다. 또 먹을거리나 말먹이를 조달하면서 다른 사람들에게 폐를 끼치지 않으려는 배려도 있었다. 이와 마찬가지로 농민전쟁이 한창이던 중에도 민폐를 끼치지 않으려 많은 배려를 아끼지 않았다.

　손화중이 무장현 양실마을(현재 전라북도 고창군 무장면 덕림리)로 이사를 와서 동학을 전파하면서 살 무렵의 이야기다. 전봉준은 손화중을 가끔 찾아와서 대화를 나누고 자고 가기도 했다 한다. 어느 눈 내리는 겨울 황혼 무렵 전봉준과 손화중은 골방에서 닭이 울 때까지 언성을 높이면서 토론을 벌였다 한다. 이때 전봉준은 봉기를 서둘러야 한다고 주장했고 손화중은 아직 서두를 때가 아니라는 주장을 폈다는 것이다. 당시 손화중은 이 일대에 많은 교도를 거느리고 있어서 가장 영향력이 큰 인물로 꼽혔다.[4]

전봉준 세력은 무장의 구곡 고랑(여시뫼 건너편 골짜기)에 훈련장을 만들고 때때로 청년들을 모아 군사훈련을 했다 한다. 이곳을 비밀 아지트로 삼고 때로는 집회장소로도 활용했던 것이다. 여기에 참여한 농민군은 이들 지도자들이 동조 세력으로 끌어들인 사람들일 것이요, 뒤에 대대적인 집단행동을 할 때마다 이 조직을 동원해 필요한 인력을 모았을 것이다.

서당과 약방을 열다

이 무렵부터 전봉준 가족은 고부의 조소리로 이사 와서 살았다. 조소리는 '새둥지 마을'이란 뜻을 가지고 있다. 마을 사람들은 풍수설로 풀기를 "새들이 모이는 곳은 시끄럽다, 이 마을에서 세상을 시끄럽게 할 인물이 태어난다"고 말하기도 했다. 또 새는 좀처럼 사람의 손길이 닿지 않는 곳에 둥지를 지으니, 곧 우러러볼 곳이라고도 했다. 예전 사람들은 있는 말 없는 말들을 지어내서 그럴 듯하게 자기 고장의 운수를 말했다. 그래서 "논두렁 정기라도 타고나야"라는 따위의 말들을 만들어낸 것이다. 물론 전봉준이 이런 풍수설에 따라 이 마을로 이사를 온 것은 아니다.

조소리에서 그는 부모와 자식들과 함께 살았다. 훗날 전봉준은 재판관에게 고부 봉기를 일으키기 수년 전부터 고부로 이사해와 살았으며 가족은 여섯 명이었다고 말했다. 그는 조소리에 서당을 차렸다. 처음에는 배우는 학동이 많지 않았다. 그는 아침에 아이들에게 글을 가르치고 나면 다른 일을 보러 어디론지 나들이를 했다. 아버지 전창혁이 전봉준을 대신해서 아이들을 감독하고 글을 가르치기도 했다.

조소리의 이웃 마을인 석교에 살던 소년 박문규*가 이 서당을 다녔다. 박문규는 다음과 같이 회고했다.

> 삼월 삼지 좋은 날에 잔등 너머 조솔리(조소리)로 천자문 들고 우리 부
> 모 따라 입학 간다. 고모댁 이웃집이라. 동학대장 전녹두 선생님 전에
> 인사하고 하늘 천, 따 지, 가물 현, 누를 황… 전 선생님 가르쳐준다.
> 서당 아들 서너 명 동무 재미 붙여 배워간다. 선생님의 늙은 부친이 대
> 를 서서 감독한다.[5]

박문규 학동은《천자문》을 떼고 다음 단계의 글을 배울 무렵이던 무자년(1888년)에 대흉년이 들어 글 배우기를 중단했다. 그러니까 전봉준은 1년쯤 서당을 열었다가 잠시 닫았던 것이다. 그는 자주 나들이를 했으니 서당 훈장 노릇을 제대로 하지 않았던 것으로 보인다. 어쨌든 그로부터 2년 뒤인 경인년(1890년)에 서당을 다시 열었다. 박문규 학동은 겨울에 전봉준의 서

---

* 박문규朴文圭 고부 궁동면(지금의 전라북도 정읍) 출신으로, 어릴 때 전봉준의 서당 제자가 되어 공부를 했다. 전봉준과 관련되는 내용을 담은《석남역사石南歷史》라는 저서를 남겨 조소리 서당의 사정과 황토현 전투의 실상을 알려주고 있다.

당에 가서 《통감》 첫 권을 배웠다.

전봉준은 신묘년(1891년)에 말목장터에 서당을 열고 다시 글을 가르쳤다. 말목장터는 번화한 곳이다. 지형이 말의 목처럼 생겼다 하여 말목장터라고 불렀다. 이곳 서당에는 조소리에서보다 학동들이 훨씬 많았다. 박문규는 말목장터의 서당으로 가서 공부를 했다. 이 시기에는 중급 과정인 《맹자》·《중용》·《대학》 등을 익혔다 한다. 그는 이때 집이 멀어서 통학하지 않고 서당에서 기숙했다. 그는 양식을 싸들고 갔다.

서당 한편 방에는 약방도 차렸다. 여느 약방과 비교해 실내 설비가 남달랐고 약을 조제하는 방법도 조금 특이했다. 방 안에 단을 만들어놓고 약재를 담은 주머니를 천장에 걸어두었다. 손에는 염주를 들었다. 전봉준은 사람들이 약을 지으러 오면 주문을 외우면서 진맥을 하고 약을 지었다. 곧 단순하게 처방에 따라 약만을 조제하는 것이 아니라 술수의 방법을 써서 주문을 외워 심리적 치료법을 병행했다는 뜻이 된다. 이런 방법을 써야 처방전이나 약값을 두둑하게 받을 수 있지 않겠는가. 예전이나 오늘날이나 용하다는 소문이 나야 문전성시를 이룬다. 전봉준이 불교를 믿었다는 흔적이 하나도 없으니 주문과 염주는 동학의 것이 틀림없을 것이다.

전봉준이 동학교도의 흉내를 냈다면 동학의 접주로 행세하면서 조직을 확대했을 것이다. 또 많은 사람들을 거느렸으니 그의 동지들도 자주 와서 어울렸을 것이다. 더욱이 말목장터는 교통이 좋고 사람들이 많이 꼬이는 곳이어서 동지들의 움직임을 숨기는 데 도움이 되었을 것이다. 또 약방을 경영하면서 자금을 확보하는 데도 일조를 했을 것이다.

전봉준은 동학농민전쟁 전단계인 고부 봉기 무렵에도 말목장터에 근거지를 두고 있었으니 적어도 4~5년은 두 곳에서 살았던 것으로 보인다. 그러니까 고부의 조소리와 말목장터에서 가족과 함께 살며 서당과 약방을 운영하면서 활동했던 것이다. 그의 활동 시기를 나누어서 보면 제2기에 해당할 것이다.

은밀한 행동과 사람됨

이 무렵 전봉준은 동네에 초상이나 혼례 등 대사가 있을 적에 부조를 하기도 하고 직접 찾아가 위문하거나 축하를 하는 등 성의를 표시했다. 새로 이사를 온 곳이니 오랜 친구는 없었으나 이웃과 담을 쌓고 외톨로 살지는 않았다.

하루는 어떤 사람이 전봉준에게 삶은 닭고기를 보내왔다. 마침 전봉준을 보러 손님이 방문해 있었다. 전봉준은 마루에 앉아 손님과 태연히 담소를 나누면서도 닭고기를 먹으려 하지 않았다. 손님은 닭고기에 눈길이 갔으나 모른 체했다. 한참 지나 개가 마당 안을 어슬렁거리자 전봉준은 닭고기가 담긴 그릇을 개에게 획 던졌다. 개가 닭고기를 냉큼 받아먹더니 캥캥거리면서 쓰러져 죽었다. 닭고기에 독이 들어 있었던 것이다. 전봉준을 미워한 사람이 전봉준을 죽이려 꾸민 짓이었다. 전봉준은 이런 일을 미리 짐작하고 매사에 조심성을 보였다 한다.

당시에 현지답사를 다닌 몇 안 되는 역사가였던 기쿠치 겐조는 전봉준의 내력을 조사하기 위해 1920년대 고부 읍내의 노인들을 불러 모아 여러 증언을 들었다. 이때는 전봉준이 죽은 지 30여 년이 지난 뒤여서 전봉준을 만나거나 직접 본 노인들이 많이 살아 있었다. 기쿠치는 노인들의 증언을 종합해 이렇게 썼다.

그는 체구는 작았지만 코는 크고 귀도 크며 눈빛은 형형하여 그와 한 번 만나면 그 당당한 위풍에 압도될 정도였다. 평생 과묵하여 말을 많이 하지 않았고 집에서는 부모를 지극한 효성으로 모셨으며 아내를 사랑하여 집 안은 항상 화기가 돌았다. 그는 마을의 어린이를 모아 천자문과 소학을 가르쳤는데 사방으로부터 찾아오는 손님이 줄을 이었다. 마을 사람이 오면 반드시 툇마루에 나와 인도했고 그 집안의 경중, 신분의 고하를 차별하지 않았다. 변란 전에 왕래하는 손님이 잇달아 왕복했고, 그도 또한 무주 방면으로 나다녔다.[6]

짤막한 내용에 많은 이야기가 담겨 있다. 가정이 화목했다는 점도 그의 사람됨을 판단하는 데 참고가 될 것이다. 특히 신분 차별을 하지 않았다는 것과 찾아오는 사람이 많았다는 것은 그의 거사와 관련이 있는 증언일 것이다. 그가 무주로 나다녔다는 증언은 서장옥·황하일 등 동학의 북접 지도자들과 자주 만나 거사를 모의했음을 뒷받침하는 내용이기도 하다.

말뚝처럼 횃불처럼 우뚝서다

동학을 좋아한다

전봉준은 언제 동학에 입도했을까? 이 문제를 두고 논란을 벌여왔다. 농민전쟁 전 과정에서 볼 때 대단히 중요한 문제다. 이에 대해 전봉준은 자신의 입으로 말한 바 있다. 체포되어 심문을 받을 때 그는 다음과 같이 대답했다.

문 : 너는 평소에 어떠한 학문을 했는가?
답 : 공맹의 학문을 했다.
문 : 동학에는 언제부터 관계했는가?
답 : 3년 전부터 관계했다.

전봉준은 당시 여느 선비들처럼 공자·맹자의 가르침을 담은 《논어》 같은 책을 배우고 읽었는데 뒤늦게야 동학에 입도했음을 밝히고 있다. 전봉준이 심문을 받은 때가 1895년 2월이었으니 3년을 거슬러 올라가면 1892년이 된다. 그가 고부 언저리에 살 무렵이었다.

또 김치도라는 사람이 동학의 여러 책을 보여주었는데 그 속에 보국안민輔國安民(위태로운 나라를 돕고 고통에 빠진 백성을 편안케 한다)과 경천수심敬天守心(밝은 하늘을 공경하고 바른 마음을 지킨다) 등의 구절을 보고 감동해 동학에 입도했다고 말하면서 "간악한 벼슬아치를 없애고 보국안민의 공업을 이룰 수 있을 것이라고 생각한 때문이다"고 했다. 동학을 신비적 신앙심으로 받든 게 아니라 보국종교 또는 사회종교로 받아들였다는 뜻이 아니겠는가.

전봉준은 자신의 의지를 아주 간결하고 명쾌하게 밝혔다. 이를 간단하게 다시 풀면 동학의 가르침을 좋아하되 세상을 바로잡는 일에 도움이 될 수 있기에 관계했다는 것이다. 또 그는 "동학을 몹시 좋아한다"고도 말했다. 좋아하는 것과 믿는 것은 차이가 있다. 따라서 그는 동학을 종교로서보다 변혁을 이룩할 하나의 수단으로 본 것이다. 억지 말이 아니다.

평생의 동지를 만나다

이 대목에서 동학의 가르침을 좀더 설명하면, 동학은 인간 평등의 실현을 가장 중요한 실천 덕목으로 내세웠다. 다시 말해 양반과 상민의 구분을 없애고 적자와 서자의 차별을 타파하고 노비나 백정 같은 천민을 인간답게 대우하는 교지를 내걸었다. 또 여성을 학대하지 말고 어린이도 공경해야 한다고도 했다. 2세 교조인 최시형은 스승 최제우의 가르침을 받들어 포덕의 자리에서나 일상생활에서 늘 이를 강조해 부연설명을 했다. 그리하여 차별받거나 소외된 계층들이 많이 동학교도가 되었다. 엄격한 신분질서를 통치의 골간으로 삼은 왕조체제를 받치는 지배세력은 최제우와 동학을 사문난적斯文亂賊(유교의 가르침을 어지럽히는 도둑)으로 몰았다.

'사람이 곧 한울이라(人是天)' '사람 섬기기를 하늘같이 하라(事人如天)' 같은 초기 동학의 가르침이 인간 평등의 근원을 밝힌 요의要義라면, 봉기를 준비하는 단계에서 제시한 '널리 창생을 구제한다(廣濟蒼生)' '나라를 돕고 백성을 편안케 한다(輔國安民)'는 현실의 모순을 해결한다는 실천 의지였으며, '폭도를 없애고 백성을 구한다(除暴救民)'는 현실 저항 의지를 담고 있었다. 앞의 것은 인간 존중 사상이요 뒤의 것은 잘못된 현실을 바로잡는다는 의지라고 볼 수 있겠다.

호남에서 동학의 전파는 경상도나 충청도보다 늦은 시기에 이루어졌다. 최시형은 강원도와 충청도 내륙지방에서 지하 포덕을 하다가 차츰 충청도 서쪽 지방과 호남으로 진출했다. 1890년대 초기였다. 호남의 인사들은 처음에는 산발적으로 최시형의 거처를 찾아가 가르침을 받으면서 동학에 입도했다. 1880년대 말부터 호남의 동학교도들이 교주 최시형에게 직접 현지로 와서 동학을 포덕해달라고 요청했다. 1891년 들어 최시형은 공주를 거쳐 부안·고부·태인 등지를 돌아다녔다. 이해 6월, 태인의 지금실과 금구의 원평, 전주 등지를 다녔는데 이때 김개남과 김덕명이 여름옷을 지어 올렸다고 한다.[7] 이 무렵 손화중도 입도한 것으로 보인다.

최시형이 호남으로 와서 포덕식을 할 때 사람들이 너무 많이 몰려와서 일일이 입도식을 진행할 수 없을 정도였다. 그리하여 큰 마당에 여러 사람을 한꺼번에 세워놓고서 맑은 물 한 그릇을 떠놓고 절을 하는 의식으로 입도식을 치렀다고 한다. 1890년대 들어서는 호남에서 동학의 전파력이 대단히 높아 섶에 불길을 당긴 듯 세차게 번졌다. 동학 입도식이 치러지는 곳은 장터처럼 소란스러웠다고 한다.

손화중은 동학에 입도한 뒤 고향 정읍을 떠나 무장으로 와서 접소를 차리고 본격적으로 동학을 전파했다. 그래서 손화중포(包)(동학교단의 교구제도)에 동학 세력이 가장 많았다 한다. 이 무렵 김덕명과 김개남은 최시형을 모시고 다녔으며 다른 동료들을 동학에 끌어들이기도 했다. 손화중과 김개남과 전봉준은 평생의 친구요 동지였다.

변혁을 위한 도구로서의 동학

전봉준은 동학을 종교로 신봉했다기보다 작은 지역의 접주 노릇을 하면서 동학 조직을 봉기에 이용하려 했다고 볼 수 있다. 그는 청소년 시절이나 장년 시절에도 모순된 현실을 어떻게 하면 개혁할지 고민했고, 이를 실현하는 방법을 찾으려고 동학 조직을 이용해 변혁운동에 나섰던 것이다. 어느 때인가는 북쪽에 있으면서 동학의 지도자가 된 서인주*(별명은 장옥)의 황하일과 교분을 텄다고 한다. 황하일은 서인주의 부하로 충청도에 거주했는데 현실 대처에 있어서는 최시형과 달리 적극 참여파였다.

　1892년 공주와 삼례에서 최제우의 억울한 죽음을 풀어달라고 정부에 요구하는 집회가 열렸고, 1893년에는 서울 광화문에서 교조 신원(伸寃)(원통함을 풀어줌)을 위한 상소운동이 전개되었다. 이때 서인주·황하일 등은 물리적 수단을 동원해 대결해야 한다고 주장한 강경파였다. 다시 말해 온건한 의

---

* 서인주徐仁周 수원 출신으로 '장옥'으로 이름을 바꾸어 활동했다. 최시형을 받들면서 호남의 전봉준·김개남·손화중 등 농민군 지도자를 지도했다고 한다. 그가 관가에 잡혀 유배되었을 때 최시형이 많은 돈을 모아 풀어주게 했다. 광화문복합상소 등을 주도했고 동학농민전쟁 당시는 전봉준과는 달리 충주 일대에서 농민군을 모아 활동하면서 청주병영을 공격한 것으로 알려져 있다. 1900년 잡히는 몸이 되어 재판을 받고 교수형에 처해졌다.

사 전달이나 설득만으로는 자신들의 뜻을 관철할 수가 없으니 병란(봉기)을 일으켜야 한다고 주장한 것이다. 전봉준은 이들과도 손을 잡고 동지 관계를 맺었다. 최시형 중심의 온건파를 북접, 서장옥 중심의 강경파를 남접이라 불렀는데 전봉준은 물론 남접에 속했고 나중에는 남접의 최고 지도자로 꼽혔다. 1892년 무렵에는 고부 접주로 임명되었다. 남접 지도자로서는 가장 늦게 동학에 들었던 것이다.

전봉준이 동학 조직을 이용해 평등 세상을 열고 부정부패를 척결하려는 운동의 전위조직으로 삼으려 한 사실은 선무사宣撫使(백성을 어루만져주는 임금의 사자)로 내려온 어윤중이나 일본인들이 진동학당眞東學黨과 위동학당僞東學黨으로 구분한 것에도 드러난다. 조용히 관망하는 자들을 '진짜 동학 무리', 봉기를 서두르는 자들을 '가짜 동학 무리'로 분석한 것이다. 훗날 재판관이 전봉준에게 고부로 이사한 연유를 묻자 "동학 포교를 위해 온 것이 아니고 어린이를 가르치기 위해 왔다"고 했다. 그러니까 고부 접주로서 동학을 전파하는 역할을 하지 않았음을 밝힌 것이다.

전봉준이 행동으로 나선 기록은 1892년 11월 동학교도들이 최제우의 신원을 요구하며 일어난 삼례 집회 때부터 나타난다. 교도들의 탄압을 중지하라는 소장을 낼 때 이를 들고 갈 사람이 없었다. 목숨을 담보하지 않으면 안 되는 위험한 일이었다. 이때 전봉준이 선뜻 나선 것이다. 그는 전라감사에게 항의의 글을 내기도 하고 창의문倡義文(봉기할 것을 호소하는 글)을 직접 써서 돌리기도 했다. 또 동학교단에서 최시형의 허락을 받아 광화문 복합상소伏閤上疏(대궐 앞에 엎드려 소문을 올리는 절차)를 올릴 직전에 다시 삼례에서 집회를 열고 전라감사에게 글을 보냈다. 이때도 전봉준이 활동을 전개했다. 이 글의 앞부분에는 충효를 말하고 뒷부분에는 대의를 밝혔다. 끝 부분의 한 대목을 보자.

오늘날 왜적과 양적이 나라 한가운데로 들어와 큰 혼란이 아주 심각하다. 실로 오늘날 나라의 수도를 보건대 마침내 오랑캐의 소굴이 되었다. 가만히 생각하건대 임진년의 원수와 병자년의 치욕을 어찌 차마 말할 수 있으며 어찌 차마 잊을 수 있겠는가? 지금 우리 동방 삼천리 선조들이 물려준 땅이 모두 금수들의 발자국으로 가득하다. 오백 년 종사가 장차 망하게 되었으니 인의예지仁義禮智와 효제충신孝悌忠信을 지금 어디에서 찾아볼 수 있겠는가? 하물며 저 왜적은 오히려 회한의 마음을 가지고 화근을 품고서 그 독기를 마음대로 뿌리고 있어서 위태로움이 조석에 달렸다. (중략) 우리 수만 명은 힘을 합쳐 죽기를 맹세하고 왜적과 양적을 물리쳐 대보大報의 의리를 본받고자 한다.[8]

여기서는 교조 신원만이 아니라 일본과 서양 세력을 배척한다는 의지도 분명하게 드러냈다. 이 글에는 전봉준·서장옥·황하일의 의지가 담긴 것으로 보인다.

전봉준은 이 무렵부터 척양척왜를 분명하게 표방했다. 이는 흥선대원군의 주장과도 일맥상통한다. 그래서인지 전봉준과 흥선대원군이 동지적 관계를 맺었다는 설도 널리 퍼져 있다. 이 문제는 전봉준이 동학 조직을 이용하려 한 것과는 달리 다른 정치세력과 손을 잡아 협력의 통로를 개척하려 했음을 알려주는 대목이다.

흥선대원군과 전봉준

흥선대원군은 임오군란 때 중국으로 끌려가 유폐되었다가 1885년 풀려나 귀국했다. 타협을 모르고 성격이 꼬장꼬장한 그로서는 엄청난 수모를 당한 셈이다. 흥선대원군이 풀려날 때에는 청나라와 민씨 정권의 갈등이 유발되고 있었다. 민씨들은 흥선대원군이 거처하는 운현궁을 통제하고 출입하는 인사를 탐지해 감옥에 가두거나 압제를 가했다. 흥선대원군의 팔다리를 잘라 무력화시키려는 공작이었다.

그래도 사람들의 출입이 이어지자 아예 운현궁의 문을 막아버렸고 그럼에도 통제가 되지 않자 홍마목紅馬木(나무로 만든 말에 붉은 글씨를 쓴 것)을 세워 출입하려는 사람들을 통제했다. 홍마목의 붉은 글씨는 출입하지 말라는 경고의 의미를 담은 것이었다. 흥선대원군이 이런 처지에 놓여 있었으니 정치활동을 제대로 펼 수가 없었다.[9]

민비와 민씨들은 한 점 조심도 없이 이권을 차지하고 벼슬을 팔아먹으며 비리와 부정행위를 계속 저질렀다. 그러자 유폐된 흥선대원군의 인기가 나날이 높아갔다. 민씨들이 흥선대원군을 탄압하면 할수록 용수철이 튀어오르듯 사람들은 "대원군 시절이 좋았어, 부정도 적었고. 구관이 명관이지 뭐…"라고 중얼거리면서 흥선대원군에게 동정의 눈길을 보냈다. 이와 달리 고종과 민비를 왕과 왕비로 받들기보다 "암탉이 울면 나라가 망한다"거나 "마누라 치마폭에서 얼이 빠졌다"라고 수군거렸다. 왕을 미련한 인물, 왕비는 간교한 여우로 비겼다.

운현궁에서의 비밀 약속?

역사학자 김상기는 직접 목격한 송용호의 증언을 들어 "흥선대원군의 하수인인 나성산이 어느 때 전주 구미리로 전봉준을 찾아왔다. 그때 전봉준과 김개남과 송희옥*이 구미리에 함께 살고 있었다"고 기록했다.[10]

그런데 언제인지 전봉준이 서울로 올라가 정계의 귀추를 엿볼 때 흥선대원군의 집에서 상당한 기간 지냈다 한다. 전봉준은 운현궁에서 식객 노릇을 하면서 도통 말이 없었고 청탁도 하지 않았다. 하루는 흥선대원군이 전봉준을 조용히 불러 "나의 집을 출입하는 사람은 대개 무슨 청탁이 있는데 그대는 아무런 청탁이 없으니 무슨 까닭인가?" 하고 물었다. 이에 전봉준은 웃으면서 "작은 청탁을 아니 하는 사람은 큰 청탁이 있는 것입니다"라고 대꾸했다는 것이다.

흥선대원군은 그 말뜻을 알아차리고 밀실로 불러 대화를 나누면서 국내 정치의 개혁과 세계정세를 논했다. 두 사람은 뜻이 통해 굳게 손을 잡고 큰일을 다짐했다. 그런 뒤 전봉준은 자기 집으로 내려왔다 한다. 하직할 때

---

* 송희옥宋喜玉 전라북도 정읍 출신. 전봉준의 처족 7촌으로 백산에서 농민군 부서를 정할 때 전봉준의 비서로 이름을 올렸다. 전주의 도집강을 맡았다. 전봉준이 2차 봉기를 하러 삼례로 나왔을 때 흥선대원군의 사자로 전봉준을 만나 교섭을 벌였다고 한다. 대둔산 전투가 벌어질 무렵, 고산의 민병에 잡혀 살해되었다.

홍선대원군은 전봉준에게 물 강江 자를 손바닥에 써 보이면서 "만약 동작강(한강의 동작나루 쪽)까지만 와서 깃발을 날린다면 나는 곧바로 궁궐을 점령하겠다"고 말했다 한다. 사학자 장도빈은 전봉준이 1년 남짓 서울에 머물렀다고 하면서 두 사람이 체결을 한 뒤 계사년(1893년) 봄에 내려갔다고 기록했다.[11]

이 이야기는 마치 소설의 한 토막 같다. 사실 이 이야기는 그럴 듯하게 꾸며진 허구일 것이다. 전봉준이 한 번쯤 서울을 왔다간 것까지는 부인할 수 없을지 몰라도 운현궁에 거처했다는 것, 홍선대원군과 비밀 약속을 했다는 것은 여러 정황으로 보아 믿기가 어렵다.

훗날 전봉준은 재판정에서 신문관이 홍선대원군과의 관계를 추궁했을 때 "대원군은 유세한 사람인데 어찌 내가 좋아하겠는가?"라고 반문하면서 적극 부인했다. 이는 단순히 감싸려는 뜻이 아니었을 것이다. 전봉준은 새로운 세상을 열고자 하는 의지가 충만했고 홍선대원군은 이씨왕조의 권위를 높이려는 데 뜻을 두었으니 가는 길이 서로 달랐다. 다만 홍선대원군이 전봉준의 소문을 듣고 밀사를 보냈을 수는 있을 것이다. 실제로 농민전쟁이 진행될 당시 홍선대원군은 전봉준에게 밀사를 보냈다(뒤에서 다시 언급하겠다).

여러 사람의 입을 통해 떠도는 이런 이야기는 원대한 뜻을 품은 전봉준의 거사가 단순치 않았음을 알려주는 대목이다. 광화문 복합상소가 있을 무렵 서울의 정동 거리에 있는 외국 공사관과 교회당 등지에 침략 세력들은 물러가라는 내용의 괘서掛書가 나붙었다. 사람들은 서인주나 전봉준 계열이 이 일을 주도했다고 보았다. 그 내용이 전봉준이 삼례에서 돌린 창의문과 비슷했다.

그들은 왜 동학농민군이 되었을까

1893년 3월, 아직 날씨가 쌀쌀할 철이었다. 북쪽의 보은 장내(장안마을)와 남쪽의 금구 원평에는 때를 같이하여 수많은 사람들이 모여들었다. 장내에는 산골짜기와 언덕에 천막을 치거나 움집을 짓고 사람들이 기거했으며, 원평에는 들판에 무대를 만들고 모래밭에 천막을 두르고 꽹과리로 소란을 피웠다. 수염을 점잖게 기른 선비도 있었고 감발(발감개)을 한 농투성이(농부)도 있었다. 두 곳에 모여든 군중의 차림은 비슷했다. 좀 더 자세히 살펴보기로 하자.

어깨에는 쌀 서너 되와 소금 따위 생활필수품을 담은 담발랑^{擔鉢囊}을 메고 짚신과 바가지를 줄레줄레 허리에 찼다. 어떤 이는 의관을 제법 차리기도 했으나 봉두에 수건을 질근 동인 사람들이 대부분이었다. 너덜거리는 감발과 지팡이에 의지해 걸음을 걷는 노약자도 섞여 있었고 머리를 땋아 내린 더벅머리 총각들도 있었다. 3월이라 아직도 날씨가 차가운 철이었으니 대개 겹옷을 입고 있었다.

어떤 사람들은 몽둥이를 꼬나들었으며 칼을 옷 속에 숨기고 어죽거리면서 걷는 사람들도 있었다. 짐승 잡는 총을 든 포수들도 끼어 있었으며 여기저기를 기웃거리는 무뢰배들도 어슬렁거렸다. 사람들은 비가 줄줄 내리는

데도 아랑곳하지 않고 계속 모여들었다. 그들은 비가 내리는 속에 평지에 성을 쌓고 사방에 문을 낸 가건물 안에서 거처했다. 때로는 모자라는 양식을 확보하려 부자를 잡아다가 결박하기도 했으며 돈을 내서 식량을 무더기로 사오기도 했다. 장기 주둔을 준비하는 모습이었다. 이렇게 모여드는 사정을 좀 더 알아보자.

동학군과 농민군

광화문에서 복합상소를 올리던 교도들은 아무런 결과도 얻지 못하고 해산했다. 최시형은 팔도의 모든 도인을 보은 장내로 모이라고 지시했다. 그리하여 장내에는 소속을 나타내는 포包와 접接을 표시하는 깃발을 내걸고 정연하게 대오를 지어 주문을 외우는 사람들이 몰려들었다. 창생을 구제한다거나 서양과 일본의 오랑캐를 배척한다는 문구들을 적은 깃발도 곳곳에 펄럭였다.

보은의 벼슬아치들은 벌벌 떨면서 중앙의 군대가 오기만을 기다렸다. 어윤중은 선무사의 자격으로 정부를 대표해 보은 읍내를 거쳐 장내로 달려왔다. 대포를 앞세우고 온 어윤중은 군중을 바라보고 겁을 집어먹었다. 그러나 마음을 다잡고 교활하게 갖가지 감언이설로 군중을 회유하고 협박했다. 중앙에서 따라온 군인들은 대포를 설치하고 신식 총인 라이플총을 꼬나들어 위협적인 자세를 취했다.

최시형·손병희* 등 동학 지도자들은 먼저 몸을 피했다. 주모자의 한 사람인 서병학**은 어윤중을 만나 눈물을 흘리면서, 통문을 내고 방문을 붙인 것은 모두 원평 사람들의 소행으로 자기들과는 상관이 없다고 변명했다. 서병학은 단독 결정으로 해산을 약속했다. 어윤중은 이때 모인 사람들을 보고 그들의 성분과 신상을 다음과 같이 진단했다.

그 처음에는 부적이나 주문을 끼고서 사람들을 현혹시키려고 참위讖緯
(세상일을 예언한 비결)의 글을 전해주어 세상을 속이려 했다가 끝내 지
략과 포부와 재기를 안타깝게 펴지 못하는 자가 여기에 돌아왔고, 탐
관오리가 횡행하는 것을 분하게 여겨 백성을 위해 그 한 목숨을 바치
려는 자가 여기에 돌아왔고, 외국 오랑캐가 우리 이권을 마구 빼앗는
것을 통분하게 여겨 망령되이 그들을 내쫓는다고 큰소리치는 자가 여
기에 돌아왔고, 탐욕스런 장수나 부정한 벼슬아치의 학대를 받아도
아무 데도 호소할 곳 없는 자가 여기에 돌아왔고, 경향에서 세력을 마
구 쓰는 자들에게 위협을 받아 스스로 목숨을 보존할 수 없는 자가 여
기에 돌아왔고, 서울이나 지방에서 죄를 짓고 여기저기 도망 다니는
자가 여기에 돌아왔고, 여러 고을의 관속 무리로 의지할 곳이 없어 떠

---

* **손병희孫秉熙** 충청북도 청원 솔뫼 출신으로 아전의 아들로 태어났다. 최시형의 제자가 되어 충실히 따랐다. 여동생을 최시형과 혼인시켜 받들게 했다. 북접 농민군의 지도자로서 농민군을 이끌고 전봉준과 연합해 공주 전투를 수행했고 전봉준과 함께 남쪽으로 내려왔다. 태인 전투에서 패한 뒤 북쪽으로 올라가 보은·북실 전투를 치렀다. 그 뒤 동학을 재건해 천도교로 바꾸고 3·1운동의 주역이 되었다.
** **서병학徐丙鶴** 동학 교단의 지도자로 강경파로 알려졌다. 최제우의 억울함을 풀어달라고 요구한 공주 삼례의 집회와 광화문 복합상소, 보은 집회를 주도했다. 동학농민전쟁이 일어나자 변신해 한성부 남부도사라는 직책을 얻어서 관군을 안내하는 따위의 밀정 행위를 했으나 크게 출세도 못하고 죽었다고 한다.

돌며 흩어져 살던 자가 여기에 돌아왔고, 농사를 지어도 집 안에 남는 곡식이 없고 장사를 해도 손에 남는 이익이 없는 자가 여기에 돌아왔고, 무지몽매한 무리로 풍문을 듣고 동학에 드는 것이 삶을 누리는 곳으로 여기는 자가 여기에 돌아왔고, 빚을 지고 갚지 못해 모진 독촉을 견디지 못하는 자가 여기에 돌아왔고, 상놈이나 천민으로 한 번 기를 펴서 출세해보려는 자가 여기에 돌아왔다.[12]

어윤중은 개화파의 한 사람이었는데 내정 개혁만은 동학교도 또는 농민군들과 뜻을 같이했고 비리의 온상인 민씨 정권의 타도에도 동조했다. 참여한 군중에 대한 그의 이와 같은 성격 분석은 아주 정확하다고 말할 수 있다. 이 분석은 보은 장내 집회에 참여한 군중에게만 해당하는 것이 아니었다. 때를 같이하여 모인 원평 집회 참여자는 말할 것도 없으며 농민군에 호응하는 부류들은 어느 곳을 가릴 것 없이 마찬가지였다.

농민군이 된 사연들

보은 장내 집회에 호남인들이 참여하기는 했으나 그 중심 역할을 하는 전봉준은 원평에서 날카롭게 동정을 살피면서 보은 장내 집회의 귀추를 엿보았다. 그렇다면 원평의 사정은 어떠했던가? 원평에서도 보은 장내 집회와 때를 같이하여 대대적인 집회가 열렸다. 이곳에 모인 사람들은 동학교도보다는 순수한 농민들이 더 많았다. 다시 말해 북접의 지시를 받는 호남의 동학교도들은 거의 보은 장내 집회에 참석했고 원평에서는 김덕명을 비롯해 전봉준·김개남·손화중·최경선 등 지도자들이 거느리고 있는 사람들이 중심이 되어 집회를 주도했다. 또 북접에 속하는 서장옥·황하일의 세력들도 섞여 있었다. 그리하여 보은 장내 집회보다 곧 터질 듯, 강렬한 분위기가 연출되었다.

이들은 높다랗게 제단을 만들어 풍물을 울리기도 하고 소리판을 벌이기도 하면서 사람들의 이목을 끌었다. 말깨나 하는 사람들은 단에 올라 소리 높여 정부와 수령의 부정을 늘어놓고 양반과 지주들의 횡포를 고발하기도 했다. 때로는 주문을 외우고 구호를 연창하기도 했다. 또 모래밭에 솥을 걸어놓고 소를 잡아 끓여 먹기도 하고 여기저기서 막걸리 판을 펴고는 왁자지껄 떠들어대기도 했다.

얼근한 농민들은 제각기 불평의 소리를 토해냈다. 어떤 이는 "배냇아이 몫으로 군포를 매기고는 강제로 솥이나 숟가락 몽당이를 거두어갔다"고 했고 어떤 이는 "아, 글쎄 지주가 무자년 흉년 때 도조를 내지 않았다고 하여 어린 딸을 첩으로 삼으려고 데려갔다"고 말하기도 했다. 어떤 이는 "봄에 환곡 쌀을 얻었는데 모래와 짚과 풀이 절반이나 섞여 있었네. 가을에 갚을 적에 깨끗한 쌀만 받아가면서 규정보다 세 배나 물렸다"고 했고 어떤 이는 "상전이 내 아내를 강제로 끌고 가서 잠자리를 같이했다"고 했고 어떤 이는 "구실아치들이 푸줏간의 고기를 제 어미 회갑잔치에 쓴다고 한 푼 내지 않고 쓸어갔다"고 했다.[13]

이들은 말할 나위도 없이 영세한 농민이거나 신분이 노비, 백정인 사람들이 토해내는 불평이고 호소였다. 이들은 분개를 끊임없이 토해내면서 두 주먹을 불끈 쥐기도 하고 가슴을 치면서 벌떡 일어나기도 했다. 전봉준은 이들의 하소연을 차분하게 들을 틈이 없었다. 동분서주하면서 사람들을 추스르기에 바빴다. 이들의 성격에 대해 황현은 이렇게 쓰고 있다.

처음 동학은 그 무리를 불러 포包라고 했는데 법포와 서포가 있었다. 법포는 최시형을 받들었는데 최시형의 호가 법헌法軒이기 때문이다. 서포는 서장옥을 받들었는데 서장옥은 수원 사람이다. 서장옥이 최시형과 더불어 모두 최제우의 가르침을 따랐는데 최제우가 죽자 각각 도당을 세워 서로 사사로이 전수하면서 이름 붙이기를 포덕布德이라 했다. 그리하여 아무개의 포라고 서로 표시하기로 약속했다. 서포가 먼저 일어나고 법포가 뒤에 일어났기 때문에 서포를 일어난다는 뜻을 따 기포起包라 하고 법포를 앉아 있다는 뜻을 따 좌포坐包라 이름 했다. 전봉준이 일어날 적에는 모두 서포였다.[14]

곧 전봉준은 강경파인 서장옥에 동조해 봉기했다는 뜻이요 최시형 계열은 머뭇거리다가 마지못해 나중에야 동조한다는 뜻이었다. 그리하여 북접 사람들은 "전봉준이 사사로이 교도들을 빼앗아 전라도 금구군 원평에 몰려 있었다"고 지탄을 퍼부었다.

원평 집회에는 불갑사·백양사·선운사 등 남도의 유명한 사찰의 승려들도 참여했는데, 전봉준은 보은 장내 집회의 귀추를 엿보기 위해 승려 긍엽亘葉을 비밀스럽게 보은의 장안으로 파견했다.[15] 또 이곳 농민군 수천 명이 보은으로 올라가려다가 진산에 이르렀을 때 원평으로 내려오던 어윤중을 만났다. 어윤중은 이들을 진산군 객사로 불러 윤음綸音(임금이 신하나 백성

들에게 내리는 말)을 읽어주었다. 그러자 이들은 통곡을 하고 흩어졌다.[16]

한편 이들 속에는 각지에서 농민 봉기를 주도한 직업적 봉기꾼들도 끼어 있었다. 이들은 조용히 눈치를 살피는 보은 장내 집회 사람들을 상관하지 말고 곧바로 제물포로 달려가자고 외치기도 했다. 전봉준은 보은 장내 집회가 맥없이 해산되었다는 보고를 받고 다음 거사를 기약하며 일시 해산하기로 결정했다. 전봉준 등 지도자들은 변장을 하고 각자 아지트로 돌아갔다. 원평에 모인 군중들은 해산할 때 진산·충주 등 지역 단위로 몇 천 명, 몇 백 명씩 무리를 지어 흩어졌다. 다중의 힘으로 관군의 단속을 막으려는 것이었다.

녹두장군의 화려한 부상

전봉준은 원평 집회를 이끌면서 이름을 '김봉집金鳳集'으로 바꾸었다. 관가의 주목을 피하려는 의도였을 것이다. 일본 기자들은 김봉집이 전봉준의 가명이라는 사실을 간파하고 보도했다. 녹두장군의 명성은 이때부터 널리 퍼지기 시작했다. 군중들은 녹두장군의 당당한 기상을 보고 우러러보았던 것이다. 전봉준의 명성은 전국으로 퍼져나갔다. 화려한 부상이었다.

한편 경상도의 밀양, 전라도의 삼례 등지에도 수천 혹은 수백 명씩 모였다가 흩어졌다. 또 불온한 세력들이 상주의 우복동과 지리산에도 모여 있었다. 보은 장내 집회와 원평 집회에 각기 2만여 명이 모였다고 했고 그 밖의 지역에도 수천 명이 모였다가 흩어졌다고 하니 조정으로서는 보통 놀랄 일이 아니었다.

조정에서는 우선 두 가지 대책을 세웠다. 하나는 지방 군대 조직을 개편하는 것이요 다른 하나는 청나라에 구원병을 요청하는 것이었다. 먼저 서울 수비를 맡을 총리영을 새로 설치했으며, 강화도를 지키는 군대와 청주 병영의 군대를 개편해 서울의 외곽인 경기도 일대의 경비를 강화하는 조치를 취했다. 또 평양의 주둔 병력을 불러와 경기도 남쪽 지대인 수원·용인·안성·광주 등지를 방어했다. 한편 전라도 지방에도 새 부대를 편성했다. 전주에 무남영武南營을 설치하고 정규군 300여 명과 잡일을 맡을 군사 400여 명, 모두 합해 700여 명을 배치했다. 서울수비대·경기연안수비대·평양수비대·충청도수비대를 무남영과 함께 새로 조직하거나 개편한 것이다.

　그 경비는 전국에 걸쳐 종이세·대나무세와 해안지대의 소금세·어업세 등 잡세를 새로 거두어 쓰게 했다. 특히 무남영의 경비는 전라도의 모든 고을에서 결세結稅(토지에 매기는 세미) 100분의 1을 더 거두어 충당키로 결정했다. 백성의 부담은 더욱 늘어났고 원성도 그만큼 높아졌다.

탐관오리 조병갑과의 기막힌 악연

전국에 걸쳐 경비를 강화했으나 농민 봉기는 20여 곳에 걸쳐 꼬리를 물고 일어났다. 전국이 팽팽한 긴장감에 휩싸였다. 장내 집회와 원평 집회의 영향을 받은 것이 다분했다. 불씨는 이렇게 지펴졌다.

전봉준은 원평 집회를 해산한 뒤 동지들과 흩어져 고부로 돌아왔다. 기록에는 "전봉준이 여러 곳에 출몰했다"고 나와 있다. 아마도 이곳저곳을 돌면서 동지를 모으고 봉기를 선동하고 전술·전략을 짜기도 했을 것이다. 그 무렵 고부는 더욱 소란스러웠다. 당시 고부는 관할 지역도 넓고 농업 소득도 풍부했다. 으레 이런 고을의 원 자리는 많은 벼슬아치들이 침을 흘리게 마련이다.

조병갑은 누구인가

조병갑은 영의정을 지낸 조두순의 조카로 세도가의 아들이었다. 그가 비록 서자였으나 좋은 고을의 수령 자리는 얻어 걸릴 수 있는 줄이 닿아 있었다. 조병갑은 진주목사 자리를 내놓고 고부군수 자리를 탐내 고부로 부임했으니, 하필 전봉준이 사는 곳으로 와서 재수에 옴이 붙었다.

당시 수령들은 양반붙이로 세도가의 끈을 달거나 뇌물을 듬뿍 써서 사거나 하여 한 자리를 얻었다. 그리하여 부임해서는 본전을 뽑으려 온갖 부정을 일삼고 수탈을 감행했다. 또 임기 3년을 채우지 못하고 언제 밀려날지 몰라 축재를 서두르다 보니 거듭 무리수를 두었다. 조병갑도 바로 그런 경우에 해당했지 그만이 유난스레 부정행위를 했다고 말할 수는 없다.

조병갑이 고부군수로 부임해오기에 앞서 그의 아버지 조규순이 고부의 이웃 고을인 태인에서 원 노릇을 한 적이 있었으니 고부의 사정을 어느 정도 알았을 것이다. 조병갑은 구실아치들을 시켜 고부의 '먹잇감'을 찾아냈다. 고부는 동진강의 지류인 정읍천이 흐르는 언저리에 기름진 배들평야·수금평야·달천평야가 펼쳐지고 서쪽으로는 부안곳을 중심으로 갯벌이 널려 있어 수륙의 물산이 고루 풍부해 부자 고을로 꼽혔다.

고부는 역대의 수령들의 수탈과 함께 국가에서 과중한 결세를 매겨 백성의 뼈와 살을 발라왔다. 농민들은 흉년이 들면 세미를 부담할 수 없어 다른 고장으로 이주하기도 하고 결세의 탕감을 요구하기도 했다. 그래도 수령들은 백지징세白地徵稅(황무지에 세미를 매기는 일)를 가하기 일쑤였고 흉년이 들면 면세해주는 시책도 무시하고 예년과 같이 거두어들였다. 조병갑도 이런 짓을 서슴없이 했을 뿐만 아니라 새로운 먹잇감까지 찾아냈다.

그의 두드러진 부정행위 몇 가지만 살펴보자. 첫째, 농민들을 동원해 만석보와 팔왕보를 쌓고는 처음 약속을 파기하고 가을에 보세洑稅(물세)를 받았다. 만석보의 경우 700여 석을 거두어들였다. 또 보를 쌓을 적에 주변의 산에서 산주의 승낙을 받지 않고 나무를 마구 베었다. 둘째, 5년간 세를 걷지 않기로 약속하고 황무지를 개간한 뒤 나중에 약속을 어기고 세를 받았다. 농민을 동원해 일을 시켜 황무지를 개간할 적에는 일정 기간 세를 받지 않는 것이 일반적인 국가정책이었다.

셋째, 대동미大同米(공물의 대가로 받는 쌀)를 거두면서 농민들에게서는 좋은 쌀을 받아내고 국가 창고로 보낼 적에는 모래나 지푸라기를 섞은 하등미를 보냈다. 더욱이 이를 운반할 책임을 맡은 전운사轉運使 조필영은 수령과 구실아치들과 결탁해 한술 더 떠서 수송비를 세미 한 섬에 석 되씩을 매기고 운반 도중의 소모할 분량을 계산해 한 섬에 석 되씩, 또 거둔 대동미가 정량보다 부족하다고 하여 석 되씩을 더 거두었다.

조병갑은 그 밖에도 부호들에게는 부모에게 효도를 하지 않고 친척과는 화목하게 지내지 않았다는 트집을 잡고 투전 따위 잡기를 했다는 구실을 붙여 돈 2만여 냥을 강제로 거두어들였다. 또 태인 관아 옆에 현감을 지낸 아버지 조규순의 공적비각을 세우면서 1천여 냥을 거두는 따위의 부정을 저질렀다. 나머지 환곡 등에 따른 부정은 다른 고을의 일반 관례와 다름없이 자행되었음은 말할 나위도 없다.[17]

악연의 시작

1893년 가을, 가을걷이가 끝나서 세미를 바치고 난 뒤 일이 터지기 시작했다. 농민들은 알곡을 털고 난 볏짚을 바라보면서 한숨을 토해냈으나 뾰족한 수를 찾을 길이 없었다. 이번에도 앉아서 당할 수밖에 없다고 한탄만 했다. 하지만 시일이 지나면서 한 입 두 입 뜻을 모아 고부군수에게 등소等訴 (백성들이 관아에 사정을 호소하는 일)를 하기로 합의했다. 등장等狀(연명으로 사정을 적는 문서)의 형식에는 상소와 같이 앞에 장두狀頭(앞장 선 사람)의 이름을 쓰게 되어 있다. 그 장두로 전창혁의 이름이 올랐고 그다음으로 김도삼*, 정익서**의 이름을 썼다. 사리에 밝고 문장을 잘 다루는 전봉준이 등소의 글을 지었다. 김도삼과 정익서는 고부 사람으로, 전봉준과는 친구 사이였다.

한편 조금 다른 이야기가 전해지기도 한다. 곧 조병갑이 어머니의 초상을 당해 사직하고 돌아갈 때 구실아치들이 부의금 2천여 냥을 거두기로 하고 고부 향교의 장의인 김성천과 옛 장의인 전창혁에게 수금을 의뢰했다. 김성천은 "조병갑이 정사를 잘못했고 어머니는 기생인데 무슨 부의냐" 하면서 수금을 거부했다 한다. 조병갑은 다시 고부군수로 부임해와 복수를 하려는 마음을 먹었다. 그때 김성천이 죽고 없어서 전창혁을 대신 잡아다가 곤장을 난타했다. 전창혁이 집으로 돌아온 지 한 달 만에 곤장 독으로 죽었다 한다. 이 이야기도 전혀 근거가 없지는 않을 것이다.[18]

다른 일화도 전해진다. 아이가 일찍 죽을 운수라든지 악질에 걸릴 신세라든지 하는 액운이 있다고 하여 승려에게 형식적으로 자식을 넘기는 습속이 있었다. 승려들은 마을을 다니면서 마음에 드는 아이를 보면 "허 그놈 곧 죽을 운수가 씌웠어"라고 중얼거리기도 하고 "중이 돼야 살지" 따위의 말을 해 부모를 현혹시켰다. 그러면 부모는 형식적으로 승려에게 아이의 이름을 올려 산애비로 삼기도 하고 실제로 출가를 시키기도 했다. 조병갑

---

* 김도삼金道三 고부 출신. 1893년 고부군수 조병갑에 폐정을 시정해달라는 등소를 올릴 적에 전창혁·정익서와 함께 3장두가 되었다. 사발통문을 작성할 때 이름을 올렸으며 고부 봉기에 참여했다. 1895년 전주에서 처형을 당했다.

** 정익서鄭益瑞 전라북도 고부 출신. 1893년 가을, 고부군수 조병갑에게 등소를 내서 폐정을 바로잡으려 하다가 장두인 전창혁과 함께 잡혀서 심한 고문을 받았다. 다음 해 정월, 조병갑의 학정에 맞서 전봉준과 함께 고부 봉기에 참여했다. 그 뒤 살아남아서 1899년 농민 봉기에 참여한 뒤 영남 지방으로 도망가서 살았다.

도 산애비를 두었다 한다. 조병갑은 자신의 산애비에게 보시의 쌀을 강제로 거두게 하면서 큰 포대를 주었다. 포대는 장지 한 장으로 만든 종이 보자기다. 그런데 겉에 붉은 관인을 찍어 농민들에게 배부해 강제로 보시의 쌀을 걷는 데 사용했다는 것이다.

아버지 전창혁의 죽음

전봉준은 훗날 재판정에서 고부군민들이 군수의 부정행위를 참을 수 없어서 봉기했다고 말했다. 전창혁·김도삼·정익서가 등소를 결정하고 농민들을 이끌었다. 1차에는 40여 명, 2차에는 60여 명이 고부 관아로 몰려가 사정을 하소연했다. 조병갑은 농민들을 난민으로 몰아 몽둥이찜질을 해대고 나서 쫓아 보내고 주동자 세 사람은 감옥에 가두었다. 세 사람은 중죄인이라 하여 모진 고문을 가하고 나서 관례에 따라 전라감영으로 올려 보냈다.

전라감영에서는 이들에게 엄한 형벌을 가한 뒤 자세한 죄목을 조사하라는 단서를 달아 고부 관아로 돌려보냈다. 이들은 다시 고부 관아에서 심한 곤장을 맞았다. 세 사람이 거의 죽을 지경에 이르자 그제야 풀어주었다. 두 사람은 살아났으나 전창혁은 죽고 말았다.

장독으로 운신을 못하는 전창혁을 고부 서부면 죽산리(현재 전라북도 정읍군 고부면 신중리 주산마을) 언저리로 옮겨와 치료를 받게 했으나 끝내 죽고 말았다는 말이 전해진다. 아마도 이 마을의 부호인 송두호의 배려에 따른 것으로 보인다. 송두호는 인심이 넉넉했는데 동학에 입도해 농민군 지도부와 행동을 같이했고 경비를 대주는 등 지원을 아끼지 않았다. 특히 평소에 전봉준을 남달리 돌봐주었다.

의기 있는 지사로 알려진 전창혁의 죽음은 고부 고을을 활활 타오르게 만든 큰 불씨가 되었다. 그렇다면 전창혁이 죽은 시기는 언제쯤일까? 그가 죽은 때는 1893년 6월 22일(족보 기록)로 추정된다. 집강소 시기에 전봉준이 아버지 소상을 치를 때 조객 1천여 명이 몰려들었으며 조위 물품이 산더미처럼 쌓였다고 한다. 또 전봉준이 농민군 대장으로 활동할 때 상복을 입고 있었다고 했다. 사건 진행으로 보나 여러 사람의 증언으로 보나 전창혁이 죽은 시기는 위의 시일로 추정할 수 있을 것이다.

조병갑의 부정행위는 정도의 차이는 있을지 몰라도 다른 고을에서도 흔한 일이었다. 조병갑의 처지에서 보면 대단히 억울하다고 말할 수 있다. 하필 전창혁이나 전봉준 같은 의기 있고 대가 찬 인물이 사는 고장에서 부정행위를 한 탓으로 사단이 벌어진 것이 아닌가. 만일 중앙에서 파견된 조사관이 와서 조병갑에게 착복한 돈을 물어내게 하고 파면시켰더라면 고부 봉기를 일찍 잠재울 수도 있었을 것이다. 그리하여 전봉준이 아무리 일을 확대하려 했어도 뜻을 이루지 못할 수가 있었다. 뒤에서 설명할 고부 봉기의 끝 무렵 사태를 보면 이 말의 뜻을 짐작할 수 있을 것이다. 아무튼 조병갑과 전봉준의 관계는 기막힌 악연이었다고 말할 수 있겠다.

사발통문을 돌리다

전창혁이 죽고 난 뒤 고부 민심은 더욱 들떴다. 또 아버지의 죽음을 지켜본 전봉준은 개혁을 위해 봉기하려는 의지에서 한 발 나아가 적개심이 더욱 굳게 일어났다. 전봉준은 당시 논 3두락+斗落(마지기)을 붙여먹을 정도로 가난해서 직접 수탈당한 것은 없었다. 재판관이 "그런데도 왜 난리를 꾸몄나?"라고 묻자 "한 몸의 패해 때문에 봉기함이 어찌 남자의 일이 되리오. 백성이 원망하고 탄식하는 까닭에 백성을 위하여 해독을 제거코자 함이니라"라고 대답했다.[19]

왜 난리를 꾸몄나

전봉준은 죽산리의 부호 송두호의 집에서 사발통문을 모의했다. 아마도 전봉준은 본격적 봉기를 주동하면서 송두호의 도움을 받은 것으로 보인다. 죽산리는 마을 앞이 낮은 산으로 막혀 있어서 길가에서 바라보면 사람들의 왕래가 잘 드러나지 않는다.

1893년 어느 겨울날, 송두호의 집으로 사람들이 꾸역꾸역 모여들었다. 모인 사람들의 면면을 보면 소년과 청년과 장년과 노인들이 어우러져 있었다. 얼굴마다 결연한 기색이 감돌았다. 분명히 반란을 모의하는 일을 벌이려는 것이다. 방 가운데에는 종이 위에 사발 한 개가 엎어져 있고 방바닥에는 벼루 위에 붓이 놓여 있었다.

누가 먼저 제의를 했는지 모르겠으나 이들은 엎어놓은 사발의 밑에서부터 원을 따라 돌아가면서 서명을 했다. 예전 백성들이나 선비들이 등장이나 상소를 올릴 때 누가 우두머리인지 알지 못하게 사발을 엎고 둘러가면서 서명을 하는 관례가 있었다. 이때 작성한 사발통문에는 스무 명이 서명을 했다. 비록 순서는 없었으나 맨 아래 중앙에 전봉준과 송두호의 이름이 적혀 있다. 서명자에 송대화[*]·최경선·손여옥[**] 등의 이름이 포함되어 있다. 고부에 거주하는 사람만이 아니라 고창·부안·정읍 등지에 사는 사람들도 망라되어 있다. 특히 서명자 가운데 송국섭은 당시 열다섯 살로, 신중리에 살았다. 그는 문서 전달이나 심부름 등을 하는 동몽童蒙(소년 행동대)의 역할을 맡은 것으로 보인다.

현재 전해지는 사발통문에는 사방에 돌렸다는 격문의 본 내용은 떨어져 나가 볼 수 없고, 끝에 연월일 표시만 남아 있다. 아마도 이제까지의 다양한 정황으로 보아, 고부군수 조병갑의 여러 부정 사례를 적고 더 이상 참을 수 없으니 모두 살아남기 위해 봉기를 서둘러야 한다고 선동하는 내용을

---

* **송대화**宋大和 전라북도 정읍 출신. 전봉준이 사발통문을 작성할 때 아버지 송두호와 함께 자신의 집에서 고부성을 점령하고 전주감영을 함락해 서울로 진격한다는 내용을 적어 돌렸다. 아버지가 나주 감옥에서 처형당하자 전봉준이 도망가서 살아남으라는 당부를 받고 옥구 임피로 달아나나 살아남았다. 그는 '장승팔'이라는 이름을 쓰면서 머슴살이를 하다가 10여 년 뒤에 고향으로 돌아와 어렵게 살다가 죽었다.

** **손여옥**孫如玉 전라북도 정읍 출신. 농민군 3대 지도자인 손화중의 조카요 전봉준 집안의 사위였다. 첫 봉기를 준비한 사발통문의 서명에 참여했으며 전봉준이 2차 봉기를 할 때 많은 도움을 주었다고 알려졌다. 손화중을 따라 나주 전투에 참여했다가 처형되었다.

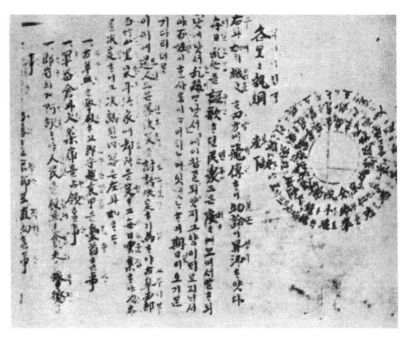

고부 농민 봉기를 모의하며 죽산의 부호 송두호의 집에서 작성한 사발통문. 1968년 발견되어 한때 독립기념관에 보관되었다가 현재는 송두호의 손자 송종수 씨가 보관하고 있다.

담았을 것이다. 이어 줄을 바꾸어 각 마을의 집강 앞으로 보내는 다음과 같은 글이 이어진다.

오른쪽과 같이 격문을 사방에 날려 전하니 여론이 비등했다. 매일 난망亂亡을 구가하던 민중들은 곳곳에 모여서 말하되 "났네 났어, 난리가 났어" "에이 참 잘 되얏지. 그냥 이대로 지내서야 백성이 한 사람이 남아 있겠나" 하며 기일이 오기를 기다리더라.

이때 도인들은 선후의 대책을 토의 결정하기 위하여 고부 서부면 죽산리 송두호末斗浩 집에 도소를 정하고 매일 구름처럼 모여서 차례의 순서를 결정하니 그 결의된 내용은 왼쪽과 같다.

1. 고부성을 격파하고 군수 조병갑의 머리를 벨 것.
2. 무기 창고와 화약 창고를 점령할 것.
3. 군수에게 아부하여 인민을 갈취한 탐관오리를 쳐서 징계할 것.
4. 전주 감영을 점령하고 서울로 곧바로 올라갈 것.*

마지막에 뜻을 맞추어 유능한 지도자를 장수로 추대했다는 내용이 이어지나 종이가 떨어져나가 장수의 이름은 보이지 않는다.

이상이 통문의 전체 내용이다. 각 마을에서 일을 보는 집강執綱들에게 먼저 격문을 전달해 여론이 들끓고 있음을 알리고 다시 모임을 가져 행동을 결의했다고 밝히고 있다. 그 요지는 고부성을 점령하고 군수와 탐관오리를 징계하고 무기와 화약을 확보할 것과 전주 감영을 점령하고 서울로 진격하자는 것이다. 이에 따르면 처음부터 행동지침으로 전주와 서울로 진격한다는 목표가 서 있었다.

사발통문의 끝부분이 떨어져나갔으나, 영도자를 뽑았다고 했으니 전봉준이 행동대장, 송두호가 참모의 일을 맡은 것이 아닐까? 그래야 앞뒤의 순서가 맞겠다. 아무리 주모자를 밝히지 않으려 했지만 두 사람의 이름이

---

* 송두호의 손자 송종수 씨가 소장한 사발통문의 사본을 참고했다. 위 내용에 이어 "오른쪽과 같이 결의가 되고 따라서 군사 전략에 능하고 모든 일에 민활한 영도자가 될 장…"이라는 내용이 추가되어 있으나, 이하 내용은 판독이 불가능한 상태다.

아래 첫자리 가운데를 차지했으니 그런 추론이 가능하다.

이해 한겨울(12월 10일) 무장의 동음치 당상리(현재 고창군 공음면) 송문수[*]의 집에 여러 사람들이 모여들어 머리를 맞대고 회의를 벌였다. 이 자리에는 전봉준을 비롯해 손화중·김성칠[**]·정백현[***]·송문수·김홍섭 등이 참석했다. 이들은 전라감사 김문현의 폭정에 항거하기로 결의했다. 정백현은 무장의 선비 출신으로 뒤에 전봉준의 비서로 일했고 고창 사람인 김홍섭은 전봉준의 수행원으로 활동했다.

다음 해 2월 19일에는 동음의 신촌리 김옹의 집에 모여 모든 준비를 구체적으로 세웠다. 이 자리에는 위의 사람들 말고도 김개남·임천서[****]·김덕명·강경중[*****] 등 호남의 지도자들과 사발통문 서명자들이 참석했다. 이들은 사발통문을 돌리고 나서 이를 행동으로 옮기는 작업을 연달아 모의했다.

---

* 송문수宋文洙 전라북도 고창 출신. 이곳 지도자들이 고창군 공음면 구수내에 있는 송문수의 집에서 집회를 갖고 전면적 봉기를 단행할 때부터 참여했다.

** 김성칠金聲七 고창의 접주. 1894년 2월 전봉준·손화중 등 농민군 지도자 13명이 고창군 공음면 신촌리에 있는 김성칠의 집에 모여 봉기를 모의했으나 시기상조라고 하여 봉기를 연기했다고 한다. 이해 3월 이곳 구수내에서 전면적 무장 봉기가 이루어졌을 때 참여했다.

*** 정백현鄭伯賢 전라북도 고창 출신의 선비였다. 동학농민전쟁이 일어나자 25세 때 참여해 백산대회에서 송희옥과 함께 전봉준의 비서가 되었다. 전봉준의 명으로 선언문 등을 발표한 글을 지은 것으로 알려져 있다. 동학농민전쟁이 끝난 뒤 목숨을 건지고 서울로 몸을 피해 지내다가 고향으로 돌아와 살았다.

**** 임천서林天瑞 전라북도 고창 출신으로 전봉준과 어릴 때 동문수학했다고 전해진다. 고창의 대접주로 백산대회와 공주전투에 농민군을 이끌고 참여했다. 뒤에 법성포 언저리에서 잡혀서 말 네 마리에 팔다리가 묶여 찢겨 죽었다고 전해진다. 또온 가족이 몰살당했다.

***** 강경중姜敬重 고창의 접주. 1894년 2월 고창군 공음면 신촌리에 있는 김성칠 접주의 집에 전봉준·강경중 등 농민군 지도자 11명이 모여 봉기를 모의했으나 시기상조라고 하여 연기했다고 전한다. 초기부터 활동한 인물로 알려져 있다.

조병갑은 이해 11월 30일자로 익산군수로 전임발령이 났다. 한 달 10일 사이에 새 고부군수로 여섯 명이나 발령이 났으나 모두 부임하지 않았다. 그런 속에 다시 조병갑이 1894년 1월 9일자로 고부군수로 발령이 났다. 수령의 인사고과를 맡은 전라감사 김문현은 "많은 포흠逋欠(조세 등 관물에 손실이 난 것)을 차례로 정리하고 또 조세를 지금 거두어들이면서 일의 단서를 제대로 못 잡고 있습니다. 이런 때에 그를 다른 읍으로 옮기고 새 수령에게 맡기면 잘못을 저지르기 쉽습니다"라는 내용으로 보고를 올렸다. 다시 말해 임금에게 조병갑의 고부군수 연임을 요청한 것이다. 고종은 이 말을 믿고 "그가 이런 일을 특별히 잘해낼 것이다"라며 포잉襃仍(치적을 쌓은 수령을 포상해 연임시키는 제도)의 조치를 내렸다.[20]

참으로 가소롭고 가관인 짓거리였다. 이리하여 조병갑은 전임 발령을 받은 지 39일 만에 '포잉'이라는 얼토당토않은 포상을 받고 돌아왔으니 가소로운 정도가 아니라 치를 떨 일이었다. 조병갑은 고부 주변에 대기해 있다가 재빨리 부임해왔다.

지금일어서라,
더 늦기 전에

첫 횃불, 고부를 달구다

농촌에서는 정초에 풍물패들이 동네를 돌면서 '액厄을 내친다'며 풍물을 울린다. 이들은 쌀·돈 따위를 거둬 동네의 어려운 사람들을 돕거나 마을 당산제를 지내는 경비로 쓴다. 이들을 걸립패乞粒牌 또는 걸군乞軍이라 한다. 전봉준은 "이제는 더 참을 수 없으니 군수를 몰아내야 한다"며 풍물패들을 설득했다. 풍물패들은 전봉준의 말을 잘 들었다. 그들은 전봉준이 시키는 대로 마을을 돌며 풍물을 울리고 주민들에게 예동을 중심으로 모이라고 알렸다. 예동은 바로 만석보의 옆 마을로, 보세를 내는 따위로 시달림을 당한 곳이었다.

"전녹두가 우리를 살린다"

1894년 정월 10일 밤, 예동의 공터에 주민들이 꾸역꾸역 모여들었다. 그 숫자가 수천 명을 헤아렸다. 전봉준은 흡족한 표정을 지으면서 군중을 향해 "아녀자와 노약자를 빼고는 이곳을 벗어나지 마시오"라고 준엄하게 외쳤다. 전봉준은 나라의 학정과 조병갑의 비리를 낱낱이 들고는 조병갑을 몰아내야 한다고 설득했다. 전봉준의 당찬 기개와 외침은 군중의 마음을 휘

어잡았다. 군중들은 전봉준의 외침에 열띤 호응을 보이면서 팔을 걷어붙이고 주먹을 불끈 쥐었다. 전봉준은 분위기가 무르익었다고 판단을 내리고, 군중을 두 패로 나눈 뒤 대오를 정비해 고부 관아로 진격했다. 이제 군중은 남의 눈치를 살피지도 않고 전봉준의 지시를 잘도 따랐다. 군중심리는 계기가 주어지면 한순간에 작동한다.

예동에서 고부 관아로 들어가는 길은 두 갈래가 있었다. 하나는 천치재를 넘는 길이요 다른 하나는 영원을 거쳐 가는 길이다. 두 길 모두 고부 관아까지 20여 리쯤 되었다. 전봉준은 한 편의 군중을 이끌고 영원 쪽의 길로 나섰다. 군중은 너나할 것 없이 도중에 죽창을 만들어 꼬나들고 11일 새벽에 고부관아 동헌에 기세 좋게 들이닥쳤다. 낌새를 알아차린 조병갑은 이미 도망치고 없었다. 그는 변장을 하고 전주 감영으로 가서 몸을 숨기려 했다. 군중은 감옥을 부수고 무고한 죄인들을 풀어주었으며 무기고를 접수해 무기를 차지했다.

전봉준은 날이 밝자 무장한 군중들을 말목장터로 나가라고 일렀다. 말목장터는 바로 예동 마을 위에 위치해 있다. 말목장터의 입구에는 해묵은 감나무가 한 그루 서 있었다. 전봉준은 이 장터에 약방을 차렸으니 골목까지도 환하게 꿰뚫고 있었다. 그는 때때로 이 감나무 아래에서 군중을 호령하고 농민군을 지휘했다. 이 감나무 주변에는 늘 사람들이 모여 있었다.

전봉준은 말목장터를 고부 봉기의 본부로 삼고, 큼직한 집을 골라 장두청狀頭廳(등소를 할 적에 일을 보는 곳)이라 이름을 붙였다. 그 안에 대장소를 차리고 자신의 집무실로 삼았다. 백성의 의사를 관아에 전달하는 일 말고도 여러 부정 사례를 수집하고 문서로 꾸미는 일을 했다. 장두청 안은 밤새도록 횃불이 꺼지지 않았다.

전봉준은 자신의 직계 부하들을 장두청에 배치하고 경비를 삼엄하게 폈다. 장두청의 대문을 드나드는 사람들은 누구나 회목(손발의 잘록한 부분)에 노끈을 감아 신호로 삼게 했다. 밥을 짓는 사람들도 있었고 심부름하는 사람들도 있었다. 손목에 노끈을 매지 않은 외부 사람들을 금방 알아볼 수 있었다.

군중들은 말목장터에 모여서 우선 만석보를 표적으로 삼았다. 군중들은 새로 쌓은 만석보로 몰려가서 단숨에 허물어버렸다. 이들은 발길을 돌려 예동의 두전마을에 그득 쌓아놓은 보세미를 풀어 주민들에게 돌려주었다. 이들은 다시 말목장터로 돌아와서 다음 행동 계획을 하나씩 세웠다.[21]

전봉준은 내친김에 흥분한 군중을 이끌고 함열의 조창漕倉(세미를 보관한 창고)으로 달려가려 했다. 그러나 월경越境(자기 고을을 벗어나는 행위)을 하면 역적의 법에 걸린다고 말리는 사람들이 있어서 중지했다. 널찍한 갓을 쓴 유림 양반들이나 마을의 집강들은 여느 농민들과는 달리 이리저리 눈치를 살폈다.

전봉준은 어쩔 수 없이 봉기 군중을 부안의 해안 가까이에 있는 백산에 주둔시키기로 결정하고 백산에 흙성을 쌓게 했다. 백산은 동진강 입구에 있는 해발 50미터가 조금 넘는 낮은 산이었으나 산 위에서 바라보면 사방이 한눈에 들어온다. 관군의 동정을 살필 수 있는 좋은 입지조건을 갖추고 있다. 전봉준은 백산을 근거지로 삼아 장기 태세를 갖추려 한 것이다. 말목장터는 공간이 트여 있어서 관군이 몰려오면 방비에 어려움이 따른다고 판단해, 산성에 의지해 장기 주둔에 대비하려 백산을 점거한 것이다. 군중은

호남에서 동학농민군이 비로소 조직과 체계를 갖추게 된 백산대회가 열린 백산성 전경. 정상에 동학혁명백산창의비가 있다.

이 산에 주둔하면서 더 많은 사람들을 끌어들여 다음의 행동 목표를 준비했다.

　백산에는 예부터 공미貢米(공물의 대가로 내는 쌀)를 모아두는 창고가 있었다. 당시 쌀 4천여 석이 쌓여 있었다. 전봉준은 먼저 백산의 창고를 습격해 쌀을 모조리 꺼내 백성들에게 나누어주었다. 군중들은 백산의 창고를 헐은 뒤 귀한 쌀을 나누어 받고는 신이 나서, 과연 소문대로 "전녹두가 우리를 살린다"고 떠들었다. 그들은 흙성을 쌓는 일에 더욱 힘을 냈다.

전략적 암호 사용법

이 무렵 농민군 속에는 비록 잡다한 세력이 합류하고 있었으나 규율이 엄격하게 서서 백성을 침탈하는 일이 결코 없었다. 전봉준의 직접 지휘를 받는 동학교도들과 농민군 지도부는 불법행위를 엄하게 단속했다. 또 동원의 책임을 진 동장과 집강들에게도 기율을 다지는 책임을 지우고 조직적으로 활동을 전개하게 했다.

조병갑은 전라감사 김문현에게 고부의 농민군을 토벌할 병정 100명을 달라고 요구했다. 김문현은 그제야 사태가 심각함을 알고 조병갑의 요청을 거부하고 대신 수교首校(형리의 우두머리) 정석희를 보내 전봉준과 교섭을 시도했다. 정석희는 세 차례나 왕래하면서 전봉준과 대화를 나누었다. 이때 일부 집강들이 정석희에게 전봉준의 행방을 일러주면서 잡아가라고 밀고했으나 정석희는 오히려 이 사실을 전봉준에게 은밀하게 알려주었다. 또 일부 군중들이 해산하려 하자 이를 만류하며 전라감영의 동정을 살펴보고 나서 결정하자고 말했다. 정석희는 전봉준에게서 뇌물 1,200냥을 받아 챙겼다고도 한다. 전봉준은 정석희에게 뇌물을 주면서 동조 세력으로 끌어들였던 것이다. 전라감영에서는 뒷날 이 사실을 탐지해 정석희를 금구장터에서 목을 베서 죽였다.

뒤이어 정월 20일경에 전라감영에서는 군교軍校(포교의 우두머리) 정석진을 파견했다. 정석진은 부하 서너 명을 데리고 말목장터로 가서 전봉준에게 해산을 종용했다. 이때 마침 말목장터에 수상한 장사꾼 10여 명이 연초포(담뱃짐)를 걸머지고 장두청으로 들어왔다. 전봉준은 그들을 잡아 포박하고 연초포를 펼쳐 보았다. 아니나 다를까, 연초포 안에는 총·칼 따위 무기가 들어 있었다. 이 광경을 본 정석진은 도망을 치다가 농민군에게 잡혀 죽창에 찔려 죽고 말았다.[22]

전봉준은 연초포를 짊어지고 온 상인들을 풀어주면서 "무고한 농민을 해치지 마라"고 타일렀다. 전봉준은 장꾼을 가장한 이들을 어떻게 한눈에 알아보았을까? 어떤 사람은 전봉준이 점을 잘 쳤는데 점괘를 뽑아보고 위험한 사람임을 알았다고 말했다. 하지만 이 현장을 목격한 박문규는 다르게 기록했다.[23] 짧은 기록이지만 그때의 정경이 훤하게 보이는 듯하다.

전주 병정 16인이 변장을 한 차림을 하고 철퇴를 숨기고 두목을 잡을 양으로 몰래 내려와서 대장소에 들렀었다. 장두청에 대문이 달렸고 비밀한 계획을 병정이 어찌 알쏘냐. 대장소를 출입하는 사람은 왼손 회목에 노끈을 잘라맸다. 병정이 대문 안에 들어서니 수직하는 군사들이 포박을 해서 5~6일 고통을 주고 백산으로 옮겨가서 좋은 말로 석방하니 백배 사죄한다.

박문규의 기록에 따르면, 장꾼을 가장한 정석진 패거리를 잡은 것은 농민군들의 암호인 노끈을 묶지 않고 장두청에 들어오려 했기 때문이다. 전봉준은 이때부터 이미 암호 쓰는 방법을 사용했다. 예전 종들이 살주계殺主契(상전을 죽인다는 종들의 모임)를 조직하고 활동할 때나 땡추들이 장터 같은 장소에서 모일 때 옷깃이나 옷섶에 암호를 표시해 자기네 패들을 알아보았다.

다음 거사를 기약할밖에

이 무렵에서야 조정도 고부에서 심각한 사태가 벌어지고 있음을 알기 시작했다. 그리하여 2월 15일자로 김문현에게는 감봉 처분, 조병갑은 잡아들여 죄를 묻고 용안현감 박원명을 고부군수로 임명했다. 또 민요가 다시 일어난다는 소문에 따라 장흥부사 이용태를 안핵사按覈使(현지 조사관)로 임명해, 폐정을 찾아내 시정조치하고 두목 이외는 너그러이 조치하라고 일렀다. 또 부정을 자행한 구실아치들을 잡아 죄를 물으라고도 지시했다.[24]

이리하여 박원명과 이용태는 고부로 부임하려고 행장을 꾸리고 있었다. 그런데 2월 19일 농민들이 새로운 활동을 벌였다. 농민들이 사방의 출입을 막고 백산 건너편 동진강의 나루를 봉쇄하고 길목의 요소를 장악하고 길 가는 사람들도 진영으로 끌어다가 병정으로 부렸다. 또 사방에서 무뢰배와 발피潑皮(직업 없이 폭력 쓰기를 업으로 삼는 자들로 일종의 깡패)들이 몰려들어 하나의 세력을 이루었다.

이때 김문현은 최후의 수단으로 감영의 병사 50여 명을 농민군 속으로 투입시켜 전봉준 등 주모자를 잡게 했다. 하지만 이들은 곧 발각되어 잡혔다. 집강들이 전봉준을 잡는 일에 협조했다는 말도 퍼졌다. 고부 천지는 온통 농민군 손아귀에 들었고 말목장터와 백산 일대로 물건 파는 상인들이 몰려들었다. 막걸리 파는 목로주점과 국수 파는 음식점, 잡화를 파는 가게들이 늘어서 마치 시장바닥처럼 시끌벅적했다.

2월 말경 신임 군수 박원명이 고부로 들어왔다. 박원명은 농민군 지도자들을 불러모아놓고 위로하면서 잘못을 바로잡겠다고 약속하고 소를 잡고 술을 빚어 잔치를 풍성하게 벌였다. 농민군들은 현저히 동요하는 빛을 보이며 해산을 서둘렀다. 이런 광경을 본 전봉준은 말목장터로 돌아와서 군중을 해산한 뒤 비밀 부하 수십 명을 영솔하고 어디론지 사라졌다. 이로써 고부에서 4개월에 걸친 소요와 2개월에 걸친 민요는 더 이상 발전을 보지 못하고 해산하고 말았다.

해산의 원인은 첫째, 마을 단위의 집강으로 표현되는 토호와 부자들이 지도부에 끼어 있었다는 사실이다. 이들은 여러모로 수탈을 당한 분풀이로 민요를 일으켰으나 지경 바깥으로 진출해 역적의 누명을 쓰는 것을 꺼려 적당하게 타협하려 들었던 것이다. 앞에서 전봉준을 잡아 보내려 한 일부 무리도 이들 부류였을 것이다. 둘째, 하부 구조는 영세농과 머슴들이었고 무뢰배와 발피들이었다. 이들을 두고 전봉준은 공초에서 "동학의 무리는 적고 원민怨民(원한을 가진 백성)이 많았다"고 했다. 이들은 무기를 들고 분을 풀고 곡식을 나누어 받는 것 따위 재미를 보다가 토호와 부자들이 해산하려 하자 덩달아 흩어졌던 것이다.

아무튼 국면은 새롭게 전개되었다. 눈치 빠른 전봉준은 뒷날을 기약하고 어느새 고부에서 몸을 피했던 것이다. 전봉준과 그의 부하들은 무기를 땅을 파고 묻거나 민가에 숨기고 달아났다. 다음 거사를 대비하는 모습이다. 이로써 전봉준은 말목장터의 감나무와 잠시 이별을 한다.

말목장터의 감나무에 얽힌 이야기가 있다. 이 감나무는 해마다 세 종류의 감이 열린다고 한다. 곧 전봉준·손화중·김개남의 감 혹은 전봉준·김도삼·정익서의 감이라 한다. 뒷날 이 감나무 아래에서 곧잘 여러 행사가 열렸다. 시인은 시의 소재로 삼았고 화가는 그림을, 방송은 영상물을 찍었다. 1994년 동학농민전쟁 100주년을 기념해 지역의 유지들이 돈을 모아 감나무 옆에 정자를 짓고 삼오정三五亭이라 이름 붙였다. 삼강오륜의 머리글자를 따온 것이다. 그러다가 뜻있는 사람들 사이에서 "웬 삼강오륜이냐"라는 비난이 일어나 말목정으로 바꾸었다. 그런데 2003년 여름 태풍에 이 감나무의 뿌리가 뽑혀 몸체는 황토재의 기념관에 보관하고 새 감나무를 심어 보호하고 있다. 폭풍에 감나무 뿌리가 뽑힌 것은 무슨 의미로 받아들일 수 있을까? 전봉준이 새로 태어난다는 자연의 예언일까?

백성은 나라의 근본이다

이용태는 농민군이 완전히 해산한 뒤 무시무시한 역졸들 수백 명을 거느리고 고부로 기어들었다. 그는 박원명과는 달리 포악한 인물이었다. 그는 '민요 두목들'을 깡그리 잡아들인다면서 마을마다 역졸들을 풀어놓고는 부녀자 욕보이기, 재물 약탈하기, 몽둥이 휘두르기, 집 불태우기 따위를 자행했다. 그는 고부만이 아니라 이웃 고을인 부안·고창·무장 일대를 돌아다니면서 행악을 부렸다. 어느 때는 선운사에서 재산께나 있는 백정을 동학무리라고 트집을 잡아 묶어서 끌고 오다가 손화중 계열의 도인들에게 잡혔다. 그는 연지원(고부와 정읍 사이) 주막거리에서 매를 흠씬 두들겨 맞고 도망쳤다. 이용태가 잡힌 사실을 안 전봉준이 풀어주라고 부탁해 놓였다고도 한다.

김문현도 예전 일을 까맣게 잊고 행악을 부리기에 혈안이 되었으며 경포京捕(서울에서 온 포졸)와 영포營捕(감영에서 온 포졸)와 고을의 사령무리들도 동학교도와 주모자들을 잡겠다고 골골을 뒤지고 다녔다. 이에 농민군 지도부에서는 "돈을 바치고 빠져나오는 것 같은 짓을 하지 말고 어디에서건 사람이 잡혀갈 때는 서로 솔밭을 흔들어 호응을 할 것이며 경포나 영포를 막론하고 만나는 대로 두들겨 패서 잡혀가는 사람을 빼앗아오라"고 전달했다.

고부 조소리의 전봉준 고택. 전봉준이 여섯 가족과 함께 살았던 곳이자 서당을 열어 학동들을 가르치기도 했다. 1894년 1월 고부 봉기 당시 안핵사 이용태가 불을 질렀지만 다행히 전소되지는 않았고 1974년 보수를 거쳐 현재 모습으로 복원되었다. 집터가 본래 모습과는 다르다는 주장이 제기되었다.

역졸들은 또 서슴지 않고 민가에 불을 질렀다. 그리하여 골골마다 연기가 자욱했다. 전봉준의 조소리 집도 이때 불에 타버렸다. 민심은 더욱 들끓었으며 백성들은 봇짐을 싸고 도망치기에 바빴다. 전봉준의 가족도 이때 남몰래 예전에 살던 곳인 태인의 동곡리로 이사를 갔다. 지금 전봉준이 살던 조소리의 집은 전봉준 고택으로 복원되어 많은 사람들이 들르고 있다.

죽어도 한날, 살아도 한날

전봉준은 몇몇 부하들과 함께 은밀하게 무장으로 발길을 옮겼다. 무장은 전봉준이 태어난 고창 당촌 마을과 이웃해 있으며 전봉준의 협조자인 두령 오시영과 비서가 된 정백현의 일족과 손화중 휘하에 있는 동학교도들이 많이 거주하는 곳이다. 전봉준은 오랫동안 봉기를 서둘지 않고 신중한 태도를 보이는 손화중을 설득하면서 이 지역에 있는 여시뫼 언저리와 구수내 일대에 농민군 훈련장을 만드는 등 근거지로 삼아왔었다.

전봉준은 공초에서 '갱위기포更爲起包(다시 봉기함)'할 장소를 무장으로 결정했다고 말했다. 그는 무장에서 다시 손화중과 김개남에게 연락해 전면적 봉기를 결행하자고 당부했고 마침내 두 지도자의 적극적 호응을 얻었다. 세 지도자는 이제부터 "죽어도 한날, 살아도 한날"이라며 사생을 두고 맹세를 했다. 전봉준은 고부 봉기를 주도했고 무장에서 재봉기를 먼저 이끌어냈으니 총 지휘자로 추대되었을 것이다. 손화중은 처음에는 미온적으로 대처했으나 무장 봉기의 중심 된 역할을 했으며 김개남은 태인의 근거지에서 농민군을 이끌고 합류했다.

보름쯤 지나 무장에서 농민군 4천여 명이 규합했다. 이때의 농민군은 말할 것도 없이 세 지도자의 수하에 있던 사람들로 무장·고부·태인·정읍 출신이 중심을 이루었다. 농민군은 무장 관아를 비롯해 여기저기에 분산해 집결했다. 이들은 한편으로는 양곡을 거두고 다른 한 편으로는 무기를 확보했다. 농민군은 무장 곳곳에서 칼과 죽창과 조총을 메거나 꼬나들고 기세를 올렸다.

황현은 "비도들이 열흘 사이에 수만 명에 이르렀는데 동학과 난민이 이로부터 결합하기 시작했다. 전봉준 등이 무장 관아에 크게 모여 민간에게 포고했다"고 기록했다.[25] 황현은 단순히 동학교도들만 모여 거사를 한 것이 아니라 불만에 찬 농민들이 자신들의 생존을 위해 봉기했음을 지적한 것이다.

생사의 맹세로 의로운 깃발을 들다

농민군 지도부는 무장에서 조직을 정비하면서 창의소倡義所(의리를 외치는 곳) 란 이름을 내걸고 전봉준·손화중·김개남의 순서로 서명을 하고 포고문을 발표했다. 세 지도자의 이름을 내걸고 공동 명의로 발표한 것은 새 지도부가 정식으로 결성했음을 알리는 효과도 있었다. 포고문은 민씨 정권을 향한 전면적 선전포고였다. 벼슬을 독점하고 특권을 누리는 양반 유림을 한 무리로 보아 질타하는 내용을 깔았다. 포고문의 내용은 이러하다.

사람이 세상에서 가장 귀하게 여김은 인륜이 있기 때문이며 군신과 부자는 인륜에서 가장 큰 것으로 꼽는다. 임금이 어질고 신하가 충직하며 아비가 자애롭고 아들이 효도를 한 뒤에야 국가를 이루어 끝없는 복록을 불러오게 된다. 지금 우리 임금은 어질고 효성스럽고 자애로우며 지혜롭고 총명하시다. 현량하고 정직한 신하가 있어서 잘 보좌하여 다스린다면 예전 훌륭한 임금들의 치적을 해를 가리키며 기대할 수 있다.

지금 신하가 된 자들은 나라에 은혜를 갚으려는 생각을 아니하고 한갓 작록爵祿과 지위를 도둑질하여 임금의 총명을 가리고 아부를 일삼아 충성스런 선비의 간언을 요사스런 말이라 하고 정직한 사람을 비도匪徒라 한다. 그리하여 안으로는 나라를 돕는 인재가 없고 바깥으로는 백성을 갈취하는 벼슬아치만이 득실거린다. 인민의 마음은 날로 더욱 비뚤어져서 들어와서는 생업을 즐길 수 없고 나와서는 몸을 보존할 대책이 없도다. 학정은 날로 더해지고 원성은 줄을 이었다. 군신의 의리와 부자의 윤기倫紀와 상하의 구분이 드디어 남김없이 무너져 내렸다.

관자가 말하길 "사유四維(예의염치)가 베풀어지지 않으면 나라가 곧 멸망한다"고 하였다. 방금의 형세는 예전보다 더욱 심하다. 위로는 공경대부 이하 아래로는 방백 수령에 이르기까지 국가의 위태로움은 생각지 아니하고 거의 자기 몸을 살찌우고 집을 윤택하게 하는 계책만을 몰두하여 벼슬아치를 뽑는 문을 재물을 모으는 길로 만들고 과거 보는 장소를 물건을 주고받는 장터로 만들고 있다.

그래서 허다한 재물이나 뇌물이 국고에 들어가지 않고 도리어 사사로운 창고를 채운다. 나라에는 쌓인 부채가 있는데도 갚으려는 생각은 아니하고 교만과 사치와 음탕과 안일로 나날을 지새워 두려움과 거리낌이 없어서 온 나라는 어육魚肉이 되고 만백성은 도탄에 빠졌다. 진실로 수령들의 탐학 때문이다. 어찌 백성이 곤궁치 않으랴.

백성은 나라의 근본이다. 근본이 깎이면 나라는 잔약해짐은 빤한 일이다. 그런데도 보국안민의 계책은 염두에 두지 않고 바깥으로는 고향집을 화려하게 지어 제 혼자 사는 방법에만 몰두하면서 녹봉과 벼슬만을 도둑질하니 어찌 옳게 되겠는가?

우리 무리는 비록 초야의 유민이나 임금의 토지를 갈아 먹고 임금이 주는 옷을 입으면서 망해가는 꼴을 좌시할 수 없어서 온 나라 사람이 마음을 함께하고 억조창생億兆蒼生이 의논을 모아 지금 의로운 깃발을 들어 보국안민을 생사의 맹세로 삼노라. 오늘의 광경이 비록 놀랄 일이겠으나 결코 두려워하지 말고 각기 생업에 편안히 종사하면서 함께 태평세월을 축수하고 모두 임금의 교화를 누리면 천만다행이겠노라.[*]

위 내용에는 임금을 받드는 충성심을 깔아놓으면서도 나라 정치의 비리를 남김없이 지적했다. 아직 여러 조건으로 보아 왕정의 타도를 내세울 수는 없었을 것이다. 하지만 모든 벼슬아치, 적어도 정권을 쥐고 있는 민씨 세력과 그 하수인인 수령의 타도에 초점을 두었다. 또 민생을 돌보지 않고 제 배만 채우려 드는 지배세력을 강하게 꾸짖고 있다.

전봉준은 이 포고문을 구수내의 들판에서 장엄한 목소리로 읽었다. 농민군들은 세상이 곧 뒤집어질 것처럼 환호성을 질렀다. 포고문 발표와 함께 '제폭구민' '광제창생' '보국안민'을 위해 봉기했다는 내용을 적은 통문을 주변 고을에 보내 호응을 요청했다. 한편 이 포고문에는 전봉준의 이름을 맨 앞에 내세웠는데 이후의 여러 발표문에도 이 관례를 유지했다. 비록 이때 부서가 정식으로는 정해지지 않았으나 전봉준의 이름을 앞에 두어 총대장임으로 나타낸 것이다.

농민군 전령傳令(심부름꾼)들은 포고문을 적은 두루마리를 들고 때로는 은밀하게 전달하기도 하고 때로는 말을 달려 빠르게 전달하기도 했다. 포고문은 전라도 고을은 말할 것도 없고 충청도·경상도의 여러 고을에도 전달되었다. 포고문을 받은 사람들은 "암, 그렇고 말고, 그래야지"라고 무릎을

---

[*] 황현의 《오하기문》 〈갑오년조〉를 필자가 우리말로 직접 옮겼다.

치면서 이제 나라가 뒤집어지고 새 세상이 와야 한다고 목청을 높였다. 또 너도나도 베껴서 돌려 보면서 탄성을 질렀다. 그야말로 하늘과 땅이 들먹거리고 강과 산이 소용돌이치고 있었다.

일어나면 백산, 앉으면 죽산

전봉준이 이끄는 농민군 수천 명은 무장 구수내 훈련장에서 집결해 있다가 3월 20일 고부를 향해 출발했다. 앞장서서 농민군을 이끄는 전봉준의 차림은 어떠했을까? 그는 이때 아버지의 상중이어서 상복을 입고 머리에는 삿갓을 쓴 평범한 상주의 차림이었다. 하지만 그는 이 무렵부터 백마를 타고 다닌 것으로 보인다. 백마와 호피는 장수의 상징물이었다. 전봉준이 상복 차림으로 백마를 타고 앞에 대장기를 펄럭이면서 위의를 갖추어 행진하는 모습을 상상해볼 수 있겠다. 농민군이 정식 대오를 갖추었으니 전봉준도 대장으로서 위엄을 갖추었던 것이다.

조금도 주저하지 말고 지금 일어서라

전봉준이 이끄는 농민군이 굴치를 넘어 말목장터로 방향을 잡아 올 때 최경선이 농민군 300여 명을 이끌고 합류했다. 전봉준이 나타나자 말목장터에 대기해 있던 많은 농민들이 환호성을 지르면서 합류했다. 이들 농민들은 말목장터에 숨겨놓은 무기를 찾아내서 꼬나들고 22일 밤 다시 고부관아로 몰려갔다.

고부 관아는 텅텅 비어 있었다. 박원명이나 이용태는 물론 포졸들도 모조리 달아났고 죄수와 구실아치 몇 명만이 대기해 있었다. 관아에 남아 있던 사람들은 전봉준을 보고 두 손을 들고 환영의 소리를 질렀다. 전봉준은 옥사에 갇혀 있던 사람들을 풀어주고 창고 안의 양곡과 무기 등 모든 물품을 접수했다. 농민군들은 고부 관아에서 이틀 동안 대오를 정비하고 무장을 강화했다.

전봉준이 띄운 통문을 본 각지의 농민군들이 백산으로 몰려들었다. 이때 백산에 모인 농민군의 수를 8천여 명이라 하기도 하고 수만 명이라고도 한다. 전봉준은 3월 25일 말목장터에서 백산으로 진을 옮겼다. 지도부는 농민군을 새롭게 편성하고 부서를 결정했다. 여러 사람들이 전봉준을 대장으로 추대했다. 이로써 전봉준은 정식으로 연합군의 총사령관이 되었다. 그 부서를 보면 다음과 같다.

총관령 : 손화중 · 김개남
총참모 : 김덕명 · 오시영
영솔장 : 최경선
비서 : 송희옥 · 정백현[26]

총관령은 총대장의 지시를 받아 군사를 지휘하는 부사령관의 역할을 담당했고 총참모는 자문을 구하는 고문의 역할을 맡았다. 영솔장은 군사를 거느리고 선봉장의 역할을 하는 임무요 비서는 여러 문서를 작성하고 선언문을 짓는 일을 맡았다.

최경선은 전봉준이 자신의 오른팔이라 할 정도로 신임하는 부하였다. 그리하여 늘 선봉에 서서 군사를 이끌었다. 송희옥과 정백현은 젊은 문사로 이름을 떨치는 재사였다. 농민군이 발표한 여러 글을 보면 모두 명문장으로 짜여 있다. 전봉준이 직접 썼을 수도 있겠으나 대개는 이들이 진중에서 전봉준의 지시에 따라 대필했다.

전봉준은 대장으로서 호남창의대장소를 설치해 조직을 정비하고 강화했다. 공식적으로 지휘부가 설치됨에 따라 백산의 정상에는 동도대장東徒大將 또는 '보국안민' '제폭구민' 등의 문구가 쓰인 깃발이 펄럭였다. 대부분 흰옷을 입은 농민군들이 때때로 죽창을 높이 들고 함성을 질렀다. 농민군은 대오를 짜기도 하고 훈련을 받기도 했다. '일어나면 백산이요 앉으면 죽산이다'라는 말이 이 무렵 생겨났다. 백성들이 멀리서 백산을 바라보면서 이런 말을 퍼뜨린 것이다. 농민군들이 일제히 일어서면 흰 옷이 하얀 구름을 뭉친 듯이 보였고 앉아 있으면 파란 죽창이 높이 보였던 것이다. 아무튼 농민군의 열기는 작은 백산을 들어 옮길 것 같았다.

백산의 지휘부에서는 먼저 거사의 동기를 간단명료하게 밝힌 격문을 사방에 돌렸다.

우리가 의를 들어 여기에 이름은 그 본의가 결단코 다른 데 있지 아니하고 창생을 도탄 속에서 건지고 국가를 반석 위에다 두고자 함이다. 안으로는 탐학한 관리의 머리를 베고 밖으로는 횡포한 강적의 무리를 몰아내고자 함이다. 양반과 부호의 앞에서 고통을 받는 민중들과, 방백과 수령의 밑에서 굴욕을 받는 소리小吏(낮은 벼슬아치)들은 우리와 같이 원한이 깊은 자라. 조금도 주저치 말고 이 시각부터 일어서라. 만일 기회를 잃으면 후회해도 미치지 못하리라.[27]

잘못된 정치를 바로잡고 외세의 배격을 내걸면서 소외와 고통을 받는 민중을 끌어들이려는 의도를 보이고 있다. 광범위한 농민 대중을 동조하는 세력으로 삼아 봉기해, 창생을 구제하고 나라를 굳건히 받치겠다고 알린 것이다. 이 격문을 여러 곳으로 전달하려는 파발마擺撥馬(문서를 전달하는 말)들이 앞을 다투어 백산을 출발했고 변복 차림을 한 농민군 첩보원들은 격문을 깊숙하게 숨기고 걸음을 재촉하기도 했다.

농민군 4대 행동강령

농민군들이 나날이 백산으로 몰려들었다. 그들의 얼굴에는 강렬한 의지가 엿보였으며 팔뚝에는 근육이 울근불근 솟았고 발걸음은 당당했다. 어떤 농민군은 아내와 딸을 빼앗아간 불량한 양반에게 복수하기 위해 주먹을 불끈 쥐기도 했고 어떤 사람은 장리쌀을 못 갚는다고 재산을 몽땅 앗아간 고리대금업자를 기어코 혼내주고 말겠다고 이를 갈며 다짐했다. 이들은 원평 · 부안 등 백산 주변의 여러 고을을 옮겨 다니면서 관아를 습격하기도 하고 무기와 양곡을 거두어들이기도 했다.

전봉준은 농민군에게 4대 행동강령을 공포하고 엄하게 지킬 것을 명령했다.

첫째, 사람을 함부로 죽이지 말고 가축을 멋대로 잡아먹지 마라.

둘째, 충효의 마음을 다하여 세상을 구제하고 백성을 편안케 하라.

셋째, 왜의 오랑캐를 섬멸하고 성스런 길을 맑게 하라.

넷째, 군사를 몰아 서울로 들어가 세도가를 깡그리 없애라.[28]

4개 조항은 농민군이 지켜야 할 행동지침이었다. 전봉준은 농민군이 원대한 목표를 마음에 새기면서 행동하길 바랐다. 또 여러 대장들과 군게 약속하기를 "매양 적과 싸울 적에, 우리는 칼날에 피를 묻히지 않고서 이기는 것을 공적으로 삼으며 비록 어쩔 수 없이 싸우더라도 결코 목숨을 상하게 하지 않음을 위주로 해야 한다. 행진해 마을을 지날 적마다 사람이나 가축을 해쳐서는 안 되며 어진 사람이 사는 마을에는 10리 안으로 들어가서 머무르지 마라"고 당부했다.

농민군은 길을 갈 때 논밭에 자라는 보리나 곡식을 밟지 않았으며 노인이나 어린애들이 무거운 짐을 지고 가는 모습을 보면 얼른 다가가서 대신 짊어졌다. 또 마을에 들어가 밥을 얻어먹더라도 결코 강요하지 않았으며 닭이나 돼지나 개 같은 가축을 잡아먹는 일이 없었다. 특히 노인과 부녀자를 깍듯이 대했다.

그리하여 주민들은 농민군의 대오를 보면 박수를 쳐서 격려했고 마을에 들어오면 주먹밥을 만들어 먹이기도 했다. 전봉준은 늘 농민군의 행동거지를 감시하면서 행동강령을 따르도록 이끌었다. 농민군은 초기 단계에서는 이를 잘 지켰다. 일본의 기자는 다음과 같은 기사를 신문에 게재했다.

동학당은 술과 여자를 탐하지 않고 담배를 피우지 않는 등의 규율이
있고 당원들은 그것을 잘 지켜 조금도 농민을 해치는 일이 없었다. 왜
농민군으로 참여했느냐고 묻는 자가 있으면, 정부의 잘못된 정치를
고치고 조선에 있는 외국인을 추방하여 국민의 만복을 도모한다고 했
다. 그리고 그들이 약속한 말이 항상 실현되었다. 일찍이 고부에서 전
주로 진격할 때 구경꾼들이 산을 이루어 논밭 도로들이 다 밟혀 엉망
이 되는 것을 보고 단지 농작물이 해치게 되는 것을 경계하여 공포를
쏘아 논밭에서 물러나게 한 것도 그 한 보기다. 그들이 마을에 들어올
때는 잡다한 물건이라 할지라도 그에 상응하는 현금을 주고 사서 상업
속으로도 약간의 이익을 주었다. 그래서 위해의 걱정이 없어서 어리
석은 백성들 사이에서는 자못 평판이 좋다.[29]

농민군의 행동 원칙이 이랬고 규율이 바로 섰다. 결코 과장된 표현이 아
니었다. 벼슬아치와 양반 토호들은 입만 열면 "동학군이 재물을 모조리 빼
앗아간다"고 말했는데 그 대상은 어디까지나 부정한 벼슬아치와 불량한
양반과 모진 지주였다.

대장 전봉준은 행진할 때 흰 삿갓과 흰 옷 차림에 백마를 타고, 손으로는
염주를 굴리고 입으로는 주문을 외웠다. "시천주 조화정 영세불망 만사지侍
天主造化定 永世不忘萬事知(한울님을 모시면 조화가 정해지며 길이 잊지 아니하면 만사를 알
게 된다)." 동학의 기본 주문을 말한다. 이런 전봉준의 모습은 농민군들에게
신비스럽게 보였을 것이다.

농민군은 동학의 기본 주문을 외우고 등에는 '궁을ㅋㄴ' 두 글자를 쓴 부적

을 붙였다. 부적의 '궁을'은 약자
弱者를 뜻한다고 한다. 또 농민군
은 대오를 '삼삼오오三三五五'로 짰
다. 흔히 사람들이 옹기종기 모
여 있는 모습을 '삼삼오오'라 하
는데 농민군은 거리를 행진할 적
이나 밥을 먹을 적이나 잠을 잘
적이나 셋 또는 다섯으로 나누어
행동했던 것이다.

농민군이 행진하는 모습도 특
이했다. 고부에 숨어들어 동정을
엿보던 파계생巴溪生(이름 이외에 쓰
는 별호)이란 일본인이 이 광경을

어깨에 총을 들러메고 등에는 부적을 단 동학농민
군의 당시 모습. 동학농민전쟁 당시 일본 신문에
수록.

직접 보았다. 그는 "봉창을 통해 민란군을 바라보니 척후의 기가 펄럭이고
있었다. 기는 청색·홍색·백색·황색의 구별이 있었다. 농민군이 기를 들
고 상하 좌우로 흔들었는데 때로는 급하게 때로는 느리게 흔들어 온 부대
의 진퇴를 지휘했다"[30]라고 쓰고 있다.

황토재 전투, 첫 승리를 거두다

    백산의 소식을 접한 김문현은 땅벌에 콧잔등을 쏘인 기분을 느꼈다. 뒤늦게야 사태가 점점 꼬여가고 있음을 알아차렸다. 그는 어쩔 줄 몰라, 현지에서 전개되는 실정을 사실대로 중앙에 보고하는 한편 자신의 지휘 체계 아래에 있는 무남영의 군대를 모조리 동원했다.

    무남영의 군사들 속에는 흰 옷을 입은 향병이 포함되어 있었다. 향병은 고을 단위로 임시로 동원한 군사였다. 또 보부상의 우두머리에게 도내의 보부상을 모조리 이끌고 출전케 했으며 이어 도내의 백정과 무부巫夫(무당의 지아비)들까지 끌어냈다. 이들 잡색군雜色軍(여러 종류의 군사)은 평소에 감사가 감독하고 단속하는 조직이어서 동원하기에 손쉬웠다. 그 숫자는 영병 700여 명과 향병 600여 명 그리고 잡일을 하는 일꾼 수백 명 등이었다. 황현은 처음에는 관군이 6천여 명이었다고도 기록했으나 이 숫자는 과장되었을 것이다.

    영관 이경호가 지휘하는 감영군은 갑자기 주워 모은 까닭으로 오합지졸이나 다름없었다. 이들의 대열을 보면 산만하기 짝이 없었다. 감영에서는 먹을거리조차 마련하지 않고 마구잡이로 내보냈다. 이들은 백산으로 몰려오면서 길가의 마을에 들어가 강제로 밥을 지어오게 했고 닥치는 대로 빼앗으며 겁탈을 했고 소·돼지·닭·개를 보이는 대로 마구 잡아먹었다. 어떤 군인은 약탈한 금·은붙이를 호주머니에 가득 쑤셔넣어서 뒤뚱거리면서 걸었고, 어떤 보부상패는 얼굴이 벌게질 정도로 술에 취해 흔들거렸다.

전략가 전봉준

4월 6일 감영군은 동진강의 화호나루를 건너오면서 빤히 바라보이는 백산을 향해 총을 쏘아댔다. 감영군들은 나루를 건너 백산으로 다가오고 있었다. 백산에서 이를 바라보던 농민군은 겁을 먹은 듯이 도망치는 시늉을 하면서 두 대로 나누어 황토재 방향으로 물러났다. 때마침 비가 줄줄 내렸고 길은 질척거렸다. 이 일대의 논밭과 길은 황토가 깔려 있어서 비가 조금만 와도 걷기에 여간 불편하지 않았다. 감영군은 농민군을 계속 추격하다가 제풀에 지쳤다.

바야흐로 황토재 전투의 먹구름이 다가오고 있었다. 두승산을 중심으로 관군과 농민군이 대치했다. 감영군은 두승산 북쪽 산록을 가로질러 골짜기를 통과해 가정리 서남쪽 고지인 황토재에 본진을 두었고 농민군도 역시 가정리의 동쪽 고지에 머물면서 야영할 준비를 서둘렀다. 다시 말해 관군은 황토재 아래 등성이에 주둔했고 농민군은 황토재 위로 올라가서 진을 쳤다. 함성을 지르면 들릴 수 있는 거리였다.

전봉준은 눈치 빠르고 날랜 농민군 수십 명을 선발해 보부상 차림으로 변장을 시키고 무장의 보부상으로 가장해서 감영군 진영에 투입시켰다. 한편 황토재 위의 농민군 진영에서는 재빨리 흰 포장을 둘러치고 얕은 토성

농민군이 전라감영군과 싸워 첫 승리를 거둔 황토현 전적지.

을 만들어 그 안에 짚더미를 쌓아두고서 몸을 숨겼다. 다른 한 패는 황토재 바로 아래에 배치되어 몸을 숨겼다. 그러니 농민군의 모습은 하나도 보이지 않았다. 이들은 비상시를 대비해 주먹밥을 미리 마련해두었다.

밤이 되자 안개가 자욱하게 끼어 불과 몇 미터 앞이라도 피아를 구분할수 없었다. 감영군은 추위를 느껴 소나무를 베어다가 횃불을 만들어 불을 밝혔다. 군영은 환하게 밝았고 연기는 자욱하게 장막을 덮었다. 감영군은 소를 잡아 저녁밥을 거방지게 먹었다. 반주도 곁들였다. 이처럼 감영군은 농민군을 아예 무시하는 태도를 보였다. 감영군은 농민군의 진영이 조용하자 멀리 달아났다고 생각한 것 같았다. 밤이 이슥해지자 감영군은 본격적으로 술판을 벌였다. 술에 취해 노래를 부르고 건들거리면서 고래고래 소리를 지르기도 했다. 감영군은 마을에서 부녀자들을 잡아와 군영 안에 가

뒤놓았는데 술에 취해 부녀자를 희롱하는 군사들도 보였다.

전봉준은 부하 두세 명을 데리고 안개 속에서 감영군 진영을 정찰했다. 그는 군사들이 술에 취해 졸음이 올 시각인 자정에 기습하기로 결정했다. 새벽이 되자 농민군 진지에서 일제히 야습을 감행했다. 총탄이 감영군 진지로 떨어졌고 방심해 있던 감영군은 연달아 쓰러졌다.

농민군은 위에서 아래로, 아래에서 위로 치고 오면서 도망칠 길 한 쪽만을 터주었다. 이때 무장의 보부상패들이 감영군들에게 산 위의 농민군을 먼저 공격하자고 유인해서 데리고 올라갔다. 산 위에 숨어 있던 복병들이 일어나 공격을 세차게 퍼부었다. 이에 질척거리는 마루를 올라오던 감영군은 퍽퍽 쓰러졌고 도망치던 자들은 재 아래에 있는 논물 위에 엎어졌다.

날이 밝고 안개도 걷히자 농민군들은 흰 옷을 입은 향병은 쫓지 않고 검은 옷을 입은 영병과 등에 붉은 도장을 찍은 보부상패만을 추격해 칼과 죽창으로 찔렀다. 도망칠 길이 막힌 감영군들이 논으로 뛰어들자 농민군은 더욱 칼날을 세웠다. 순식간에 논물이 피로 물들었다. 황현은 이때 사상자가 1천여 명이라고 기록했다. 막사에는 군량미 400여 석도 버려져 있었다. 농민군은 대포 1문과 소총 600자루, 많은 칼과 창을 수습했다.

한창 전투가 벌어지자 감영군의 장막 안에서는 납치되었던 젊은 부녀자들이 오들오들 떨며 울부짖었다. 이들은 감영군들이 도망치자 막사에서 뛰쳐나와 달아났다. 농민군은 일부 붙잡힌 부녀자들을 놓아 보내고 양곡은 주변 마을 사람들에게 나누어주었다. 감영군과 처음으로 본격적 전투를 벌인 끝에 일대 승리를 장식한 것이다. 한 보부상은 이렇게 증언했다.

4월 6일 아침, 고부를 떠나 징집을 당한 마을 사람들과 함께 고생스럽게 군량을 운반했다. 비가 온 뒤라 수레와 짐을 실은 말의 행진이 생각과 같이 되지 않았기 때문에 우리는 커다란 짐만을 챙겨서 진군을 했다. 두승산 동쪽의 장거리에서는 좁은 계곡길을 더듬으며 진군했는데 길은 좁았고 비탈길은 고르지 않았다. 그러나 모든 군사는 매우 원기가 왕성하여 행진 중에도 노래를 부르고 크게 소리를 지르는 등 왁자지껄했다.

여러 번 휴식을 취하면서 걸었더니 저녁 무렵 황토재에 도착했다. 그 뒤 곧바로 짐을 풀고는 진지의 막사를 만들었으며 각기 소속 부대가 머물 작은 진지를 여러 곳에 만든 뒤 밥을 했다. 모두 배가 고파서 저녁밥을 달라고 크게 소리쳤는데 장교 한 명과 군사 10여 명이 마련한 쇠고기와 술을 먹고는 모든 군사가 원기를 회복했으며 술잔치를 열지는 않았다. 그리고 아둔한 동학 사람들은 모두 나무껍질을 먹고 계곡의 물로만 배를 채워 당장 내일은 길도 걷지 못할 것이라고 비웃었다. 이러한 유희에 빠진 전쟁은 다시는 없을 것이라고 생각되었다. 그날 밤 처음에는 경계를 했다. 그러나 동학군의 진영이 완전히 고요하여 불빛조차 보이지 않았기 때문에 모두 안심하고 그 뒤부터는 술을 마셔 취하고 노래와 춤을 추다가 깊이 잠이 들었는데 나도 취해 잠이 들었다.

그러다가 한밤중에 적이 습격해온다는 커다란 부르짖음에 잠이 깼다. 이리저리 도망 다니는 사람, 엎어지는 사람, 울부짖는 사람, 엎드린 사람, 숨는 사람 등이 있었고 진영의 주위에는 죽은 사람의 시체가 쌓여 있었다. 약 2천 명 가량의 관군 가운데 무기를 가지고 대적한 사람은 매우 적었고 나머지는 앉아서 칼을 맞거나 자다가 죽는 등 그 패배의 모습은 매우 참혹했다.

나는 황토현 북쪽 소나무 숲에 몸을 숨기고 겨우 지름길을 더듬으며 백산 서쪽 해안까지 갔다가 배를 타고 아산 쪽으로 도망하여 목숨을 건졌다. 왜냐하면 동쪽으로 도망한 사람들은 동학군의 별동대에게 습격당했고 또 곳곳에 작은 샛강이 있어서 그냥 건널 수 없었기 때문이다. 7일 동트기 이전까지 대개 살해되었는데 이 싸움에서 나의 동료 보부상은 70~80명쯤이 전사하거나 살해되었다.[31]

위 이야기는 보부상의 처지에서 거의 사실대로 전달한 것 같다. 전봉준의 서당 제자인 박문규도 이 전투 광경을 직접 목격했다. 그의 목격담은 다음과 같다.

유일한 증언

인심이 소동을 벌이고 소문이 흉흉하게 떠돌더니 초2일에 동학군이 무장 임내 안 산골 속에 모여서 무장 고창 고부 서너 고을을 함락하여 군기를 탈취해 가지고 말목 예동으로 행진을 해 와 백산으로 진을 옮기고 있다. 전주 병정 몇몇 소대가 보부상 수만 명을 영솔하고 내 동네에 당도할세 우리 동네 사람들은 식수를 대접한다. 주호主戶(마을의 어른)를 부르라고 군령이 엄숙하여 내 부친께서 대장소에 들렀더니 백미 3석 밥을 지으라는 명령이 내렸다. 밥과 된장통을 쳐낼 적에 동학군이 천태산을 넘어가니 병정은 그 소식을 알고 바로 뒤쫓았다. 동학군이 황토재로 올라가니 병정들은 쫓아가서 뒤 봉으로 올라갔다. 초엿새날 새벽이 되자 총소리가 콩 볶듯 요란하여 나는 우리 부모님하고 동네 앞들에 피난했다. 시방은 옥토지만은 신작로 옆에서부터는 반절이 갈대밭이다. 4월 초5일 밤중이지만은 내 동네 남녀가 다 갈대밭 속에 숨었다. 우리 부모님과 나도 거기 숨었다. 우장雨裝(비옷)·도롱이(짚이나 풀로 엮어 어깨에 걸치는 비옷)를 걸친 배우(이름인 듯)가 무거워서 풀썩거렸다. 초6일 새벽부터 난리 났어. 소식을 들으니 병정이 패했다고 하네. 만약 병정이 이겼다면 고부는 모조리 죽었다.[32]

농민군이 무장에서 출발해 말목장터와 백산으로 옮겨간 사실, 감영군의 진군 모습, 전투의 날짜 등 박문규의 목격담은 사실과 거의 부합한다. 서툰 문장이지만 어린애의 눈으로 여러 장면을 아주 사실적으로 전달하고 있다. 이것이 현장을 직접 본 유일한 목격담이다. 참고로 그는 그 뒤의 사정도 곁들여 설명하고 있다.

그 후로 동도가 크게 일어나 면면촌촌이 동학 전도하기 분주하고 입도하는 사람이 발광이다. 술과 안주를 장만하고 장을 본다. 푸짐한 치성으로 동네 안에 모여 앉아 13자 주문을 외기 정신이 없다.

박문규는 만일 농민군이 패전했다면 주민들은 모조리 죽었을 것이라고 여겼다고도 썼다. 또 황토재 승리 이후 동학이 크게 일어났음을 알려주고 있다. 농민군은 황토재에서 관군과 처음 전면전을 벌여 승리했으니 그 의미는 매우 컸다. 감영군은 그 뒤 재기하지 못할 정도의 상태로 빠져서 집강소 기간에 무력의 위세를 보여줄 수 없었다.

더욱이 전봉준은 흰 옷을 입은 향병을 공격하지 않았다. 전봉준은 생사를 가르는 전투 현장에서 향병에게 동지적 의식을 분명하게 보여주었다. 이런 전술은 강제로 동원된 향병의 처지를 알아준다는 뜻을 드러낸 것이다. 농민군의 바깥 세력을 확대해 광범위한 기층 민중을 끌어들이려는 전술이었다고 볼 수 있겠다.

왜 서울로 진격하지 않았을까

　중앙에서는 급박하게 홍계훈을 양호초토사兩湖招討使(충청도와 전라도의 토벌군 사령관)로 임명하고 장위영의 병정 800여 명을 현지에 파견하는 조치를 내렸다. 홍계훈은 군사를 거느리고 인천에서 군함을 타고 군산곶으로 가서 내렸다. 군산에서 전주로 행군하는 동안 장위영의 관군 가운데 거의 반수가 달아나고 없었다. 농민군이 요술을 부려 전투마다 승리한다는 소문을 듣고 겁을 집어먹어 달아난 것이다. 홍계훈도 4월 10일 전주에 도착했으나 어쩐 일인지 머뭇거리면서 신속하게 농민군을 추격하지 않았다.

　그 무렵 전라도와 충청도의 접경 지역인 금산과 진산에서는 농민군 수천 명이 봉기해 관아를 습격하고 토호를 잡아 징치했다. 또 충청도 회덕과 진잠 등지에서도 농민군이 일어나 양반 토호들을 잡아서 호되게 혼을 내주었다. 특히 신응조는 정승을 지낸 인물인데 그의 손자인 신일영의 아들을 잡아 "이런 도둑의 종자는 씨를 받아서는 안 된다"며 불알을 까면서 호통을 쳤다. 충청도 곳곳이 이렇게 소란스러운데도 두 도의 토벌 임무를 맡은 홍계훈은 이를 외면하고 전주에서 예전 영장을 지낸 김시풍을 동학과 내통했다는 구실을 붙여 잡아 죽이는 짓거리만 하고 있었다.

　한편 총독 행세를 하는 원세개는 현지의 사정을 염탐하기 위해 청나라 군사 17명을 전주로 보냈다. 그들은 홍계훈의 보호를 받으면서 행동을 같이했다. 일본의 첩자들도 행상을 가장하고 여기저기를 기웃거리면서 농민군의 동정을 예리하게 살폈다. 일본 기자들도 섞여 있었다.

남쪽으로 우회한 까닭은?

전봉준이 앞장서서 지휘하는 농민군은 황토재에서 승리를 한 뒤 다시 대오를 정비하고 정읍을 거쳐 고창·무장·영광으로 진출하면서 관아를 차례로 점령했다. 전봉준은 그동안 하던 대로 죄인을 풀어주고 무기를 접수하고 양곡을 확보했다. 때로는 농민의 표적이 된 악질 수령과 아전 무리를 묶어서 죄를 열거하며 혼내주기도 했다. 무장에서는 악질 구실아치 10여 명과 토호 수십 명을 죽이기도 했으며 함평에서는 농민군의 진영을 엿보는 무리를 처단하기도 했다.

그런데 농민군은 왜 그동안 사발통문을 통해 약속한 대로 전주로 진격해 서울로 곧바로 올라가지 않고 우회해 진군의 방향을 남쪽으로만 틀었을까? 여기에도 전봉준의 전술이 숨어 있었다. 홍계훈이 이끈 군사들은 마지못해 늦게야 농민군이 거쳐 간 지역을 뒤따라 내려왔다. 농민군의 꽁무니만 따라다녔다. 농민군은 멀리서 슬금슬금 따라오는 관군이 무서울 리 없었다. 전봉준은 한껏 여유를 부리면서 주변 고을에서 농민군을 더 규합하고 진용을 크게 벌려 위세를 보였다. 농민군은 영광에서 4일 동안 머문 뒤 4월 16일 함평으로 진출했다. 이때 농민군의 행군 모습은 처음과 사뭇 달랐다.

한 건장한 장정이 나이 열네댓 살 된 사내아이를 업고 대열의 맨 앞에 섰다. 그 아이는 손에 대장임을 표시한 남색의 기를 들고 군대를 지휘하고 있었다. 그 뒤를 농민군 대열이 따랐다.

그다음 날라리를 부는 자가 앞을 서고, 다음에 인仁·의義를 쓴 기 한 쌍, 다음에 예禮·지智를 쓴 기 한 쌍, 그다음에 백기 두 쌍이, 또 그다음에는 황기가 따랐는데 각기 다른 구호를 썼고, 나머지 여러 기들은 각각 고을 이름을 표시했다.

그다음에는 갑주를 쓰고 말을 타고 칼춤을 추는 자가 하나 따르고, 다음에는 칼을 쥐고 걸어가는 자 네댓 쌍이 따르고, 다음에는 붉은 옷을 입고 나팔을 부는 두 사람, 호적을 부는 두 사람이 따랐다. 또 그다음에는 한 사람이 고깔 모양의 모자를 쓰고 우산을 들고 도복道服을 입고 나귀를 타고 진군했는데 이 사람 주위에는 여섯 사람이 좋은 옷에 같은 모습을 하고 따르고 있었다.

두 줄로 늘어선 만여 명의 총잡이는 머리에 수건을 동여맸는데 수건은 다섯 가지 색깔로 표시했다. 총잡이 뒤에는 죽창을 든 사람들이 따랐는데 보무步武(군대식 걸음)가 꺾어지고 돌아서는 등 여러 모양을 만들어가면서 전투태세로 배열했다. 이들은 모두 맨 앞의 아이가 들고 있는 남색 기가 가리키는 방향을 바라보았다.[33]

이런 행군은 위세를 한껏 과시하려는 것이었을 게다. 농민군은 영광에서 그 나름대로 만든 군복을 새로 지어 입었다. 도복을 입고 나귀를 탄 사람은 대장인 전봉준일 것이다. 대장을 호위하는 호위병은 여섯 명이었다. 형형

색색의 많은 깃발을 내세우고 행군하는 광경이 현란했다.

길가에서 밭을 매던 농군이 이 행군 모습을 보고 호미를 내던지고 대열에 뛰어들었으며, 산에서 나무를 하던 나무꾼은 낫을 내려놓고 달려와 합류했다. 어떤 사람은 결연한 의지를 보이려 자기 집에 불을 지르고 달려 나왔고, 어떤 사람은 부모·처자에게 영원한 이별의 인사를 하고 따라왔다고도 한다. 또 가족들은 앉아서 굶어죽기보다 밥을 얻어먹기 위해 남부여대^男負女戴(남자는 지고 여자는 이고)하고 따라붙었다.

농민군이 난잡하게 늘어나면 오합지졸로 흐를 위험성이 있었다. 더욱이 가족까지 따라붙는 처지가 아닌가. 이들의 대열을 정연하게 구분 지을 필요가 있었다. 그래서 이를 통제하기 위해 대열 주위에 감시 군사를 배치하기도 했으며 어떤 경우에는 길가에서 끼어들지 못하도록 막기도 했다. 전봉준은 각각 일곱 살, 열네 살 된 신동을 늘 데리고 다녔는데, 날마다 골방에서 이들에게 무엇인가를 일러주고 낮에는 어김없이 새 진형을 보여주었다고 한다. 농민군에게 신통력을 보여주려는 심리전의 하나였을 것이다.

"장군은 신령스런 사람"

전봉준은 함평에서 유일하게 항거의 기세를 보이는 나주 관아에 글을 보냈다. 나주목사 민종렬은 그동안 관할의 고을에 공문을 보내 군사를 모아 보내게 하고 나주의 방비를 강화하며 동학 도인을 잡아들여 감옥에 가두었다. 전봉준은 여러 고을의 군사를 집으로 돌려보내고 도인을 풀어주면 나주 고을에는 들어가지 않겠다고 나주의 공형^{公兄}(관아에서 일을 보는 낮은 벼슬아치)에게 통고했다. 하지만 회답은 "명분 없이 동원한 군사는 사형을 받는 다"는 것이었다. 그러나 전봉준은 나주를 공격하지 않고 발길을 장성으로 돌렸다. 전주 점령을 앞두고 작은 일로 시간을 소모할 필요가 없다고 판단 했던 것이다. 농민군은 더 남하하지 않았다.

그 무렵 홍계훈은 정읍에 머물고 있었다. 전봉준은 홍계훈에게 여러 가 지 폐단을 적은 글을 정중하게 적어 보내면서 "인민들이 열에 여덟아홉은 소굴을 잃고 먹을 것도 없고 입을 것도 없어서 길가에 흩어져 있으며 늙은 이를 붙들고 어린애를 끌고서 구렁을 메우고 있지만 살아갈 길이 한 가지 도 없다"[34]고 외쳤다. 홍계훈은 이런 글을 보고도 콧방귀를 뀌면서 선발 군 사를 뒤따라 보냈다.

마침 농민군이 장성의 황룡강 강변에 있는 월평장터에서 점심을 먹고 있 었다. 이때 장위영의 대관 이학승이 군사 300명과 향병을 거느리고 추격해 왔다. 장위영 군사들은 강 건너의 농민군을 향해 다짜고짜 대포를 쏘아댔 다. 농민군 40여 명이 쓰러졌다(홍계훈은 수백 명이었다고 보고했다). 당황한 농 민군은 뒷산인 삼봉으로 올라가 아래를 내려다보면서 삽시간에 학형鶴型(학 의 날개 모양으로 대오를 만드는 진형)의 대오를 정비했다.

농민군은 한동안 주변에서 대나무를 베어와 장태竹籠 수십 개를 만들었 다. 장태에 대해서는 몇 가지 다른 말이 있지만 황현의 설명에 따르면 "대 나무로 타원형의 닭 장태 모양을 만들고 겉에 창과 칼을 개미처럼 꽂았으 며 아래에 쌍 바퀴를 달고 굴렸다"고 한다. 농민군은 장태를 뒤에서 밀면서 접근해와 소리를 지르면서 포를 쏘았는데 관군의 총알과 화살이 장태에 꽂 혔다고 했다.

전봉준은 또 농민군의 등에 부적을 써 붙이고 앞 옷깃을 입에 물고 엎드리게 한 뒤 장태를 굴리면서 앞이나 옆을 보지 말라고 일렀다. 이렇게 하면 적의 포탄이나 총탄이 침범하지 못한다고도 덧붙였다. 옷깃을 입에 물면 앞이 보이지 않아 적을 볼 수 없어서 계속 전진하게 된다. 또 농민군은 부적을 붙이면 안전하다고 믿었던 것이다. 농민군은 장태를 앞세우고 30여 리나 돌격해왔다. 앞장선 향병들이 먼저 달아났고 뒤따라 장위영 군사들도 도망쳤다. 농민군은 달아나던 대관 이학승을 칼로 쳐 죽였다.

이때 홍계훈은 관군 여섯 명이 죽었다고 보고했고 황현은 관군 일곱 명이 죽었다고 기록했지만 장위영의 대관인 이학승을 포함해 병사와 향병 100여 명이 죽었다고 전해지며 농민군 희생자는 최고 100명으로 추산된다. 농민군은 또 대포 2문과 양총 100여 정을 노획하는 전과를 올렸다. 이 전투의 승리 요인은 농민군의 사기가 높았던 까닭도 있지만, 특히 농민군이 발명한 신무기 장태 탓이었을 것이다. 이후에도 농민군은 들판지대의 전투에서는 곧잘 장태를 이용해 접근전을 펼쳤다.

이때 관군의 대포에서 물이 쏟아졌다는 이상한 소문이 파다하게 돌았다. 전봉준이 신통력을 부려 대포를 쓸모없는 물건으로 만들었다고도 했고 마을 주민들이 관군 몰래 대포에 물을 부었다고도 했다. 더욱이 농민군 대장들은 총을 맞아도 죽지 않는다는 소문까지 왁자하게 돌았다.

전봉준은 일찍이 그의 부하들에게 "나는 신령스런 부적이 있어 몸을 보호해준다. 비록 대포 연기가 자욱한 속이나 총알이 비가 오듯 하는 속에서도 다치지 않는다. 너희들 보아라"라고 말하고는 몰래 탄환 수십 개를 소매 속에 넣어두고 친하고 믿을 만한 사람 십여 명에게 비밀히 알려준 뒤 그들로 하여금 에워싸고 총을 쏘게 했다. 그러나 실제로는 공포였다. 전봉준이 스스로 포위 속을 벗어나서 소매를 툴툴 터니 탄환이 땅에 어지럽게 떨어졌다. 땅에 떨어진 탄환을 본 무리들은 "장군은 신령스런 사람"이라고 말했다. 이런 모습을 본 부하들은 그 부적을 다투어 붙이고 총탄을 두려워하지 않았다 한다.

또 전봉준은 어느 때 밤을 이용해 총잡이와 짜고 미리 손아귀에 총탄을 숨겼다가 총수가 헛방을 놓으면 전봉준이 총알을 재빨리 잡는 시늉을 하고 나서 손을 펴 총알을 보여주었다고 한다. 어둠 속에서 이를 바라보던 농민군들은 "우리 대장만 따라다니면 어떤 양총을 맞아도 죽지 않아"라고 떠들었다. 이 수법은 다른 대장들도 여러 곳에서 사용했다. 섬진강 일대에서 활동한 김인배*도 이런 수법을 쓴 적이 있었다. 농민군들은 대장의 신통력을 믿어 더욱 용기를 얻었던 것이다.

아무튼 전봉준은 장성에서 두 번째 승리를 거두었다. 농민군은 대오를 정비한 뒤 나팔소리를 크게 울리면서 갈재를 넘어 원평으로 내달았다. 4월 25일 농민군은 원평에 이르렀다. 원평은 전봉준이나 김개남이나 김덕명이 무수하게 드나들던 곳이 아닌가. 원평의 대장소에 활기가 넘쳐흘렀다.

전봉준이 원평에 주둔해 있을 때 홍계훈이 보낸 이효응과 배은환이 임금의 편지를 들고 대장소로 전봉준을 찾아왔다. 또 이주호는 하인 두 명을 데리고 내탕금內帑金(임금이 보낸 돈) 1만 냥을 들고 전봉준을 찾아왔다. 전봉준은 임금

---

* 김인배金仁培 전라북도 금구 출신. 김덕명을 도와 원평 일대에서 활동했다. 집강소가 전개될 적에 김개남의 지시로 순천으로 가서 영호 대접주가 되어 전라 동부 지역을 석권했으며 섬진강을 넘어 하동·진주 일대로 진출해 진주 병영을 점령하기도 했다. 25세의 청년으로 남부 일대에서 신화적 인물이 되었다.

의 편지는 읽지도 않았으나 내탕금은 빼앗았다. 전봉준은 원평장터에서 군중을 모아놓고 이들을 목 베어 죽이고 시체는 마을 뒤에 버렸다. 또 그들이 지니고 있던 증명서와 문서도 그들의 시체 위에 던졌다. 모두 다섯 명이었다.

전봉준의 이런 행동은 어떤 회유에도 굴하지 않겠다는 강한 의지를 보이려 한 것이다. 이제 감영군과 중앙군을 격파하고 임금이 보낸 사자를 죽이고 내탕금마저 빼앗았으니 영락없는 역적의 무리가 되었다. '반역의 무리'는 원평을 휘젓고 나서 호남의 심장부인 전주를 노려보았다. 농민군의 발걸음은 원평의 들판을 가로질러 전주를 향해 치달았다.

호남의 심장 전주를 향하여

4월 27일 새벽, 농민군은 전주의 입구인 용두고개를 숨 가쁘게 올랐다. 농민군은 여명의 공기를 뚫고 어렴풋이 보이는 풍남문을 바라보면서 무슨 생각을 했을까? 평상시에는 문을 지키는 군졸들의 눈치를 살피면서 몸을 도사리고 벌벌 떨면서 이 문을 드나들었다.

자, 이 시기까지 행군해온 농민군의 규율과 인민의 호응에 대해 일본 신문은 이렇게 전하고 있다. 농민군의 동정을 두 번째로 전달하는 보도다.

그들 규율의 엄격함은 실로 놀랍다. 만약 한 명의 군사라도 양민의 재산을 탐하고 부녀자를 겁탈하는 따위의 일이 있다면 홀연 불잡아 병사대중의 면전에 끌어다 놓고 죄를 열거하고 그 자리에서 목을 자름으로써 전체 군사를 징계했다. 이로써 대오는 항상 단정했고 수령首領의 명에 따라 마치 팔이 손가락을 시키는 것 같다.

이것이 조금 과장되었는지 몰라도 전체의 형세가 이미 이와 같았기 때문에 지방민들이 갖는 느낌은 달과 자라(月鼈, 자라는 모양이 달과 비슷하다), 구름과 진흙(雲泥, 진흙은 구름처럼 뭉쳐 있다)의 차이와 같아 비교될 수 없었다. 관군에 대해서는 뱀을 보는 것과 같이 꺼리고 동학당에 대해서는 스승을 만난 듯이 좋아하니 그 현격함이 실로 컸다. 또 관군이 엄하게 명령을 내려 군량을 징수하고자 해도 감히 응하지 않는다. 그런데 동학군 쪽에서는 거두지 않아도 얻고 구하지 않아도 들어온다. 그런 탓으로, 오히려 형세가 일변하여 동학군이 마침내 결단을 내리고 관군에 항거한다면 오늘날 원망을 품고 있는 농민들이 홀연 호미를 끌고 동학군에 호응하게 될지도 모른다.[35]

위 기사는 농민군과 관군의 행동과 처지가 달랐음을 말하고, 백성의 동향을 잘 설명하고 있다. 끝에 농민군이 병기와 군량을 약탈한 것이 사실이라고 전제하고 모두 관아나 악질 세도가의 것이라고 덧붙였다. 이런 기사의 내용은 모두 현지에서 목격한 사실들이다. 일본 기자들은 당시 변장을 하고 농민군을 따라다니거나 민심을 살폈다.

농민군이 전주로 올라올 때 행군하는 길가에 남녀노소가 흰 뭉게구름같이 무더기로 몰려나와 환호의 박수를 보냈다. 술동이를 들고 거리로 마중 나온 사람도 있었고 주먹밥을 소쿠리에 담아 돌리는 아낙네도 있었으며 처자와 친척들이 서로 부둥켜안고 농민군에 자원하는 젊은이를 배웅하는 사람도 있었다.

마침내 전주성을 점령하다

농민군은 용두고개에서 일자진一字陣(일렬 종대의 진법)을 치고 외줄 행렬을 갖추어 함성을 지르면서 먼저 서문으로 몰려들었다. 그러나 육중한 대문은 굳게 닫혀 있었다. 서문 언저리는 아비규환이었다. 감사 김문현은 전주를 물러가면서 서문에 붙어 있는 민가에 불을 지르게 했다. 민가 수천 채가 불에 탔다. 농민군이 비어 있는 민가의 지붕에 올라 성문을 넘어오는 것을 막으려 한 짓이었다.

이날은 서문 장날이어서 날이 밝아오자 그래도 장꾼들이 하나씩 꾀여들었다. 점심때가 되자 서문이 저절로 열렸다. 감사 김문현을 비롯해 전주의 모든 벼슬아치들은 도망을 쳤으나 남아 있던 이속吏屬(낮은 구실아치)이나 사령使令(심부름꾼)들이 눈치를 살피다가 문을 활짝 열어준 것이다.

전봉준과 지도부는 텅 빈 선화당宣化堂(감사가 일을 보는 곳)으로 들어가 자리를 잡고 대장소로 삼았다. 전봉준은 감사가 앉았던 자리를 차지하고서 호령했다. 그의 쩌렁쩌렁한 목소리가 선화당 안팎을 울렸다. 신이 난 농민군은 모든 관아 건물을 접수하고 무기와 양곡을 거두어들였으며 억울하게 갇혀 있던 죄수들을 풀어주었다.

아! 원평에서 수만 군중이 모여 기세를 올린 때로 따지면 1년 조금 넘게,

고부를 휘젓고 다닌 시기로 따지면 4개월이 조금 못 되게, 무장의 전면적 봉기로 따지면 한 달이 조금 넘게, 조선의 나라 살림을 거의 반절이나 부담하는 호남의 제1성을 무혈점령한 것이다. 그들로서는 어찌 감격스럽지 않으리. 초여름의 햇볕이 따뜻하게 내리쬐는 4월 27일이었다.

동요하는 농민군

이때 감사 김문현은 변복을 하고 짚신을 신고서 피란민 속에 끼어 도망치면서 민가의 나귀를 타고 달아났다. 경지전慶基殿(조선의 시조인 이성계의 영정을 모셔둔 곳)의 참봉은 태조 어용御容(초상화)의 줄을 끊어 두루마리를 해서 들고 위봉산성으로 달아나다가 길가에서 전주 판관인 민영승을 만났다. 민영승은 성을 버렸다는 죄를 벗어나려고 꾀를 내서 어용을 빼앗아 위봉산성에 보관하게 하고 달아났다.[36] 면피를 하려고 잔꾀를 부린 것이다.

그동안 전주 관아에서 궂은 심부름을 해주던 관속과 사령들은 춤을 추면서 농민군을 구석구석으로 안내했다. 전봉준은 무엇보다 농민군과 관속 사령들이 양반과 부호의 집을 습격해 약탈과 방화를 하거나 관물을 훔쳐내는 일을 엄하게 막았다. 농민군의 기율이 해이해지기 쉽기 때문에 특별히 단속했던 것이다.

한편 농민군은 4대문을 철통같이 막고 방비를 엄중하게 했다. 뒤따라오며 이 소식을 들은 홍계훈은 앞일이 캄캄했다. 그제야 다급하게 전주로 달려갔다. 다음날 아침, 장위영군은 전주성을 완전 포위하고 완산의 7봉을 중심으로 주변 산에 진지를 구축했다. 완산의 마루에서 바라보면 전주성 안이 환하게 들어온다. 농민군은 전략적으로 완산을 소홀히 하여 먼저 차지하지 않은 오류를 저질렀다.

이날 낮, 농민군이 먼저 싸움을 걸었다. 풍남문에서 나온 농민군은 흰 포장을 앞에 치고 나왔고 서문에서 나온 농민군은 칼춤을 추면서 떨쳐 나왔다. 농민군들은 수십 개의 장태를 밀고 올라왔지만 효과를 보지 못했다. 장태는 평지에서는 효과가 크지만 산을 향해 밀어 올릴 적에는 별로 효력을 발휘하지 못한다. 뒤의 표적이 드러나고 밀고 올라가는 힘이 많이 들기 때문이다. 농민군은 어쩔 수 없이 후퇴했다.

홍계훈은 전봉준을 잡아 바치는 자에게는 조정에서 큰 상을 내린다는 전단을 성 안에 뿌리고 주모자를 빼고는 모두 용서하겠다고도 약속했다. 또 관속이나 사령들은 직함을 몸에 써 붙이고 투항해오면 놓아준다는 전령을 내걸기도 했다. 농민군의 자체 붕괴를 꾀한 것이다. 하지만 사기가 한껏 오른 농민군에게는 별로 효과가 없었다.

그 뒤 몇 차례에 걸쳐 격전이 벌어졌다. 피아에 희생자가 속출했다. 농민군 쪽에서는 더욱이 선봉장인 김순명*과 소년 장사인 이복용**이 죽어 타격을 입었다. 관군이 성 안에 대고 연달아 대포를 쏘아 농민군을 위협하자 겁을 먹고 달아나는 자들도 늘어났다. 관군의 대포는 포탄이 500미터 이상 날아갈 정도로 성능이 좋았다. 완산 아래에 설치한 포대에서 대포를 쏘자

---

* 김순명金順明 출신 지역 미상. 동학의 접주로 전주성을 점령하고 나서 홍계훈이 이끄는 관군과 완산 칠봉 아래에서 치열한 전투를 벌였는데 선봉장이 되어 전사했다. 용감한 접주로 명성이 높았다.
** 이복용李福用 14세의 소년 장사로 알려져 있다. 농민군이 전주성을 점령한 뒤 홍계훈이 이끄는 관군과 완산 칠봉 아래에서 일진일퇴의 공방전을 벌일 때 앞장서서 용감하게 전투를 벌이다가 전사했다. 이 소년 장사의 얘기는 전설처럼 퍼져나갔다.

포탄이 경기전 처마를 맞히는 사고가 일어나기도 했으며 조경단肇慶壇(이성계의 조상을 모시고 제사 지내는 곳) 건물을 파괴하는 일도 일어났다. 조선왕실의 신성한 두 건물이 부분적이기는 하나 파괴된 것은 실로 커다란 논쟁거리를 만들었다.

농민군 쪽에서 동요의 빛이 감돌았다. 연달아 터지는 대포의 굉음도 위협적이었지만 요란하게 상금을 적은 전단과 하급 졸개들은 용서해주겠다는 전단들이 성 안에 투입되어 농민군의 마음을 흔들어놓았다. 또 외부와 연락이 두절되어 정보가 차단된 상태도 불안을 가중시켰다. 실제로 몇몇 장수들은 전봉준을 잡아 바치려는 음모를 꾸미고 있었다.

이런 낌새를 감지한 전봉준은 여러 장수를 불러놓고 손가락을 굽혀 점치는 시늉을 한 뒤 "사흘 뒤 점심 나절을 지나면 좋은 소식이 있을 것이오. 여러분은 내 말을 듣고 죽을 곳에 들어왔으니 내 말을 두 번 들어 잠시 참지 못하겠소?"라고 설득했다. 전봉준은 끝내 농민군 지도자들을 진정시키고 홍계훈에게 자신의 뜻을 전달했다. 5월 초2일에 전달한 소지를 요약하면 이러하다.

예전 감사가 수많은 양민을 죽인 일은 생각지 않고 도리어 우리에게 죄를 물려 하는가? 선화宣化하고 목민牧民해야 할 사람이 많은 양민을 죽였으니 이게 죄가 아니면 무엇이 죄인가. 국태공國太公(흥선대원군)을 받들어 감국監國게 하는 것은 사리가 정당하거늘 어찌 반역이라 하는가? 선유 종사를 살해한 것은 윤음을 보지 못하고 다만 토포하라거나 모병하라는 문자만 보았는데 이게 사실이라면 어찌 이런 이치가 있

을 수 있는가? 군사를 동원한 일의 죄를 묻는다고 죄 없는 많은 백성
을 죽이는 것이 옳은가? 눈 한 번 흘기는 것도 꼭 갚는데 남의 무덤을
파고 재물을 갈취하는 일은 우리가 가장 미워하고 서러워하는 바다.
탐관이 모질어도 조정에서는 생민을 돌보았다는 말을 듣지 못했다.
탐관은 마땅히 낱낱이 죽여서 제거하는 게 무슨 죄인가? 각하가 잘 생
각해 임금에게 알리는 것이 해결의 실마리다.[37]

홍선대원군을 받든다고 한 구절이 주목된다. 또 여러 폐단들 속에서 유
난스레 늑장勒葬(위세를 빌려 남의 무덤을 파내고 자기 조상의 무덤을 만드는 것)의
일을 거론한 것도 단순치 않다. 농민군은 수령과 양반 토호들에게 늑장의
피해를 수많이 받아 원한이 쌓였던 것이다. 여기에는 또 탐관을 스스로 제
거한다는 의지도 보였다.

화약의 조건 12

전봉준의 요구는 홍계훈의 마음을 혼란스럽게 흔들어놓았다. 그리하여 본
격적인 교섭이 시작되었다. 홍계훈의 항복 권고는 연달아 날아들었고 농민
군은 승전의 빌미를 찾을 수도 없었다. 더욱이 전봉준은 몇 차례 전투를 치
르는 과정에서 머리와 다리를 심하게 다쳤다. 총대장이 부상당한 사실을
부하들이 알게 되면 전투 의욕을 잃고 만다. 특히 농민군은 앞에서 보아온
대로 전봉준은 총·칼에도 다치지 않는다는 믿음을 갖고 있지 않은가? 전
봉준은 마침내 화해의 약속을 맺기로 결정했다.

농민군 측의 요구조항은 그동안 수없이 거론되었던 국가의 이름으로 행해진 잘못된 폐정, 탐관오리인 중앙 벼슬아치와 수령의 부정을 비롯해 보부상의 폐단을 시정할 것, 어염세를 혁파할 것 등 27개 조항을 제시했다. 홍계훈은 삼례에 와 대기해 있던 신임 전라감사인 김학진*의 재가를 받아 농민군의 요구조항을 받아들여, 조정에 시정을 건의하기로 약속했다.[38]

5월 7일, 화해 약속은 성립되었다. 이는 휴전의 의미와는 다르다. 전봉준과 홍계훈은 머리를 맞대고 앉아서 화약을 성립한 것이 아니다. 몇 차례 편지를 주고받으면서 조건을 제시하다가 결정을 내린 것이다. 그래서 〈판결선언서〉대로 화약이 아니라 합의라고 하는 것이 맞다. 이 약속은 어느 쪽의 승리라 단언할 수 없다. 적당한 국면에서 서로 타협을 보았으니 본서방도 좋고 샛서방도 좋은 형국이었다고 할 수 있겠다.

여기서 한 가지 밝혀둘 주요 사항이 있다. 오지영의 《동학사》에 따르면 화약의 조건으로 12개 조항을 맺었다고 했다. 그 내용은 다음과 같다.

도인과 정부 사이에는 묵은 혐의를 깡그리 쓸어버리고 여러 정사에 협력할 것, 탐관오리는 그 죄목을 조사하여 낱낱이 엄하게 징벌할 것, 횡포한 부호의 무리는 엄하게 징벌할 것, 불량한 유림과 양반 무리는 엄하게 징벌할 것, 노비 문서는 불태워 없애버릴 것, 칠반천인七般賤人(일

---

* 김학진金鶴鎭 서울 출신. 1차 봉기가 일어났을 때 고종은 편의종사便宜從事의 권한을 주어 그를 전라감사로 임명했다. 부임한 뒤 집강소 활동을 인정하고 수령들에게 협조하게 조치했다. 그래서 '도인감사'라는 별명을 얻었다. 2차 봉기 때는 전봉준의 운량도감이 되어 군량미 공급에 나섰으며 위봉산에 보관되어 있는 무기도 공급했다. 벼슬아치로서는 진주목사 민준호와 함께 농민군에 협조한 인물로 꼽힌다. 일제의 작위를 받고 친일파로 변신했다.

곱 종류의 천한 사람)의 대우는 개선하고 백정이 쓴 평량입平凉笠(패랭이)은 벗길 것, 청춘과부에게는 개가를 허락할 것, 무명의 잡세는 일체 부과하지 말 것, 관리 채용은 지벌地閥(지역 연고)을 타파하고 인재를 등용할 것, 왜倭(일본)와 간통하는 자는 엄하게 징벌할 것, 공사의 채무를 가리지 말고 기왕의 것은 소멸시킬 것, 토지는 고르게 나누어 짓게 할 것.

여기에는 첫째 탐관오리, 횡포한 부호, 불량한 유림과 양반을 징벌할 것, 둘째 노비와 칠반천인과 백정의 신분 차별을 없애거나 개선할 것, 셋째 고른 인재 등용, 넷째 청춘과부의 개가, 다섯째 무명잡세와 공사 채무의 해소, 여섯째 토지의 분작으로 나누어진다. 그런데 이 개혁안은 전주 화약의 조건이 될 수 없다. 봉건제도의 골간인 신분제도와 토지 문제는 일개 현지 사령관이 결정할 사항이 아니기 때문이다. 이와 달리 위에서 말한 홍계훈에게 보낸 농민군의 요구사항에는 국가정책의 비리와 농민의 과중한 부담을 개혁해달라는 항목으로 채워져 있다. 그 조건을 이 요구조항에 맞춰야 할 것이다.

한편 오지영은《동학사》의 초고본(필사본)에서 "정부 측은 의군 측에 향해 여러 가지 폐정개혁안을 제출해 이를 앞으로 실시하겠다는 서약을 정하고 양방에서 퇴병했다"고 적었다. 정부 측에서 먼저 개혁안을 마련했다는 뜻이다. 또 12개조를 적고 화약 조건이라 하지 않고 집강소의 '정강政綱'이라 했다. 다시 말해 집강소에서 농민군이 개혁하려는 기본 항목이라는 뜻이다. 여기에는 위의 12개 조항과는 약간 달리 '과부의 재가를 허할 사'와 '지벌을 타파할 사'를 빼고 '인명을 함부로 죽인 자는 베일 사'와 끝에 '농군에게 두레법을 장려할 사' 등을 제시했다. 하지만 토지 분작 문제는 포함되어 있었다. 오지영의 두 기록은 아주 혼란을 주기도 하고 과장되기도 하며 정확하지 못하기도 한다.

한편 홍계훈이 보고한 문서에는 이 화약 조건이 전혀 보이지 않는다. 새로 부임한 김학진과 관민상화를 말할 때도 이런 내용은 들어 있지 않다. 그러니 농민군 스스로 집강소를 통해 풀어간 폐정개혁의 요약이라고 보는 게 사리에 맞을 것이다.

화약의 내용은 일단 접어두고, 전봉준이 점괘를 뽑은 지 정확하게 사흘 뒤 화해 약속이 맺어졌다. 그러자 여러 장수들이 전봉준을 상좌에 모시고는 술을 올리고 절을 하면서 "접장接長(서로 존중하는 호칭)은 정말 하늘이 낸 분이십니다"라고 했다. 농민군은 '귀화'라는 명분을 달고 물침표勿侵票(체포 면제 증명서)를 받고 아무 제재도 받지 않으며 발걸음도 가벼이 전주성을 벗어났다.

화약의 이유

농민군은 왜 '귀화'라는 이름을 뒤집어쓰고 화해 약속을 맺었을까? 그 구체적 이유를 짚어보자. 첫째, 북접의 호응이 없었던 것이요 둘째, 외국 군대의 개입이 두려웠으며 셋째, 농민군의 내부 동요가 있었고 넷째, 양곡과 생필품의 결핍이 있었던 탓이다.

실제로 북접은 남접의 행동이 과격하다고 비난했으며 북접의 지시를 받는 호남의 동학 세력은 자기들의 고장에서 귀추를 엿보고 있었다. 게다가 청나라와 일본이 개입하려는 움직임이 있었고 원세개가 보낸 청군은 전주에 와서 농민군의 동정을 살피고 있었다. 전봉준 등 농민군 지도부들은 이런 사실을 어느 정도 알고 있었다.

한편 농민군은 농군이어서 농사철을 맞아 들떠 있었다. 논에 물을 대야 하는데, 볍씨를 뿌려야 하는데, 모내기 날이 다가오는데 따위를 생각하면서 고향으로 돌아가야 한다는 농심農心이 일어나고 있었다. 게다가 전주성이 완전히 포위되어 시장도 열리지 않고 물품의 조달이 단절되었다. 전주성 안의 민가는 거의 텅텅 비어 있었다. 당장 밥을 굶어야 할 처지에 놓여 있었다.

작은 사례 하나를 들어보자. 농민군은 당시 밥을 먹을 때 일품과 물품을 절약하려고 비빔밥을 만들어 돌렸다. 여러 채소를 밥과 버무려 만든 간이 음식이었다. 계란이나 참기름을 섞으면 제격이겠으나 당시는 그러지를 못했다. 저 유명한 '전주비빔밥'은 이 시기에 유래되어 널리 퍼졌다고 한다.

그러면 관군 측은 왜 화전 약속을 급하게 맺으려 했던가? 첫째, 조정에서 청나라에 원병을 요청하자 일본군도 텐진조약을 구실로 서울로 들어왔으며 둘째, 일본군이 횡행하는 서울과 인천에는 수비병이 거의 없어 수도 방위가 위태했고 셋째, 홍계훈이 지휘하는 관군의 사기가 거의 땅에 떨어진 상태였으며 넷째, 농민군의 지원군이 언제 배후를 공격해올지 모르는 위급한 상황이었다.

한편으로는 홍계훈 개인의 공명심이 작용한 것으로도 보인다. 홍계훈은 적당하게 화전을 맺어 농민군에 전주성을 내준 책임에서 벗어나 자신이 승리의 장수임을 과시하고 싶었을 것이다. 그는 중앙에 전말을 보고하면서 자신의 실패를 조금도 언급하지 않고 전과를 과장하기도 하고 농민군을 귀화시켰다고 전공을 과시했던 것이다. 그러면서도 "동에서 쫓으면 서로 가고 서에서 쫓으면 동으로 가서 깡그리 없앨 길이 만무하다"고 말하면서 청나라에 후원병을 청해야 한다고도 했다.

홍계훈은 농민군이 전주에서 썰물 빠지듯 물러나자 엉뚱하게도 "비적을 소탕한다"고 외치면서 호기를 부렸다. 뒷북을 치는 꼴이었다. 텅 빈 전주성에 들어가면서는 군이 사다리 수백 개를 만들어 성벽을 타고 넘어갔다. 관군들은 성벽을 넘어가서는 마치 농민군을 소탕한 듯이 위장하면서 승리의 잔치를 벌였다.

곧이어 홍계훈은 일부 병력만 남겨두고 서울로 황급하게 올라갔으며 김학진은 삼례에서 전주로 나와 선화당에서 집무를 보았다. 농민군 지도자들은 각기 지방에 흩어져 집강소 조직을 정비했다. 이제 새 국면은 서울과 인천 그리고 전주를 중심으로 새롭게 전개되고 있었다.

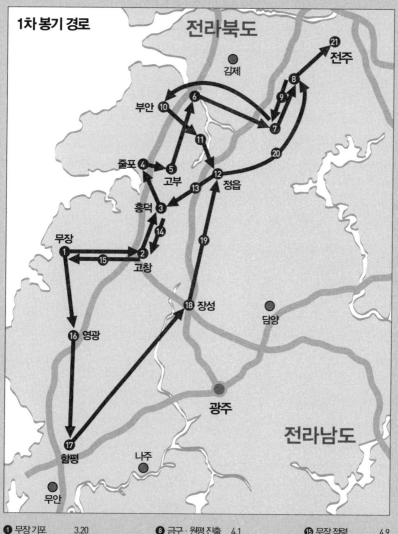

1차 봉기 경로

전라북도

전주 21

김제

8
9
부안 10   6   7
           11   20
줄포 4   5   12 정읍
    고부   13
흥덕 3
무장   14
1   15   2
       고창   19

           18 장성
                담양

16 영광

           광주

17   전라남도
함평   나주

무안

❶ 무장 기포	3.20	❽ 금구·원평 진출	4.1	⓫ 무장 점령	4.9
❷ 고창 점령	3.21	❾ 태인 후퇴	4.3	⓰ 영광 점령	4.12
❸ 흥덕 진출	3.22	❿ 부안 점령	4.4	⓱ 함평 점령	4.16
❹ 줄포 진출	3.23	⓫ 황토현 전투	4.7	⓲ 장성 황룡 전투	4.23
❺ 고부 점령	3.23	⓬ 정읍 점령	4.7	⓳ 정읍 이동	4.24
❻ 백산 대회	3.25	⓭ 흥덕 이동	4.8	⓴ 금구·원평 이동	4.25
❼ 태인 점령	3.29	⓮ 고창 점령	4.8	㉑ 전주 점령	4.27

녹두꽃 피다

청일전쟁과 개화정권의 출범

민씨 정권의 실권자인 민영준은 전봉준이 무장에서 선전포고를 하자 재빨리 현지에 밀정을 보내 농민군의 움직임을 낱낱이 전달받고 밀령을 내렸다. 또 그동안 말썽을 부려 민원을 사고 있는 김문현·이용태 등 자기 세력을 벼슬자리에서 내보내고 중립적 인물인 김학진 등을 내세웠다.

불러들인 손님, 부르지 않은 손님

조정에서는 전주성이 함락된 뒤 정식으로 청나라에 구원군 파견을 요청했다. 원세개는 이미 고종과 민영준의 제의를 받았던 터라, 다시 절호의 기회로 여기고 이를 받아들였다. 원세개는 속내로는 이미 파병 계획을 세워놓고 있었다. 5월 말경까지 청군 2,800명이 파견되어 아산 등지에 상륙했다. 청군의 주력 부대는 서울을 벗어나 있었으나 군사를 실어온 군함은 인천 앞바다에 정박해 있었다. 하지만 전주에서 농민군이 물러간 뒤 조선 조정에서는 청군에 철수를 요청했다.

호시탐탐 기회를 노리던 일본 측은 청군의 개입을 확인하고는 한 쪽 군대가 조선에 진출하면 일본 군대도 함께 진출한다는 톈진조약에 따라 군대를 파견하기로 결정했다. 그동안 일본은 조선의 농민전쟁을 이용해 조선에 군대를 파견하려는 공작을 꾸며왔다. 그 일환으로 일본공사관 무관의 지휘 아래 유학생·약장수·유람객 차림을 한 밀정을 현지로 보내 정보를 입수 하고 있었다.

일본은 조선에 군대를 파견한다는 결정을 내린 뒤 대본영大本營(임시 총본 부)을 설치했다. 일본 정부는 이 기회를 이용해 청나라와 전쟁을 벌이고 나 서 조선을 지배하려는 계획을 세웠는데 대본영이 이를 실행하는 임무를 맡 았다.

일본군은 청군과는 달리 '부르지 않은 손님'이었다. 조선 조정에서는 강 력하게 철수를 요구했으나 일본군은 들으려 하지도 않고 자기네들 계획에 따라 멋대로 행동했다. 일본 해군의 한 부대는 군함을 타고 인천에 상륙했 다. 인천 앞바다에서 순시를 돌던 일본 군함은 풍도 앞바다에서 한가롭게 떠 있던 청나라 군함을 불의에 공격해 격침시켰다. 6월 23일의 일이다. 일 본 군함이 청나라 군함을 공격한 구실은 약속을 어기고 증원군을 보냈다는 것이다.

일본군 8천여 명은 부대를 두 갈래로 나누어서 들어왔다. 한 부대는 인 천에서 서울로 진주했다. 서울로 진주한 일본군은 남산의 중턱에 대포 여 섯 문을 설치해 경복궁을 겨누면서 한편으로는 경복궁으로 밀고 들어갔다. 6월 21일 새벽의 일이다. 일본군은 경복궁을 점령한 뒤 고종을 압박해 "청 나라 군대를 강제로 쫓아내어 조선의 평화를 지키고 국정을 개혁하며 일본 군대에 의한 영토의 보전을 바란다"는 분부를 받아냈다. 참으로 어처구니 없는 사기였다.

또 일본 육군은 조용히 아산만으로 몰려가 아산역 앞에 주둔한 청군을 불의에 공격했다. 6월 27일의 일이다. 청군과 일본군은 성환·평택 등 육지에서 전투를 벌였으나 청군이 패전을 거듭해 일부는 북쪽으로 달아나고 일부는 패잔병 신세로 농민군에 붙었다. 이것이 남의 나라에서 벌인 청일전쟁의 서막이었다.

친일 개화정권 출범

경복궁을 점령한 일본 측은 엉뚱하게도 흥선대원군을 옹립하고 개화정권을 출범시켰다. 오오토리(大鳥圭介) 일본공사는 흥선대원군에게 음흉하게도 손을 내밀어, 새 정부의 섭정을 맡아달라고 요청했다. 흥선대원군은 운현궁에서 10년 동안 칩거 생활을 한 게 한이 맺혔던지 일본과 손을 잡고 그들과 뜻을 맞추었다. 그가 궁궐로 향할 때 군중이 파도와 같이 모여들었다. 그가 탄 남여 앞에는 황룡기(임금의 상징)가 길을 인도하고 주변에는 일장기를 든 일본군이 호위했다.

흥선대원군과 개화파는 너무나 어울리지 않는 견원犬猿(개와 원숭이)의 사이였다. 두 계열은 그동안 끊임없이 적대관계로 대결했다. 일본은 개화파를 이용해 친일 개화정권을 출범시키면서 농민군들에게 인기가 있는 흥선대원군을 이용하려 들었던 것이다. 더욱이 민씨 정권을 타도하는 데도 흥선대원군의 이미지를 빌리는 것이 안성맞춤이었다.

이와 달리 흥선대원군은 자기 나름대로 속셈이 있었다. 그가 극렬하게 반대하는 일본 세력과 손을 잡아 민씨 정권을 타도하고 며느리 민비의 날개 죽지를 부러뜨릴 기회를 잡으려 했던 것이다. 하지만 그가 아무리 만고 풍상을 겪은 노회한 정객이지만 지나치게 정치적 술수를 부린다는 비난이 쏟아졌다. 그는 이래저래 이용물이 되었다.

김홍집*이 중심이 된 개화정권은 일본의 사주를 받으면서 이른바 갑오개혁을 추진했다. 그 개혁 내용에는 상당 부분 농민군의 요구를 반영했다. 갑오개혁이 특권적 신분제도를 타파하고 국가 조세를 공평하게 수납하게 하는 등 비록 근대적 개혁이라고는 할 수 있으나 일본의 사주를 받아 침략의 발판을 제공하는 계기를 만들어주었다.

어쨌든 조선 땅에서 외국 군대가 벌인 청일전쟁은 동아시아의 세력 판도를 바꾸어놓았다. 일본은 이 전쟁에서 승리를 거듭하고서 조선과 대륙을 침략할 수 있는 양면의 기회를 얻었다. 그 대신 청나라는 조선에서 영영 발언권을 상실하는 처지에 내몰렸다. 또한 개화정권의 출범은 민씨 정권의 몰락과 일본 세력이 전면적으로 등장하는 계기가 되었다.

승리의 노래

다시 농민군에게로 눈을 돌려보자. 농민군은 때로는 수십 명, 때로는 수백 명씩 무리를 지어 전주성에서 몰려나왔다. 전주성을 나오는 농민군들은 기

---

* 김홍집金弘集 온건 개화파로 개화정권의 총리가 되어 일제의 협조를 받아 여러 개혁 조치를 단행했다. 군사지휘권을 일본에 넘겨주는 등 동학농민군 탄압에 동조했다. 그런 뒤 여러 개혁 정책을 단행했으나 단발령에 반대하고 민비 시해에 항의하는 의병이 일어나고 고종이 러시아공사관으로 옮겨가는 소용돌이 속에 실각을 하고 광화문에서 민중을 설득하다가 맞아죽었다.

세가 당당하게 앞에서는 칼춤을 추며 대열을 이끌었고 뒤에서는 검가를 부르면서 따랐다. 그 내용은 이러하다.

시호時乎 시호 이내 시호, 부재래지시호不再來之時乎(다시 못 올 때)로다. 만세일지장부萬世一之丈夫(만 년에 하나인 대장부)로서 오만년지시호五萬年之時乎(오만 년에 만난 때)로다. 용천검龍泉劍 드는 칼을 아니 쓰고 무엇 하리. 무수장삼舞袖長衫(소매 없는 장삼) 떨쳐입고 호호망망浩浩茫茫(넓고 넓으며 멀고도 먼 모양) 넓은 천지 일신一身으로 비켜서서 이 칼 저 칼 넌즛 들어 칼노래 한 곡조를 시호 시호 불러내니 용천검 날랜 칼은 일월을 희롱하고 게으른 무수장삼 우주에 덮여 있다. 만고 명장 어디 있나, 장부당전무장사丈夫當前無壯士(대장부의 앞에는 장사가 없다)라. 좋을시구, 좋을시구 이내 신명身命 좋을시구.[39]

시호時乎를 '시호時好'로 표기하기도 한다. 뒤의 의미는 때가 좋다는 것이다. 검가는 군가였고 행진가였으며 승리의 노래나 다름없었다. 승리를 구가하는 검가와 칼춤은 동학의 상징이요 농민군의 행진곡이었다. 농민군의 발길은 고향으로 향하기도 하고 집강소 활동 지역으로 향하기도 했다. 머리와 다리를 심하게 다친 전봉준은 일단 가족이 이사 가서 살고 있는 지금실의 집으로 돌아갔다. 전봉준은 상당 기간 상처를 치료하고 난 뒤 집강소 활동을 전개했다.

처음 농민군이 고을을 점령하면 그 고을의 행정을 접수하고 접주와 접사接司를 임명해 고을 행정을 다스리게 했다. 또 봉기 당시, 집강소를 차리고 고을의 행정을 다스릴 때는 고을마다 접을 설치해 대도소大都所라 부르며 접주 한 명을 차출해 수령의 일을 맡기면서 집강이라 부르게 했다. 수령이 있고 없고를 따지지 않고 도소를 대의소大義所(큰 의리를 행하는 곳)라 부르기도 했다. 또 도로가 있는 곳에는 행군의소行軍義所라 부르는 특별 관리 기구를 두었다. 행군의소는 감시 초소, 또는 검문소의 기능을 했다.

　집강은 본디 수령의 지시를 받아 마을 단위로 기강과 풍속을 단속하는 일을 맡았는데 이를 군·현 단위로 지정해 활용한 것이다. 이것이 농민군 스스로 결정한 집강소의 첫 단계였다. 그때 임금이 임명한 수령은 대개 도망치고 없었다. 전봉준이 집강의 임명장을 직접 주었는지는 확인되지 않으나 이들 접주가 집강이란 이름으로 고을 행정을 보았고 접사는 집강을 보조하는 서기의 일을 맡았다. 이게 집강소의 태동 단계다.

누구든 접장, 신분을 해방하라

전봉준은 집에서 잠시 동안 치료와 휴식을 취하고 나서 집강소를 독려하러 나섰다. 전봉준은 먼저 금구·김제·태인 등지를 돌아보았고 이어 장성·담양·순창·남원·순천 등지를 두루 순찰했다. 전봉준의 순찰 길에는 주로 최경선이 수행했으며 날랜 군사 20여 명이 호위했다. 전봉준의 발길이 닿는 고을에는 집강소가 조직되어 체계를 잡아나갔다.

한편 손화중은 광주 일대를 석권하고 있으면서 남도의 집강소 일을 보았고 김개남은 남원에 웅거해 있으면서 그 주변 고을에 독자적으로 집강소 설치를 독려했다. 따라서 2단계에 들어서는, 김개남의 지휘 아래에 있는 남원 주변의 집강소는 전봉준의 지시와 상관없이 별도로 수행되었던 것이다. 손화중은 집강소 활동에 있어서 독자성을 갖기보다 전봉준을 도와주는 관계를 유지했다. 앞으로 이 문제는 조금 복잡하게 전개된다.

집강소, 동학농민혁명의 전초

원래 동학의 조직은 경우에 따라 조금씩 달랐다. 최시형은 1880년대에 들어 조직이 확대되자 육임제六任制를 실시했다. 곧 동학을 전도할 때는 접주 아래에 도접都接 · 접사接司 · 강사講師 · 교장敎長 등의 명목이 있었고 활동할 때는 접주 아래에 성찰省察 · 검찰檢察 · 공사장公事長 등의 명목이 있었다. 평상시와 비상시로 나누어 조직을 조정했던 것이다. 전봉준이 운용한 집강소는 육임제를 기본으로 하면서 새롭게 조직체계와 행동지침을 세운 것이라고 볼 수 있겠다.

집강소의 농민군들은 존비와 귀천을 떠나 누구든 가릴 것 없이 호칭을 접장이라 불렀으며 서로 맞절을 했다. 그들은 신분 해방을 추구하면서 서로 동등한 호칭을 사용하고 서로 같은 자세로 절을 하는 방식으로 평등 의식을 실천적으로 드러냈다. 전봉준을 부를 적에도 '전봉준 접장'이라 불렀다. 어린애나 부녀자를 부를 적에도 예외가 아니었다. 농민군 두령들은 졸개들을 보면 먼저 절을 했다. 종과 상전, 백정과 양반, 여자와 남자, 어린애와 어른, 평민과 벼슬아치를 가릴 것 없이 동등한 호칭으로 부르고 대등하게 맞절을 했다.

인류 역사에서 평등을 실현하려는 호칭은 1914년 러시아에서 혁명이 일어난 뒤 '동무'를 사용한 것을 첫 사례로 꼽고 있다. 최시형도 포덕을 하면서 도인들끼리 접장이라 부르게 가르쳤다. 그러니 동학과 농민군은 평등의 호칭을 러시아의 사례보다 적어도 20여 년을 앞서 실행에 옮겼던 것이다. 또 맞절은 신분의 차이를 형식부터 없애는 방법이었다. 예전 중국 당나라의 무측천武則天(624~705)은 남녀의 차별을 없애는 첫 방법으로 남자와 여자가 절을 할 때 대등하게 하라고 지시한 적이 있었다. 이런 절 형식은 한때 발해에서도 유행을 탄 적이 있었다.

한편 집강소에서 행정을 집행할 때는 집강 아래 몇 명의 의사원議事員을 두어 합의제로 운영했다. 의사원의 결정 사항은 바로 행정에 그대로 반영되었다. 이 합의제가 얼마만큼 원만하게 수행되었는지는 정확하게 알 수 없으나 민주제의 근간인 합의제를 운영한 것만으로도 의미가 있다.

집강소의 업무는 포괄적이어서 국가의 통치행위에 속하는 일 전체를 수행했으며 여기에 개혁 조항을 실행했다. 흔히 집강소 행정을 두고 농민 자치라고 부르나 이는 수령의 행정을 국한해 말하는 것이어서 잘못 사용한 용어일 것이다. 집강소의 일을 간단하게 정리하기는 복잡하다. 고을 단위의 집강소는 약간 고유한 조직이 있었고 기능이 다른 부분도 있었기 때문이다. 그러나 수령이 하던 지방 행정에 자신들이 추구하는 개혁을 실행해나갔다고 보면 크게 어긋남이 없을 것이다.

집강소에서는 위 폐정개혁안에서 제시한 대로, 탐관오리를 제거하고 횡포한 부호의 무리와 불량한 유림과 양반 무리를 징벌하고 노비제도를 없애고 천인賤人의 대우는 개선하고 청춘과부는 개가를 허락하고 무명잡세를 없애고 모든 채무를 소멸시키는 일을 했다. 여기에 '토지는 고루 나누어 짓게 할 것'이란 조항은 그 기간이 짧아 실시했다는 근거를 찾을 수 없으며 실효를 거두지 못했던 것으로 보인다.

전봉준은 집강소 일을 수행하면서 또 다른 주목할 정책을 폈다. 곧 빈민을 구휼하는 일이었다. 전봉준은 지주와 부호들에게 강제로 돈과 쌀을 빼앗지 않았다. 그 대신 부호들로부터 시세보다 싼 값으로 쌀을 사서 시세보다 싼 값으로 빈민들에게 되팔았다. 부호에게는 먹고 남는 식량이지만 빈민에게는 거저 얻는 것이나 다름없었으나 대가를 지불했다는 생각을 갖게 한다.

위의 항목은 2단계로 접어들어 전봉준이 대도소의 대접주 자격으로, 농민군 스스로 통치 행위를 하게 하면서 실시하고 개선한 내용이었다. 농민군은 무엇보다 집강소 조직을 통해 자기네 손으로 신분제도 개혁에 나섰던 것이다. 신분에 따른 특권의 청산, 그 속에서도 양반과 상놈의 차별을 없애는 일을 아주 사실적이고도 구체적으로 실천했다. 오지영은 《동학사》의 초고본에서, 집강소에서 수행한 일을 두고 다음과 같이 적고 있다.

소위 부자 · 빈자라는 것과 양반 · 상놈, 상전 · 종놈, 적자 · 서자 따위
모든 차별적 명색名色은 그림자도 보지 못하게 되었으므로 하여 세상
사람들은 동학군의 별명을 지어 부르기를 나라에 역적이요 유도에 난
적이요 부자에 강도요 양반에게 원수라고 하는 것이며 심한즉 양반의
뒤를 끊으려고 양반의 불알까지 까는 흉악한 놈들이란 말까지 떠돌았
었다.

당시 떠도는 말을 아주 사실적으로 적었다고 할 수 있겠다. 위에서 말한 여러 일은 호남 집강소가 있는 곳에서만 벌어진 것은 아니었다. 장도빈이 조사한 충청도 홍성에서 일어난 사례를 보자.

홍주군(지금의 홍성) 갈산리 안동 김씨 집에 노예로 있던 문천검이란 사
람과 이승범이란 사람이 자기 상전인 김씨를 대추나무에 발가벗겨 매
달고 불알을 깠다고 한다. 이것은 평소에 그 양반의 횡포한 세력 하에
울던 민중의 무리가 양반 개인을 격징하는 동시에 그 양반의 종자가

없어지게 하기 위해 불알을 바른 것이니 민중이 양반에 대한 원한이
얼마나 심각했던가는 이런 사실을 보아 알 수 있을 것이다.[40]

불량한 양반에 대한 징벌은 전라도·충청도만이 아니라 전국에서 나타
난 현상이었다. 이런 일을 겪거나 본 양반들은 "막된 세상" "금수로 떨어지
는 세상"이라 한탄했다.

위협과 회유 사이에서

5월과 7월 사이에 전라도 50여 개 고을에 집강소가 설치되었으나 유난히
나주와 운봉 등지 몇 군데는 수령과 민보군들이 버티면서 집강소 설치를
방해했다. 김학진은 이런 상황을 잘 알고 있었다. 전라도의 행정책임자로
서 집강소 일을 그냥 불구경하듯 할 수는 없었다. 그는 효유晚諭(깨우치고 타
이름)하는 글을 보내 한 쪽으로는 군사로 쓸어버릴 수 있다고 위협하고 다
른 한 쪽으로는 귀화하라고 회유했다. 그러면서 폐정은 모두 고칠 것이며
귀화하는 농민군은 일체 처벌하지 않겠다고 했다.

　김학진은 농민군 지도자들에게 연락을 하여 회합을 갖자고 요청했다. 그
가 내세운 조건은 '관민상화官民相和', 곧 관과 민이 서로 협조해 화합하자는
것이다. 이 무렵 전봉준은 집강소가 거의 설치된 상황에서 단합대회를 가
질 필요성이 있다고 판단했다. 더욱이 전봉준과 김개남이 집강소 활동을
달리하는 마당에서 서로 의견을 조율할 필요성이 있었던 것이다.

　단합대회는 7월 15일 남원에서 있었다. 전라도의 좌·우도에서 수만 명

이 모여들었다. 김학진은 이 대회에 참석한 전봉준에게 사자를 보내 전주에서 만날 것을 제의했다. 전봉준이 이 사실을 김개남에게 전달했지만 김개남은 거절했고 손화중은 늦게 와서 전봉준 일행과 합류하지 못했다. 남원 대회는 서로 견해를 달리해 원만한 성과를 거두지 못했다.[41]

전봉준은 최경선 등 직계부하 40여 명을 데리고 전주로 나왔다. 전봉준과 김학진은 선화당에서 회합을 갖고 당면 문제를 상의했다. 김학진은 면·리에 집강을 두고 수령이 협조하게 했으나 전봉준은 일단 합의를 하고 나서도 군·현 단위로 농민 통치를 실시했다. 그 결과 김학진은 전봉준에게 전라도 행정권을 공식적으로 이양한 것이나 다름없었다. 김학진은 임금에게서 감사 임명장을 받을 때 편의종사便宜從事의 관례에 따라 현지 사정을 감안해 임금에게 보고하지 않고 일을 처리하는 권한을 위임받았다. 이에 따라 전봉준에게 집강소 행정을 맡기는 권한을 부여한 것이다.

김학진은 편의종사의 권한을 위임받은 감사의 자격으로 관민상화의 계책을 전봉준과 의논해서 집강소를 설치하기로 했기에 농민군은 공식으로 각 고을에 활거하면서 관아 건물에 집강소를 설치하고 이를 집행할 집강을 비롯해 서기·성찰省察·집사執事·동몽童蒙의 직책을 두게 되었다. 김학진은 전라도 모든 고을의 수령들에게 공문을 보내, 농민군은 무기를 반납하고 수령은 농민군의 금압을 일체 중지하라고 지시했다. 또 수령들은 집강소의 일을 적극 협조하라고 당부했다.

수령들은 직속 상관으로부터 집강소를 인정해 협조하라는 지시를 받은 것이다. 수령이 말을 듣지 않으면 처단하는 경우도 있었다. 그 추진의 강도는 지역에 따라 달랐다. 김개남의 지시를 받는 고을에서는 더욱 강렬했는데 지역으로는 남원과 보성을 가장 치열한 곳으로 꼽는다.

전봉준은 독자적으로 잘못된 정사를 바로잡을 계획이었으니 감사의 동의와 협조가 없었더라도 어차피 집강소는 운영되었을 것이다. 그래서 수령이 협조하지 않으면 더욱 한바탕 소동이 일어날 수밖에 없었다. 김학진은 이런 정세를 감안해서 관과 민이 서로 협조하는 모양새를 갖추었다고 볼 수도 있을 것이다.

이로써 전봉준은 선화당을 차지하고 김학진을 대신해 감사 노릇을 하게 되었고 김학진은 선화당의 골방에서 뒷짐을 지고 전봉준이 하는 일을 바라보았다. 그래서 사람들은 전봉준을 예전 후백제를 세운 진훤甄萱(견훤)에 비유했고 김학진을 '도인 감사'라 불렀다. 전봉준이 일을 보던 곳을 대도소라 불렀는데 전주 대도소에서 일을 보기도 했고 원평에 대도소를 두기도 했다. 당시 집강소 실시 기간은 길게 보아도 8~9개월 정도로 보인다.

전주를 떠나 나주로

각 고을에 집강소를 설치한 뒤 전봉준은 수천의 농민군을 거느리고 금구 원평을 근거지로 하고서 전라 우도를 호령하고 김개남은 수만의 무리를 거느리고 남원성을 근거로 해서 전라 좌도를 다스렸다.[42] 한편 원평에는 김덕명이 대도소를 두고 집강소를 설치해 군수전軍需錢(군사 경비로 쓰는 돈)·군수미를 받아들이는 등 활동을 벌였다.[43]

서울에 있던 일본인 우미우라(海浦篤彌)가 동료 두 사람과 함께 전봉준을 찾아 7월 17일(양력) 원평에 이르러 대도소 곧 집강소를 방문했다. 당시 일을 다음과 같이 기록했다.

> 누런 수건을 두르고 화승총을 어깨에 메고 걸어오는 자와 만났
> 다. 나는 그를 불러 도소가 있는 곳을 물었다. 그는 기뻐하면서
> 우리를 인도했다. 길옆에 하나의 작은 언덕이 있고 소나무가 그
> 림자를 드리우고 있었다. 노란 수건을 두른 자, 자색 수건을 두
> 른 자, 녹색 수건을 두른 자 등 약 40명 또는 50명이 화승총을
> 들고 여기저기 서로 섞여 있었다. (중략) 지게꾼은 사방에서 쌀
> 보리를 운반해왔다. (중략) 도소에서 명령을 전해 두세 명의 아
> 이를 시켜 우리를 음식점에 인도하게 했다. 식사가 끝난 뒤 조
> 원집 도소가 와서 송별인사를 했다. 오후에 동학도 10여 명의
> 배웅을 받고 원평을 출발했다.[44]

이들은 전봉준을 원평에서 만나지 못하고 남쪽으로 내려갔던 것이다.
전봉준은 7월 그믐께 일단 태인의 집으로 돌아갔다. 그런 뒤 8월 13일 말썽
많은 나주로 갔다. 전봉준은 최경선 등 부하 10여 명을 데리고 나주목사 민
종렬을 만나 감사의 지시를 따라 집강소 설치를 허락하라고 요구했으나 민
종렬은 들어주지 않았다. 전봉준 일행은 위해를 느끼고 변복을 하고 탈출
했다. 전봉준은 아전들에게 입었던 헌 옷을 벗어주면서 빨아놓으면 다른
곳을 둘러보고 와서 갈아입겠다고 말해 의심을 풀게 했다. 민종렬은 전봉
준이 탈출한 사실을 알고 땅을 치면서 분해했다 한다. 그래서 나주에서만

은 나주 대접주인 오권선*이 목사의 협조를 받지 못해 관아가 아닌 곳에 집 강소를 두어 운영했던 것이다.

오늘날 집강소의 흔적은 찾기 어렵다. 원평에서 겨우 집강소 건물을 찾아 냈다. 향토사학자 최순식이 이런 사료에 근거하고 연로한 주민들의 증언을 종합해 원평 집강소의 위치를 확인했다. 최순식은 원평의 학원 마을에 사 는 백정 출신인 동녹개라는 사람이 김덕명 대접주를 찾아와서 "백정이 없 는 세상을 만들어달라"고 말하면서 자기 소유의 건물을 집강소 사무실로 내놓았다고 했다. 증언자 최순봉은 "우리 아버지는 전라남도에 살다가 여 기에 왔지. 거기에 동학당들이 모였다고 들었어요. 어른들이 그렇게 말하 더라고요"라고 했다. 이런 증언은 여러 사람들의 입에서 공통으로 나왔다.

그 건물은 처음에는 초가로 정면 4칸 측면 2칸으로 되어 있었다. 확인한 바, 이 건물의 상량문上樑文(집을 새로 짓거나 고친 내력, 까닭과 공역工役한 날짜, 시 간 등을 적은 글)에는 '광서팔년임오삼월이십일光緖捌年壬午三月二十日'로 쓰여 있 다. 곧 1882년에 해당된다. 동학농민전쟁이 일어나기 12년 전이다. 동학농 민전쟁이 끝난 뒤에는 금산면사무소로 사용되었다가 원불교 교당으로 사 용되었는데 그 과정에서 초가가 기와 지붕으로 바뀌었고 1980년대에는 일 반 민가로 사용되면서 퇴락을 거듭하고 있다.

---

* 오권선吳權善 전라도 나주 지주의 아들로 태어나 접주가 되었다. 장성과 전주 전투에 참여한 뒤에 고향으로 돌아가 손화중·최경선과 함께 나주 관아공격에 나섰으나 실패했다. 하지만 성 밖에 집강소를 차리고 비리 척결에 나섰다. 그 과정에서 오씨 문중도 두 갈래로 갈라졌다고 한다. 그는 잡히지 않고 태인과 금산 일대에서 숨어 살았다고 하며, 아들 이 1912년생으로 족보에 올라 있다.

차별 없는 세상을 위하여

어쨌든 집강소는 몇 고비의 과정을 거쳐 마지막 단계로 접어들었다. 이 시기 김개남 휘하에 있는 전라 좌도의 몇 고을을 제외하고는 전봉준이 집 강소를 거의 통솔했다. 하지만 전봉준의 의도대로 집강소가 원활하고 일사 불란하게 작동한 것은 아니었다. 일부 고을에서는 집강소 활동을 방해하거 나 협조하지 않는 수령을 잡아다가 곤장을 때리고 불량한 양반과 토호들을 잡아들여 주리를 틀며 죄를 물었다. 수령들은 쥐구멍을 찾기에 바빴으며 어떤 고을에서는 수령이 도망을 치기도 하고 조정에서 수령을 임명해도 부 임하지 못해 수령이 없는 고을이 많았다.

집강소의 행동대들

양반과 토호들은 이리저리 눈치를 살피면서 재물을 싸들고 집강소에 뇌물 을 바치기에 정신이 얼얼했다. 이들은 자발적으로 장리쌀과 장리돈을 탕감 해주기도 했다. 또 구실아치들은 뒤늦게야 동학에 들어가서 목숨을 보존하 는 한 방법으로 삼았다.

이런 일을 앞장서서 지휘한 행동대는 앞에서 말한 성찰·동몽·포사들이었다. 성찰은 사정을 살피고 잘못을 가리는 임무를 맡았으니 감찰 또는 경찰의 일을 보았다고 해야 옳을 것이다. 동몽은 10대 소년으로 구성되었는데 이들은 단순한 심부름꾼이 아니라 일선 행동대로, 죄인의 체포·구금 또는 곤장 때리는 일 등 형벌을 가하는 임무까지 맡았다. 이들은 말하자면 당시의 '홍위병'이었다. 포사는 포수를 중심으로 구성한 것으로 보이는데 전투요원이나 다름없었다.

포사는 벼슬아치와 양반 토호들에 대한 적대감이 특히 강했다. 전봉준이 이들의 과감한 행동을 막으려 노력했으나 일선에서는 잘 먹히지 않았으며 집강들도 세차게 터져 나오는 봇물을 막을 수 없었다. 김개남과 그 산하의 농민군은 오히려 과격한 행동을 장려했다. 전개된 여러 정황으로 보아 포사가 집강소의 중심 세력이라 해도 틀리지 않을 것이다.

남원 등지에서 일어난 구체적 행동을 몇 가지 사례를 통해 알아보자. 먼저 강제 혼례를 들 수 있다. 양반집에 나이가 찬 딸이 있으면 수건을 문에 걸어두고 납폐納幣(신부에게 보내는 예물)라고 불렀다. 한 번 수건을 걸어놓으면 처녀의 집에서는 감히 다른 데로 시집보내지 못했다. 이를 늑혼勒婚(강제로 혼인을 맺는 것)이라 불렀다. 그리하여 딸이 있는 사족과 양반, 여염의 백성들은 늑혼을 피해 매파를 기다리지 않고 택일도 하지 않은 채 각각 끼리끼리 귓속말로 혼인을 약속하고 물을 소반 위에 올려놓고 손을 끌어 초례를 올렸다. 그리고 촛불을 들고 곧바로 신랑의 집으로 갔다. 야단스럽고 시끄럽기가 미치광이 같았다고 하여 민간에서는 이를 3일혼이라 했다. 오늘 맞대어 서로 약속하고 명일 초례를 치르고 또 그다음 날 신랑 집으로 갔다. 그러니 사흘 만에 후딱 혼인을 해치우는 것이다.

그래서 열네 살 이상의 처녀는 안방에 없었다 한다. 이해 동짓달이 끝날 쯤에는 이들이 늦혼을 하고자 해도 처녀들이 없었다. 모두 젖내 나는 어린 이들로 머리를 틀고 비녀를 꽂고 있었다. 그래서 동몽들이 안방을 엿보고 웃거나 욕을 해댔다. 또 혼례식을 치를 적에는 양반의 부녀자를 불러내 등 롱燈籠(혼례식에 사용하는 등불)을 들려 따르게 하고 시중을 들게 했다. 여러 가지 혼례의 절차에도 양반의 아들들을 불러내 일을 시켰다. 예전 종들이 하던 일을 양반가의 부녀자와 아들들에게 시켰던 것이다.

유세한 집의 처녀를 유린하는 일은 일반 농민군이 아니라 바로 성찰·동몽들이었다. 또 이들의 출신 신분은 천인이나 노비여서 신분 해방의 일을 추진하는 데도 과감했다. 심지어 남원 김개남의 부하와 고창 홍낙관*의 휘하에는 천인 부대가 별도로 있었다. 황현은 이들이 다음과 같은 행동을 서슴지 않았다고 기록했다.

무릇 남의 노비로 도둑을 따르는 자는 말할 것도 없거니와 비록 도둑을 따르지 않는 노비도 모두 도둑들에 묶어 상전을 겁주었다. 그리하여 노비 문서를 불태워 강제로 양인으로 만들게 했다. 혹은 그 주인을 결박해서 주리를 틀고 매질을 했다. 이에 노비를 둔 자들은 지레 겁을 먹고 노비 문서를 태워 그 화를 풀었다. 순박한 노비들이 더러 태우지

---

* 홍낙관洪樂寬 서울 출신으로 고창으로 내려와서 활동을 전개했다. 아내가 당골(무당)이었다. 동학농민전쟁이 일어나자 노비·백정 등 천민 부대를 만들어 강력하게 신분 해방 운동을 펼쳤다. 서울로 잡혀왔으나 유배형을 받았다. 그 뒤 다시 고창 일대로 내려가서 활동했는데 1899년 300여 명의 무장 대오를 이끌고 고부와 흥덕과 고창의 관아를 습격하는 2차 농민운동을 펼쳤다.

말기를 원했지만 기세가 원체 거세어 상전들이 더욱 두려워했다. 혹 사족의 노비 상전이 노비와 함께 도둑을 따르는 자들은 서로 접장接長이라 불러 그 법을 따랐다. 백정·재인의 붙이가 평민·사족과 더불어 맞절을 하자, 사람들이 더욱 이를 갈았다.[45]

고창 지역에서는 천민 부대의 활동이 두드러졌다고 한다. 또 황현은 "손화중은 우도에 있으면서 백정·재인·역부·공장이·승려 등 평소 가장 천한 칠반천인들을 모아 하나의 접을 만들었는데 사납기가 이를 데 없어 사람들이 더욱 두려워했다"[46]고 했다. 이 부대의 지휘자는 홍낙관이었다. 그는 서울 출신으로 이곳에 와서 당골의 지아비가 되어 농민군 접주가 되었고 이런 과감한 행동을 한 것으로 알려져 있다.

이곳에는 재인과 당골들이 많이 살았다. 이들은 방법이 과격하기는 하나 그 실천의지는 강렬했던 것이다. 당시 갑오개혁에 따라 개인 노비 제도를 철폐하고 천인의 대우를 개선하는 제도를 실시하게 했으나 실제로 현장에서는 양반과 상전이 거부해 거의 실행되지 못했다.

전봉준의 리더십

집강소 조직은 다른 지방에서도 이루어졌다. 곧 농민군 점령 지역이 아니더라도 수령과는 별도로 농민 자치조직으로 수행되었다. 나주의 경우, 수령이 집강소 실시를 거부했으나 나주 접주 오권선은 교외에 집강소를 두고 스스로 집강소 행정을 수행했다. 접소와 접주가 있는 곳에서 별도의 집강소를 조직해 농민자치를 수행했다. 이런 집강소는 충청도와 경상도 일부 지역에서도 나타나고 있다.

동학의 조직은 지역 단위만이 아니라 인적 단위로 이루어진 경우도 많다. 곧 접주의 개인 친지거나 친인척 등 연줄로 이루어진 조직을 말하는 것이다. 또 지역 중심의 조직도 군·현만이 아니라 면·리 단위로 이루어진 경우도 많다. 동학의 교단 조직이 집강소 조직에도 적용된 것이다.

전봉준은 집강소 실시 기간 다른 지역에 사람을 보내거나 연락을 하여 잘못된 정사를 바로잡고 집강소를 설치하려는 노력을 기울였다. 금산(지금의 김천)에서는 편보언*이 8월경에 금산장터에 도소都所를 차리고 도집강이라 불렀다. 이곳의 성찰들은 무장 호위대를 거느리고 횡포를 부린 양반 지주 여씨들을 잡아 두들겨 패는 등 비리를 척결하는 일을 벌였다. 이들은 전봉준의 지시를 받았다고 했다.

또 최달곤은 하동 출신인데 두 사람의 부하와 함께 전봉준의 이름이 적힌 격문을 들고 염찰사廉察使(벼슬아치가 청렴한지를 살펴보는 직책)라고 하면서 경상도 남쪽의 고을들을 찾아다녔다. 그리고 수령들의 잘못을 지적하고 시정을 촉구하기도 했다. 동래부사 민영돈은 이들 일행에게 말 두 필과 후한 노자를 주면서 융숭하게 대우했다. 최달곤은 전봉준의 사자로 파견되었다고 했다.

집강소 현장에서 대접주요 도집강인 전봉준의 '리더십'이 잘 나타났다.

---

* 편보언片甫彦 금산 어모면(오늘날 경상북도 김천시) 출신. 일찍 동학에 입도해 접주가 되어 포덕에 열중했다. 동학농민전쟁이 일어나자 금산 일대에 대도소를 차리고 양반 토호의 비리를 다스렸다. 때로는 전봉준의 지시를 받아 활동을 벌였다.

전봉준은 농민군의 불법적 행동을 막으려 노력했으며 기존의 수령들과도 협조와 타협을 도모하려 했다. 지나치게 무리한 행동에 따라 나타나는 부작용을 막으려 한 것이다. 또 현장에서 양반 토호들에게 협조를 구하면서 폭력을 사용하지 않고 설득의 방법을 썼다. 따라서 그는 양곡과 마소와 군수전을 거두면서 자발적으로 협조케 하는 형식을 빌렸다. 사례를 하나 들어보자.

전봉준은 군자금 모금을 위해 백양사에 본부를 두고 장성의 문벌인 울산 김씨와 광산 김씨 그리고 기씨 변씨들의 협조를 얻으려 했다. 그는 이들 문중의 인사를 불러놓고 나라의 형편과 관리의 부정과 농민군의 소임을 말하고 양곡과 군수전을 자발적으로 염출하도록 설득해 소기의 성과를 얻었다. 결코 폭력적인 방법을 쓰지 않았다. 그래서 전봉준은 사사로운 원한을 사지 않아 개인적으로는 원수가 없다는 평판을 들었다.

흥선대원군의 밀서

이해 가을은 유난히 맑았으며 들판에는 풍년이 들어 벼가 고개를 늘어뜨리고 있었다. 농민들은 풍성한 수확을 앞두고 흡족해했다. 땀 흘려 수확을 한 뒤 날씨가 쌀쌀해지면 한가해진 농민이나 건달들은 투전판을 벌이기 일쑤였다. 투전은 '가보잡기'로 승부를 겨루었다. 이 가보를 갑오년으로 해석했다. 한편 어느 때인지 "가보세, 가보세, 을미적거리면 못 가나니"라는 유행어도 나돌았다. 이 유행어를 두고 사람들은 갑오년에 결단을 내야지 미적거려서 을미년까지 끌게 되면 일을 그르친다고 풀이했다. 세상을 뒤집어엎을 거사를 속전속결로 결말을 지어야 한다는 뜻이었다.

이런 말을 유행시킨 사람들은 세상에 불만을 품고 한번 세상 엎어지기를 바라는 부류였을 것이다. 원래 유언비어는 민중의 정서를 담아 퍼지는 것이요 또 그 내용은 일정한 사회의식을 반영한다. 세상이 그만큼 들떠 있고 불만 세력이 많음을 알려준다. 그 위력은 군사의 힘으로도 막을 수 없는 막강한 힘을 발휘하게 마련이다. 전봉준은 이런 시기를 잘 이용했다. 어쩌면 그의 패거리들이 여러 유언비어를 퍼뜨린 장본인인지 모를 일이다. 그는 집강소 활동을 끝내고 전면적 재봉기를 서둘렀다.

협력해서 일본을 몰아내자

일본은 청일전쟁에서 연달아 승리를 거두었고 개화정권은 비록 개혁을 표방하고 개혁 조항을 연달아 발표했으나 일본의 괴뢰정권으로 전락하고 있었다. 또 흥선대원군은 한때 일본의 이용물이 되어 놀아나 동조했으나 곧바로 소외를 당하여 멀쑥하게 물러갔다. 말이 많은 전통 유림들은 급변하는 정세를 관망하면서 귀추를 엿보고 있었다.

각지에서 농민군이 활발하게 움직였다. 일본군에 경복궁이 점령당한 뒤, 7월부터 9월에 이르기까지 여러 곳에서 농민군이 산발적으로 봉기했다. 충청도·경상도는 말할 것도 없고 강원도·황해도 등지에서도 수천 명 또는 수만 명이 모여 관아를 공격하기도 하기도 수령들을 압박하기도 했다. 그리하여 남쪽 바닷가 진주에 있는 경상도 병영, 동해안의 요지인 북쪽의 강릉부의 관아, 황해도의 중심지인 해주의 감영이 차례로 농민군의 손아귀에 들기도 했다. 불길은 연이어 북쪽으로 번져갔다.

이해 8월 들어 흥선대원군은 경상도·충청도·전라도의 농민군에게 효유문曉諭文을 보내 겉으로는 해산을 종용했다. 흥선대원군의 사자가 효유문을 들고 왔을 때 전봉준은 이들 사자를 김개남에게 보냈다 한다. 이들 일행에는 전주에 사는 정석모도 끼어 있었다. 김개남이 이들을 죽이려 할 적에 전봉준의 심부름꾼이 와서 당부의 글을 건네주었다.

우리의 거사는 나아감만 있지 물러감은 없다. 만일 국태공國太公의 명을 따른다면 만사가 틀어진다. 그들 일행을 죽여서 국태공의 바람을

끊는 것이 좋다.[47]

이는 홍선대원군의 효유를 거절하는 모습이다. 뒤이어 전봉준이 지금실에서 휴식을 취하고 있을 때 서울 남자 두 명이 찾아왔다. 한 사람은 삿갓을 쓰고 상복을 입었으며 한 사람은 하인 복장을 하고 있었다. 이들은 홍선대원군의 친서를 들고 와서 은밀하게 내밀었다. 홍선대원군은 편지에서, 서울의 일본군을 몰아내야 하니 곧바로 서울로 진격해달라고 요청했다. 또 "군사를 해산치 말고 협력해서 왜를 토벌하자"고 간곡하게 제의했다. 재봉기를 당부하는 내용이었다.

먼젓번에 보낸 효유문은 일본과 개화정권을 속이기 위한 위장이었다. 당시 홍선대원군은 두 세력에게서 압박을 받고 감시를 당하고 있었던 것이다. 그래서 그의 수하들은 지하에서 은밀하게 움직였다. 재봉기를 종용하는 홍선대원군의 당부는 전봉준에게 하나의 힘이 되었다. 홍선대원군은 몇 차례에 걸쳐 전봉준에게 비기秘奇(비밀스런 기별)를 띄웠다고 한다.

낭인패, 그들은 누구인가

전봉준이 일본 낭인들과 접촉한 사실도 알아둘 필요가 있겠다. 전봉준은 집강소 활동 시기에 일본의 낭인패를 만난 적이 있었다. 일본 낭인들은 무사 출신이었는데 조선에 진출해 조선 침략의 전위행동대가 되려고 했다. 그들은 부산의 비밀 아지트에서 천우협天佑俠이라는 단체를 조직하고 활동을 개시했다. 이들의 우두머리는 승려 출신의 다케다 한시(武田範之)였다.

이해 6월에 서울·부산 사이에 군용 전선을 가설할 때 일본 노동자 800여 명이 투입되어 대구·충주 등지에 배치되었다. 낭인들 수백 명은 여기에 끼어들어 조선의 사정을 염탐하고 민심을 부추기는 간첩 행위를 벌였다.

당시 일본은 청일전쟁을 도발해 조선에서 청나라의 영향력을 지우려 공작하고 있었다. 낭인들은 그 구실을 만드는 일에 동원되었다. 그들은 농민군이 전주에서 해산하자 그 구실의 하나가 없어졌다고 판단했다. 6월 초순, 낭인 10여 명이 집강소 일로 순창에 머무는 전봉준을 찾아갔다. 그들은 다이너마이트 같은 무시무시한 무기를 소지하고 전봉준을 만났다.

낭인들은 국제 정세를 이야기하고 청나라 횡포를 말하면서 일본과 손을 잡고 청나라 군사를 몰아내어 조선을 자주 국가를 만들자고 제의했다. 전봉준은 이들을 점잖게 대하면서도 그들의 요청을 거절했다. 낭인들은 뒷날을 기약하면서 조용히 물러갔다. 이때의 대화는 통역을 두지 않고 필담으로 이루어졌다.[48]

또 일본 육군 군사軍師 대위 출신인 우미우라 아츠미(海浦篤彌)와 그의 친구인 의사·약사 두 사람으로 꾸려진 공작 패거리들이 전봉준을 만나러 충청도 보은과 전라도의 금구 원평을 거쳐 능주로 내려갔다. 당시 전봉준은 집강소 조직을 독려하려 전주에서 나와 원평을 거쳐 남도로 내려가 능주에 주재하고 있었다. 일본 공작 패거리들은 전봉준에게 조선의 내정 개혁에 힘을 보태겠다는 것, 조선 독립을 방해하는 청군을 물리치는 데 협조하겠다는 것 따위를 제의했다. 전봉준은 자신들의 힘으로 풀어나가겠다는 의지를 밝히며 다시 정중하게 거절했다. 이들은 서울로 귀환해서 보고서를 작성해 일본공사관에 올렸다.[49]

이어 8월 초순에 들어 청일전쟁이 진행될 때 다시 위에서 거론한 낭인들이 특수 임무를 띠고 용산을 출발해 전주로 기어들었다. 낭인들은 전주 선화당 골방에서 전봉준과 은밀하게 대좌하고 세 시간에 걸쳐 필담을 나누었다. 낭인들은 전봉준에게 지금의 여러 정세를 말하고 가르침을 달라고 요청했다.

전봉준은 농민군이 봉기한 뜻을 알리고 현재 청일전쟁을 도발한 것은 심히 유감이라고 밝혔다. 이어 민씨가 축출되고 흥선대원군이 등용되어 우리의 소망이 많이 달성되었으나 일본과 흥선대원군의 속셈을 알 수 없어서 안심이 되지 않는다고 말하고 "나는 동지들이 봉기하려는 것을 되도록 말리고 우리 정부의 동정을 살피려 한다"는 말로 마무리 지었다. 낭인들은 조선 왕조를 타도해야 한다는 뜻을 간곡하게 전달했으나 전봉준은 대답이 없었다.

전봉준은 적어도 자신의 속내를 낭인들에게 드러내지 않았다. 전봉준이 이들을 만난 것은 그 나름대로 일본의 음흉한 계획을 알아보는 통로로 삼았던 것으로 보인다. 전봉준은 이들의 충동질에 흔들리지 않고 자신의 계획에 따라 앞일을 설계해갔다. 낭인들은 전봉준에게 여러 말로 재봉기를 부추겼으나 전봉준의 동의를 얻지 못했다. 전봉준이 신중하게 대처한 탓으로 낭인들의 공작은 실패로 끝난 셈이었다.

이들 낭인패는 단순히 칼이나 쓰는 깡패가 아니었다. 국제 정세를 아는 고도로 훈련된 자들로 일본의 외교관이나 고위급 관리의 참모로 활동했다. 다음 해 전봉준이 체포되어 일본 순사청에 감금되었을 때는 전봉준을 설득하면서 구명운동을 벌이기도 했고 경복궁에 침입해 민비를 죽이는 만행을 저지르기도 했다. 그들은 조선 침략의 첨병이요 행동대였다.

마침내 연합전선이 이루어지다

전봉준은 서울로 통하는 길이 놓인 삼례로 나왔다. 삼례는 만경평야의 끝자락에 있는, 충청도와 전라도를 연결하는 교통의 요지였다. 호남의 세미를 보관하는 창고들과 삼례도를 관할하는 찰방察訪이 있었고 언덕바지에는 마방들이 늘어서 있었다. 서울에서 전주를 비롯해 남쪽으로 내려오는 벼슬아치나 양반들은 일단 이곳에서 머물렀다. 양반다리는 만경강의 상류에 놓여 있었다. 다리를 놓기 전에는 전주로 들어오는 양반들이 하인의 등에 업혀 내를 건넜다.* 삼례의 주민들은 벼슬아치와 양반들의 등쌀에 늘 시달렸다.

삼례로 모여라

전봉준은 재봉기를 준비하는 장소를 삼례로 삼고 9월부터 직속부대를 이끌고 양반다리 언저리에 머물렀다. 그는 집강소 활동 기간에 양곡과 무기를 확보하고 말과 나귀를 모으며 군수전을 마련하는 등 준비를 마쳤다. 그

---

* 다리가 놓이고 나서도 한동안 양반다리라 불렀다. 오늘날 삼례교가 놓여 있는 위치다.

리고 재봉기를 서두르면서 여러 장령들에게 협조를 구하기도 하고 설득을 하기도 했다. 그동안 군수전·군수미를 확보하기 위해 부호들에게 일종의 어음이라 할 표지標紙(액수를 쓴 종이)를 돌렸으며 집강소 활동 기간에 농민군에게서 거둔 무기를 삼례로 돌리게 했다. 또 유별나게 호남의 북접 교도들에게는 군량미와 말 먹일 꼴을 버겁게 배당해 노골적으로 압력을 넣었다. 북접을 압박하려는 의도였다.

또 김학진과는 위봉산성에 보관되어 있는 무기와 화약을 재봉기에 사용하기로 합의했다. 위봉산성의 무기와 화약은 전봉준과 김학진이 그동안 철저히 비밀에 붙이고 아끼던 것들이다. 또 전봉준은 김학진을 운량관으로 삼아 각 고을의 양곡을 운반할 책임을 맡겼다.

전봉준은 각지에 파발마를 띄워 삼례로 모이라는 전령을 보냈다. 전봉준의 통문은 사방으로 전달되었다. 그런데 김개남은 "내가 북상할 테니 후원이 되어달라"는 전봉준의 부탁을 운수를 들먹이면서 거절했다. 손화중과 최경선은 일본군이 바다 쪽으로 상륙할지 모른다고 우려해 광주를 사수하기로 했다.

이 통문은 그동안 정세를 관망하고 있던 보은의 최시형에게도 전달되었다. 집강소 기간 동안 북접은 남접의 행동을 못마땅하게 여기고 방해를 일삼았다. 심지어 벌남기伐南旗(남접을 징벌하라는 기)를 보내 남접 농민군을 공격한 탓으로 서로 상처를 입히고 죽이는 불상사도 일어났다. 특히 재봉기를 앞두고 남접 농민군은 북접의 지시를 받고 방해를 일삼는 동학 교도를 압박했다.

이에 최시형은 "향내 나는 풀과 구린내 나는 풀을 구별할 수 없어서 옥과 돌을 모두 불태울 것이니 두령들은 단속을 한결같이 하여 티끌만큼이라도 어긋남이 없이 하고 소리를 같이하여 사문난적師門亂賊(같은 스승 문하의 난을 짓는 도둑)을 정토함이 옳겠다"는 통유문을 보내기조차 했다. 여기서 말하는 옥은 진동학당眞東學黨, 돌은 위동학당僞東學黨을 가리킨다.

더욱이 북접 지역인 충청북도의 광혜원·충주 등지에서 수만 명이 각기 모여 전투를 벌일 태세였다. 내부의 분쟁이 위기 국면을 조성하고 있었다. 호남 지역에 있는 북접 계통의 김낙철* 등은 남북의 조화 방법을 모색해 김방서**·유한필***·오지영 등을 먼저 전봉준에게 보내 남북의 화해를 건의했다. 전봉준은 이를 받아들여 전라도 지역에 있는 북접 인사의 탄압을 중지시키고 위 세 사람을 최시형에게 보내 타협을 모색했다.

최시형은 이들을 만나보고 나서 김연국****·손병희·손천민***** 등 교단의 지도자들을 불러 상의한 끝에 대세가 어쩔 수 없다고 판단했다. 더욱이 정부에서는 집강소 기간에 남·북접의 교도들을 가리지 않고 한 통속으로 보아

---

* 김낙철金洛喆 전라북도 부안 출신. 동학에 들어 최시형의 가르침을 받았다. 농민전쟁 시기에 활동했는데 나주 감옥에 갇혔다가 서울로 끌려 올라와 심문을 받았으나 풀려났다. 뒤에 천도교 활동을 벌이면서 자신이 겪은 사실을 담은 《김낙철역사》를 지었다.

** 김방서金邦瑞 금구 출신으로 초기부터 김덕명과 함께 동학농민군에 참여했으며 전봉준이 2차 봉기를 할 때 많은 농민군을 이끌고 삼례로 달려왔다. 마지막 전투인 장흥 전투에 참여했다가 죽었다.

*** 유한필劉漢弼 전라북도 함열 출신. 남접의 대접주로 2차 봉기 당시 전봉준의 휘하에 들어가서 공주 전투에 참여했다. 그 뒤 행적은 알려져 있지 않다.

**** 김연국金演局 강원도 인제 출신으로 동학에 들어 최시형을 도와 3대 제자로 꼽혔다. 동학농민전쟁에 가담해서 손병희와 함께 활동했으나 살아남아 시천교의 책임을 맡았다. 시천교가 친일 활동을 전개할 때 막지 못하고 동조해 비난을 받았다.

***** 손천민孫天民 청원군 솔뫼 출신으로 아전의 아들로 태어나 이방 노릇을 했다. 손병희가 그의 서삼촌이 된다. 동학교단의 3대 지도자로 꼽혔다. 지식과 문장에 능해 최시형의 이름으로 보내는 통문 등을 작성한 것으로 알려졌다. 동학농민전쟁 당시에 살아남아 천도교에 가담했다가 체포되어 1900년 교수형에 처해졌다.

탄압을 가했고 교단의 지도자들을 체포하려 포교들을 풀어놓은 처지였다.

패기만만한 손병희는 대세를 말하고 남·북접이 공동 보조를 해야 한다고 주장했다. 그리하여 최시형은 남·북접이 손을 잡고 대일 전선에 나서라고 지시를 내렸다. 이를 대동원령이라 한다. 이에 북접 지도자들은 벌남기를 찢어 버리고 통유문을 거두었다. 이로써 오랜 여망인 연합전선이 실현된 것이다.

최시형이 대동원령을 내린 사실이 삼례에 전달되자 모여 있던 농민군은 하늘을 찌를 듯이 환호성을 지르면서 펄쩍펄쩍 뛰었다. 남접의 농민군은 용기백배해 더욱 재봉기 준비를 서둘렀다. 전봉준은 전라도 창의대중소의 이름으로 충청도 지역에 전령을 연달아 띄웠고 경상도 지역에도 사자를 보내 독려의 글을 돌렸다.

갑오년 9월의 삼례 풍경

집강소에서 보낸 양곡과 무기와 화약을 실은 우마차가 삼례로 꾸역꾸역 모여들었다. 생활필수품을 꾸린 수많은 짐도 마방이나 민가로 들어갔다. 이제 삼례는 더욱 복작거려 비좁아 터질 듯했다. 당시로서는 너른 길인 삼례의 도로가 마소가 다닐 수 없을 정도로 북적거렸다. 잠잘 곳이 모자라서 천막을 새로 치기도 하고 주민의 집을 빌리기도 하여 숙식을 해결했다. 늦게 온 이들은 들판과 언덕에서 잠을 자기도 했다.

농민군과 따라온 그들의 가족들 그리고 삼례의 주민들은 잠시도 일손을 놓을 수가 없었다. 삼례에는 왕궁리 등지에 왕대밭이 많았고 아래쪽에는 왕골이 자라는 논도 많았다. 농민군들은 죽창을 만들기 위해 왕대를 베어와 끝을 깎고 끝부분을 약간 불에 태운 뒤 참기름을 발랐다. 이래야 죽창의 효용성이 높다. 또 화약을 조금이라도 더 확보하기 위해서 재료를 모았다. 오줌통에는 오줌이 묻어서 마른 뒤 뿌연 찌꺼기가 말라붙어 있다. 이것이 화약 제조의 원료가 된다. 심지어 이 찌꺼기조차 열심히 긁어모았다.

무엇보다 부녀자들은 옷 짓기에 바빴다. 많은 무명을 쌓아놓고 이리저리 옷감을 말랐다. 9월 말경에는 서리가 내린다. 앞으로 몇 달에 걸쳐 전투를 벌일 예정이니 옷을 두툼하게 지어야 했다. 농민군의 전투복은 다리 부분을 끈으로 묶는 등 간편하게 만들었으나 새로 들어오는 농민군에게까지 모두 지급할 수는 없었다. 아무리 많이 옷을 지어본들 그 많은 농민군의 옷을 어찌 모두 마련할 수 있겠는가. 또 추운 겨울, 산과 들판을 돌아다니려면 짚신과 버선과 감발도 필수품이었다. 이 물건들을 만들려면 무명이나 짚 말고도 왕골과 솜과 종이가 필요했다. 이런 물건들을 여기저기에서 모아다가 그야말로 산더미처럼 쌓아놓았다.

또 하나의 특이한 필수품이 있었다. 쇠가죽이다. 농민군은 삼례 등지에서 때때로 소를 잡아 향연을 베푼 뒤 쇠가죽을 소중하게 간직했다. 쇠가죽은 밥을 짓는 취사도구로 사용되었다. 예전 산적이나 유민들이 야외에서 밥을 지을 때 쇠가죽을 펼쳐 네 나무다리를 세워 걸고는 위에 씻은 쌀과 물을 붓고 밑에서 불을 지피면 쌀이 익어 밥이 된다. 쇠가죽 하나로 수십 명이 먹을 밥을 지을 수 있다.

삼례의 9월은 이처럼 소란스러웠으며 결의를 다지는 계절이었다.

방관자들아,
이외침을 들어라

닭고기와 개고기를 먹지 마라

여러 가지로 준비를 마친 전봉준은 9월 말경 자신의 직속부대 4천여 명을 선발대로 내세우고 삼례를 출발했다. 삼례에서 놀뫼*로 이어지는 들판에는 누런 볏단들이 누워 있었고 어떤 논에는 노적가리가 높이 쌓여 있기도 했다. 전봉준은 풍성한 볏단과 노적가리를 흡족하게 바라보았다. 2차 봉기의 시기를 가을로 잡은 것은 벼가 익을 철을 기다린 것도 하나의 조건이었다.

이때 전봉준은 일본군과 관군이 농민군 토벌을 위해 부대를 편성한다는 정보를 입수하고 있었다. 전봉준은 북접의 호응을 받았으나 김개남의 지원이 끝내 실현되지 않아 못내 아쉬웠다. 그렇다고 김개남의 군사를 마냥 기다릴 수는 없었다.

농민군은 3열 종대로 편성해 진군했다. 전봉준은 홍개(붉은 덮개)를 씌운 수레를 타고 행렬의 가운데에 자리를 잡아 행군을 지휘했다. 홍개는 높은 벼슬아치나 장수의 행차를 표시하는 의식용 덮개다. 전봉준은 2차 봉기부

---

* 오늘날의 충청남도 논산. 놀뫼는 노란 산을 의미한다. 한자로는 황산黃山이다. 논산 또는 논산포로도 불렸는데 여기서는 놀뫼라고 부르기로 한다. 당시 은진현에 속했고, 그 시기 조선 3대 시장으로 꼽히는 강경 옆에 붙어 있었다.

터는 상복을 입지 않고 농민군의 군복을 입었으며 때로는 가마를 타거나
백마를 타기도 했다.

반일 감정이 극심한 강경으로 진군하다

짐을 실은 수레도 길게 꼬리를 이었다. 삼례에서 준비한 많은 군수물자를
수레에 실었으나 화약의 절대량이 모자란 점은 못내 아쉬웠다. 대포와 조
총이 있더라도 화약이 없으면 무용지물이 되고 만다. 하지만 여러 종류의
기름은 많이 확보했다. 이 기름은 주로 횃불을 붙이는 데 사용한다.

　부대가 출발하기에 앞서 전봉준은 홍개 아래에 앉아서 군사를 정렬해놓
고 엄한 군령을 내렸다. "여러분, 닭고기와 개고기를 먹지 마시오. 우리는
계룡산의 운수를 받고 일어났으니 닭고기를 먹으면 그 운수를 손상시키
오. 개고기를 먹으면 우리의 정신을 혼란시켜 뜻을 이루지 못하오. 명심합
시다."

　농민군은 이 말을 듣고 처음에는 의아해했으나 모두 따르기로 다짐했
다. 실제로 놀뫼 위쪽에 있는 계룡산은 새벽을 알리는 닭을 의미한다. 닭
이 첫 울음을 울면 새벽이 열리기 시작하는 것이다. 비결秘訣에는 계룡산
이 새 왕조의 도읍지가 된다고 예언했다. 계룡산의 운수를 믿는 많은 사
람들은 이 산 주변의 신도안 등지로 몰려들어 새로운 세상이 열리기를
기다리고 있었다.

　최제우와 최시형은 정신을 혼란시킨다는 뜻으로 개고기를 먹지 말라고
가르쳤다. 하지만 전봉준은 왜 이런 명령을 내렸을까? 고부 봉기 단계에서

도 가축을 잡아먹지 말라고 누누이 지시했으나 더러 지켜지지 않은 경우가 있었다. 마을에 들어가 가축을 잡아먹는 행위는 주민의 재산을 침해하고 민심을 잃는 첫 길이었다. 그래서 여러모로 꾀를 내서 가축을 잡아먹으면 해가 닥친다는 말로 금지시켰던 것이다.

더군다나 농민군의 행군 코스는 계룡산의 옆길을 지나게 되어 있었다. 이 지시는 농민군의 심리를 교묘하게 이용한 전술이었을 것이다. 농민군은 요란스런 깃발을 휘날리면서 대포 4문을 앞세우고 행군했는데 그 모양이 마치 뱀이 구불구불 기어가는 듯했다.

농민군은 삼례 가도에서 여산·강경·은진의 길로 접어들었다. 전방의 호위는 강경·연산 출신의 농민군이 맡았다. 사람들과 깃발과 마소와 수레가 질서정연하게 행진했다. 수십 리에 걸쳐 뻗은 행렬은 장관을 이루었다. 주민들은 겁도 없이 길가에 나와 구경을 하고 손뼉을 치기도 했다. 어떤 사람은 덩실덩실 춤을 추기도 했다.

여산에서 놀뫼로 빠지는 길은 은진으로 빠지는 길과 강경으로 빠지는 길로 갈린다. 전봉준 부대가 강경에 도착한 시일은 10월 초순이었다. 그가 굳이 강경의 길을 택한 것은 강경의 상인과 부호를 끌어들이기 위함이었다. 강경은 당시 조선 3대 시장이 서는 곳이어서 부호들이 많았고 보부상들이 많이 모여들었다. 또 백마강과 금강 입구를 잇는 강경포구에는 여러 지역으로 팔려나갈 해산물이 쌓여 있었는데 평상시에도 배 수십 척이 정박해 있었다. 전봉준은 부호와 보부상들을 만나 공주 공방전을 벌이면서 일본인에 대한 적개심을 고취시키고 필요한 물품의 조달을 당부하려 했던 것이다.

더욱이 강경의 상인들은 일본 상인에 대한 반감이 다른 지역보다 심했다. 처음 청일전쟁이 발발했을 때 강경과 근처의 황산(현재 연산) 주민들은 일본의 행상인이 나타나면 장사를 방해하기도 하고 물건을 빼앗거나 폭행을 일삼기도 했다. 일본인에 대한 강경 주민들의 반감이 극심해 이곳에 들어와 행상하는 일본 상인들은 생명의 위협을 느끼기도 했다.

전봉준은 강경에 도소를 차리고 이틀 동안 머물면서 여러 가지 준비를 서둘렀다. 농민군은 연산과 은진 등지의 창고에 보관되어 있는 쌀을 빼앗아 군량으로 사용했다. 더욱이 현지 출신의 농민군들은 은진과 강경의 부호들이 숨겨놓은 양곡을 찾아내 왔다. 전봉준은 이 양곡을 가난한 사람들에게 배급해주었다. 이 소문이 널리 퍼져서 가난한 사람들이 전봉준의 도소로 모여들었는데 그 속에는 도둑의 무리, 악질 깡패, 하릴없는 무뢰배들도 섞여 있었다. 그래서 농민군의 규모는 더욱 커졌으나 무기도 보잘것없었고 군복도 입지 못한 군사들이 많았다. 강경에서 놀뫼의 초포(풋개, 지금 노성면)로 올 적에 4천여 명이던 전봉준 직속부대의 수는 그사이 1만여 명으로 불어나 있었다. 충청도 농민들이 길가에서 합세했던 것이다.

전봉준과 손병희, 사생고락을 맹세하다

북접 농민군도 신속하게 움직였다. 북접에서는 최시형의 동원령을 전국 각지에 부산하게 전달하면서 모두 보은으로 집결하라는 지시를 내렸다. 이어 손병희를 대통령으로 삼고 모든 지휘권을 맡겼다. 각자 고장에서 귀추를 엿보던 북접 계통의 농민군들이 각오를 새로이 다지면서 보은으로 모여들었다. 일본군과 관군은 이런 사실을 염탐하고 황해도 · 강원도 · 경상도 그리고 충청도 해안지대의 농민군이 보은으로 접근하지 못하도록 도로를 차단했다.

북접 농민군은 각지에서 진격해오면서 산발적으로 전투를 벌였고 일부 농민군은 보은 장내리로 모였다. 하지만 경기도와 충청도 내륙의 농민군 말고는 경기도 북쪽과 경상도의 농민군은 길이 차단되어 보은으로 진입하지 못했다. 손천민 · 이용구* · 김복용** · 황하일 등은 각기 농민군 부대를 거느리고 길을 잡아 나섰다. 북접 농민군은 갑 · 을대 두 부대로 나누어 갑대는 영동 · 옥천을 거쳐 공주에, 을대는 회덕 · 연산을 거쳐 놀뫼에 이르는 진로를 결정했다.

10월 중순 마침내 전봉준과 손병희가 놀뫼의 초포에서 만났다. 두 지도자는 놀뫼에 본영을 두기로 합의한 뒤 손을 굳게 맞잡고 형제의 맹약을 맺었다. 그때 전봉준의 나이는 40세요 손병희의 나이는 34세였다.[50] 그때의 정황을 오지영은 이렇게 기술했다.

호남의 전봉준과 호서의 손병희 두 대장이 서로 만나 손을 잡으니 한

---

* 이용구李容九 본명은 '상옥'이다. 경상북도 상주에서 태어났으나 어릴 때 경기도 안성으로 이사한 뒤 경기도와 충청도를 넘나들면서 살았다. 동학에 입도한 뒤 생업을 팽개치고 최시형을 모셨다. 동학농민전쟁 당시 이천에서 활동을 벌였으며 이어 충청도 내륙에서 활동했다. 그는 최시형과 끝까지 동행했다가 충주에서 헤어져 황해도 · 평안도 · 함경도 일대에서 동학 포덕에 나서기도 했다. 뒤에 친일단체 일진회에 가담해 이름을 바꾸고 책임자가 되어 친일 행각을 벌였으며 일본으로 건너가서 죽었다.

** 김복용金福用 충청남도 목천(오늘날 천안시) 출신. 1894년 9월 전봉준이 이끄는 농민군이 부상하자 목천 · 천안 일대의 농민군을 규합하여 세성산에 집결했다. 총지휘를 맡은 김복용이 이두황이 거느린 관군과 접전을 벌인 끝에 패전을 하고 현장에서 처형당했다.

번 만남이 옛과 같이 간담이 서로 맞고 지기가 부합되는지라. 드디어 형제의 의를 맺어 사생고락을 함께 맹세하니 전봉준이 형이 되고 손병희는 아우가 되었다. 이달로부터 같은 밥상에서 밥을 먹고 같은 장막에서 잠을 자고 그밖에 모든 일은 함께 보조를 취하여 나가기로 결심했다.[51]

아아, 남·북접의 농민군은 이렇게 우여곡절을 거친 끝에 마침내 연합전선을 펴고 전면적 대일항전에 나섰다. 그들의 숭고한 뜻이 이루어질 것인가?

그런데 공주 전투를 앞두고 농민군 내부에서 미묘한 사건이 일어났다. 황현은 "전봉준이 강경에서 십 리 떨어진 논산포에 주둔했다"고 했는데 초포를 의미하는 것으로도 보인다. 전봉준이 이곳에 오자 여산부사를 지낸 김원식*과 유림대장 이유상** 등이 충청도 출신 농민군을 이끌고 합류했다. 김원식은 강경에 거주하던 재력가였으며 이유상은 공주창의소 의병장을 자처했다.

전봉준은 초포에 이르러 일단 전진을 멈추었다. 어느 날 밤, 김원식이 작전을 의논하기 위해 전봉준의 처소로 들어갔다. 김원식은 평소 전봉준의

---

* 김원식金元植 충청남도 은진 출신. 여산부사를 지낸 무관의 벼슬아치였다. 2차 봉기가 일어났을 적에 전봉준에 협력하려고 가담해 논산에 올라왔다가 유림 출신인 이유상의 의심을 받아 죽임을 당했다.
** 이유상李裕尙 충청남도 공주 출신. 도사 벼슬을 지냈다고 한다. 이인에 도회소를 설치하고 유도수령을 자처하면서 활동하다가 전봉준에게 합류해 공주 전투를 수행했다. 그런 과정에서 여산부사 출신인 김원식을 수상하게 여겨 처단했다. 충청감사 박제순에게 일본군을 몰아내야 한다는 글을 보내기도 했다. 그 뒤 화적떼의 두목이 되었다고도 하고 단군교주가 되었다고도 한다.

인간됨을 존경해왔으나 결단력이 부족하고 대담한 작전도 없어서 군대의 사기가 점차 저하되고 있다고 보고 자신이 총대장이 되어야겠다는 야심을 품었다. 김원식이 목침을 들어 잠자는 전봉준을 내리치려 할 찰나, 전봉준이 눈을 뜨고 일어나 침착하게 제의했다. "내가 지금 잠자다가 그대와 손을 잡고 노성 공격의 진두에 있는 꿈을 꾸었소. 우리 곧바로 노성을 공략하고 공주의 동북쪽을 단번에 차지해버립시다."

전봉준은 뒤늦게 합류해온 김원식의 행동을 주의 깊게 살피면서 늘 조심했다. 이때도 전봉준은 김원식에게 너무나 온화한 말로 제의를 하여 조금도 살해당할 위기에 처했던 사람 같지 않았다. 김원식은 이 말을 곧이곧대로 믿고 전봉준을 따르기로 마음을 먹었다.

이유상은 노성을 공격할 때 전봉준과 보조를 같이했다. 전봉준은 이유상에게 비밀히 무엇인가를 지시했다. 그날 밤 이유상은 술자리를 베풀고 김원식에게 술을 권해 취하게 한 뒤 칼로 김원식을 살해했다. 이유상이 김원식을 죽이려 할 때 전봉준이 말렸다고도 한다. 하지만 공주 대회전을 앞두고 김원식을 죽인 사건으로 "논산 본영의 공기가 흐려졌다"고 전한다.*

* 이 사건은 기록에 따라 약간씩 다르게 기술되어 있다.

일본군 군화에 짓밟힌 공주

남·북접 농민군의 연합전선이 형성되었다는 사실은 즉각 중앙 정부에 전달되었다. 당황한 개화정권은 대책을 세우기에 얼이 빠졌음은 말할 것도 없고 벼슬아치와 양반붙이, 도성 안 사람들은 단봇짐을 싸들고 사대문을 빠져나가기에 바빴다. 심지어 "비도들이 금강을 건넜다더라" "수원성을 차지했다더라" 따위의 유언비어가 전국에 파다하게 떠돌았다. 개화정부는 총지휘부인 순무영巡撫營을 설치하고 이두황*을 우선봉장, 이규태**를 좌선봉장으로 삼아 먼저 경기도를 거쳐 공주로 진격게 하고 호서·호남의 농민군 토벌의 임무를 맡겼다. 이두황과 이규태는 일본군의 지휘를 받으면서 제1선에서 남쪽 농민군 토벌을 담당, 맹렬하게 토벌 활동을 벌여 악명을 날렸다.

---

* 이두황李斗璜 장위영 우선봉장이 되어 농민군 토벌에 앞장섰다. 그는 이규태와 진격로를 달리해 보은 장내 마을을 불태웠으며 세성산에서 농민군 토벌전을 벌였고 예산 등지로도 진격했다. 그 뒤 구례·순천·여수로 진출해 김인배가 이끄는 농민군 토벌전을 벌였다. 그는 토벌전의 과정을 전해주는 《우선봉일기》를 기록으로 남겼다. 뒷날 전라관찰사가 되었는데 무덤을 전주의 전라감영이 보이는 곳에 써 화제를 뿌렸다.

** 이규태李圭泰 장위영 좌선봉장이 되어 농민군 토벌에 나섰다. 그는 일본군의 지휘를 받으면서 나주·무안·영암·장흥까지 진격했으나 일본군의 눈치를 살피면서 농민군을 동정했다는 얘기가 전한다. 그는 관군이 띄운 전령과 순무영에 보고한 많은 기록과 보고서를 남겼다. 이 관련 자료는 2차 봉기의 첫 단계부터 용산으로 개선할 때까지 전 과정을 알려주고 있다.

대일본제국 동학당정토군 후비보병독립 제19대대

일본군은 이미 만반의 대비책을 세우고 있었다. 일본군은 경복궁 점령 이후 체결한 조·일공수동맹에 따라 조선군의 군사지휘권을 거머쥐었다. 곧바로 조선 군인으로 구성된 서울수비대를 무장해제시키고 용산에 주둔한 일본 군대에 서울 수비를 맡겼다. 일본군은 조선 중앙군의 몇 개 부대를 통합해 교도중대敎導中隊라 이름 붙이고 1개 중대(221명)로 편성해 직속부대로 삼았다. 또 일본군은 농민군을 토벌할 때 양곡과 생필품을 조선의 각 관아에서 무상으로 조달받기로 약속을 받아냈으며, 우리 주민을 동원해 노역을 시키고 마음대로 마소를 부렸다.

동경의 대본영에서는 진압 부대를 일본군 2천여 명으로 구성하고 '대일본제국 동학당정토군'이라 불렀다. 이어 동학군 토벌을 전담할 부대를 '후비보병독립' 제19대대로 편성했다. 후비보병독립이란, 청일전쟁이 벌어지는 지역의 후방을 방비하는 보병의 독립 군대라는 뜻이다. 곧 19대대는 독자적인 지휘권을 행사할 수 있는 부대였다. 이 19대대를 중심으로, 부산 거주 일본 거류민을 보호하는 임무를 띤 부산수비대와 남해에 파견한 쓰꾸바함(築波艦)에 승선해 있던 육전대도 농민군 토벌에 합류했다.

이들 속에는 군용 전선을 가설하는 공병, 전선을 수비하는 병사, 일본 거류민을 보호하는 병사도 포함되어 있었다. 일본군의 일부는 먼저 황해도·강원도의 농민군이 남쪽으로 내려오지 못하도록 서울 북쪽의 통로를 막았으며 일부 병력은 부산에 상륙해 경상도 서남부 지역의 방비를 담당했다. "동학당을 모조리 섬멸하라"는 군령에 따라 농민군을 삼면으로 포위해 모조리 쓸어서 남해의 바다 속으로 처넣겠다는 작전이었다.

서울과 경기도에서 먼저 출발한 조선의 관군은 모두 3,200여 명쯤 되었다. 이들은 일본군의 지휘를 받았다. 이두황과 이규태는 휘하 군사를 거느리고 길을 갈라 출발했다. 정부에서는 필요에 따라 현지에서 감영군 또는 향군을 관군에 편입시킬 수 있게 조치를 취해두었다.

일본군은 육군 소좌 미나미(南小四郞)의 지휘 아래 용산에서 출발해 세 길로 나누어 남쪽으로 진격했다. 일본군 보병 1개 중대는 서로군으로 수원 · 천안 · 공주를 거쳐 전주로, 보병 1개 중대는 중로군으로 용인 · 청주를 거쳐 경상도 성주 가도로, 보병 1개 중대는 동로군으로 가흥 · 충주를 거쳐 대구부 가도로 각각 진격했다. 곧 삼남 가도를 비질하듯 쓸어서 농민군을 남쪽 바다로 몰아넣으려는 작전이었던 것이다. 일본군 19대대장 미나미는 정규 군사교육을 받은 전략가였다. 그는 대본영의 방침을 익히 알고 있었다. 관군은 미나미의 지휘를 받으면서 공주 방면으로 내려오는 도중에 중간 작은 규모의 농민군을 토벌하거나 근거지를 마구잡이로 불태웠다.

일본군은 연발식 라이플총을 소지했고 관군도 연발식 소총인 스나이더총을 지급받았다. 라이플총은 방아쇠를 연발로 당기면 총탄이 빠르게 발사되었다. 스나이더총은 라이플총보다는 성능이 떨어지지만 연발로 총탄을 발사할 수 있었다. 이들 신식 총들은 재래식 조총과는 비교할 수 없을 정도로 성능이 좋았다. 비가 내려도 발사하는 데 아무런 지장을 받지 않았다. 최신식 대포를 실은 수레도 따라붙었다.

일본군과 관군은 10월 말경 공주로 들이닥쳤다. 새로 부임한 일본공사 이노우에(井上馨)는 일본군에 한 발 앞서 공주로 달려와 대기하고 있었다.

이노우에는 공주에 머물면서 충청감사 박제순을 자기의 부하인 양 턱짓으로 지휘했다. 이노우에는 충청감영에서 전투에 필요한 물자를 공급하는 데 차질이 없도록 미리 조치를 취해두었다. 박제순은 일본군과 관군이 도착하자 몸소 마중해 환영행사를 벌이기도 했다.

10월인데도 한파가 일찍 들이닥쳐 몹시 추웠다. 대설이 연달아 내려 공주 주변의 산에 눈이 한 자씩 쌓였다. 관군이나 농민군들은 심한 추위와 두텁게 쌓인 눈으로 고통을 겪었으나 일본군은 끄떡없었다. 그들은 가죽장화를 신고 가죽장갑을 끼고 가죽가방을 메고 다녔다. 이 군용 가죽제품들은 조선에서 수입해간 쇠가죽으로 만들었다. 일본군은 공주의 산야를 가죽장화를 신고 마음대로 누볐다.

공주 공방전은 이렇게 서로 판이하게 다른 조건 아래 진행되었다. 공주로 내려온 일본군은 1차로 200명이었는데 스즈키 소위와 모리오 대위가 일선 지휘의 책임을 맡았다. 두 장교는 일본의 정규 사관학교를 나온 육전의 전문가였다. 망조경望照鏡(망원경의 일종)과 대포의 각도를 재는 실측 기재 따위를 들고 다녔고 통신시설도 확보했는데 농민군이 전주를 점령할 때 관군은 전주 전보국의 시설을 재빨리 거두어 노성에 임시로 설치하고 서울과 무선으로 연락을 주고받았다.

공주에 감도는 전운

이 대목에서 공주의 지리적 조건을 알아보기로 한다. 앞으로 벌어질 전투 상황을 이해하는 데 도움이 될 것이다. 놀뫼 들판에서 초포를 건너면 계룡산 갑사 쪽에서 흘러내리는 노성천이 오른쪽으로 흐른다. 초포와 공주의 중간에 노성현의 관아가 있다. 공주는 충청도의 감영이 있는 곳이다. 백제가 한강 가에서 고구려에 쫓겨 이곳에 도읍지를 정한 것은 공주가 천연의 요새였기 때문이다. 공주는 3면이 산으로 둘러싸여 있고 북쪽에는 금강이 가로질러 흐른다. 동남쪽으로 무너미와 경천을 거쳐 노성과 논산으로, 서남쪽으로는 이인·탄천을 거쳐 부여로, 서북쪽으로는 금강의 곰나루를 거쳐 마곡사·예산으로 들어가는 길이 뻗어 있다. 반대로 공주로 들어가는 길은 노성에서는 효포와 능치(곰티), 이인에서는 우금재, 서북쪽에서는 곰나루를 거쳐 하고개를 넘는 오솔길이 뚫려 있었다. 하고개를 넘어서면 봉황산 아래에 감영이 자리 잡고 있다.

공주는 방어의 요새였으나 70평방킬로미터쯤 되는 좁은 분지 안에 갇혀 있어서 금강 쪽의 통로를 막으면 감옥에 갇히는 꼴이 된다. 농민군은 이 점을 노렸다. 전봉준은 이런 지리적 조건을 잘 알고 있었다. 예전에 이곳을 답사한 적도 있었다. 더욱이 공주 출신 농민군에게서 공주에 대한 여러 가지 지식을 얻어 환하게 알고 있었다.

농민군의 초기 작전 개요는 다음과 같다. 북접의 일부 농민군은 공주에서 북쪽으로 20여 리 떨어져 있는 대교에 진을 쳤으며 또 한 갈래는 유구로 진출했다. 유구에 주둔한 농민군과 전봉준은 "이두황의 선봉진이 이곳을 반드시 지날 것이니 이곳 농민군은 뒤를 압박해 아래로 공격하고 전봉준이 거느린 농민군은 금강을 건너 역공해 위아래로 협공할 형세를 만들자"고 약속했다. 요컨대 협공작전을 쓰려는 것이다.

전봉준 휘하의 농민군은 논산에서 두 부대로 나누어 행진해 노성과 경천

(계룡산 아래에 있는 큰 마을)에 주둔했고 손병희가 지휘하는 농민군은 노성에서 이인 길로 빠졌다. 다시 말해 남접 농민군은 무너미와 능치의 길로, 북접 농민군은 우금재와 봉황산의 길로 전진한 것이다. 남접 농민군은 산 아래의 마을인 삽작골에서 주둔했다.

이 무렵 공주 언저리에 주둔하던 농민군은 대용 솥인 소가죽으로 밥을 지었다. 주민들이 모두 달아나고 없어서 마을은 텅텅 비었고 무거운 무쇠솥을 운반해 올 수도 없었던 것이다. 출동 준비로 바쁠 적이면 소금을 섞은 주먹밥을 만들어 돌렸다. 한 손으로는 주먹밥을 입에 쑤셔넣고 다른 손으로는 조총이나 죽창을 들고 두 발로 내달렸다.

하지만 이들은 때 이른 추위에 몸을 떨면서 행군했고 해어진 짚신을 신고 눈구덩이를 누볐다. 짚신이 벗겨지면 그대로 내달았고 죽창을 쥔 손이 얼어 굳어도 아랑곳하지 않았다. 솜옷을 준비할 새가 없어서 홑바지를 입은 자도 있었다. 농민군은 모든 통로를 막아 공주 외곽을 완전 포위했다. 관군과 일본군은 공주 관내에 포위되어 갇힌 꼴이었다. 아직 독 안에 든 쥐에게 물릴 줄은 미처 몰랐다. 10월 말경부터 서로 뺏고 빼앗기는 공방전은 치열하게 전개되었다.

공주 대격전의 서막

전봉준은 당시 양호창의영수兩湖倡義領袖라는 직함을 썼다. 양호는 충청도와 전라도를 가리킨다. 곧 전봉준은 자신이 충청도·전라도 농민군의 총지휘자임을 표방한 것이다. 그는 10월 16일 충청감사 박제순에게 간곡한 편지를 보냈다.

하늘과 땅 사이에 있는 사람은 기강이 있어 만물의 영장이라고 일컫는다. 거짓말하고 마음을 속이는 자는 사람이라고 할 수 없다. 일본의 도둑들이 군대를 움직여 우리 임금을 핍박하고 우리 백성을 걱정스럽게 하니 어찌 참는단 말인가. 임진왜란의 원수를 초야에 있는 필부나 어린애까지도 그 울분을 참지 못하고 기억하고 있는데 하물며 각하는 조정의 녹을 먹는 충신이니 우리 무지렁이들보다 몇 배 더하지 않겠는가.

지금 조정대신들은 망령되고 구차하게 자기의 안전에만 빠져서 위로는 군부를 협박하고 아래로는 인민을 속여 일본 군대와 손을 잡아 삼남의 인민들에게 원한을 불러오고 임금의 군사를 움직여 선왕先王의 힘없는 백성을 해치려 하니 진실로 무슨 의도이며 무슨 짓을 하려는 것인가. 지금 내가 하려는 일은 지극히 어렵겠지만 일편단심 죽음을 무릅쓰고 나라의 신하로서 두 마음을 품는 자들을 쓸어 조선 500년의 은혜를 갚으려 한다. 각하는 크게 뉘우쳐서 대의를 위해 함께 죽는다 면 얼마나 다행이겠나.[52]

을사오적 박제순의 경거망동

전봉준은 대일 항전을 철저하게 표명했으나 박제순은 한 점 동요가 없었고 답장도 쓰지 않았다. 박제순이 누구인가. 뒷날 높은 벼슬살이를 하면서 매관매직을 일삼다가 을사오적乙巳五賊의 한 사람이 되었다. 충청감사로 있을 때는 일본군을 도와 농민군 타도에 앞장서서 악명이 높았다. 이를 반성하고 은퇴했더라면 오적의 오명을 벗을 수도 있었을 것이다.

전봉준은 충청감영과 30리쯤 떨어진 경천에서 주둔해 있었다. 박제순은 나름대로 전봉준을 사로잡을 꾀를 내고 있었다. 박제순은 농민군이 진격해 온다는 소식을 듣고 일찍이 충청감영에 있는 구실아치와 백성들을 모조리 쌍수산성으로 들여보냈다. 산성에는 예전 성벽이 헐어서 특별한 방어시설이 없었다. 그런 허술함을 보여 전봉준을 유인하려 한 것이다. 충청감영은 본디부터 자체의 성이 없어서 쌍수산성을 방어하는 진지로 삼았다. 박제순 그 자신도 감영을 비우고 산성으로 들어가서 몰래 산성 입구에 대포를 묻어두고는 "이놈, 오기만 해봐라. 한방에 날린다"고 혼자말을 중얼거렸다. 허허실실 작전이었다.

이때 감영의 중군인 자가 농민군의 동정을 살피려 어슬렁거리다가 농민군에게 잡혀 전봉준 앞으로 끌려갔다. 살려준다는 회유에 넘어갔는지, 그는 박제순이 전봉준을 유인해 죽이려는 계획을 낱낱이 실토해버렸다. 전봉준은 회심의 미소를 머금고 그자를 풀어주었다. 그는 풀려나자마자 한달음에 박제순에게 달려갔으나 군기를 누설했다는 죄명을 쓰고 도리어 죽임을 당했다.

박제순은 그 중군이 전봉준에게 실토한 사실을 확인도 하지 않은 채 성급하게 죽였다. 경솔한 조치임이 틀림없다. 전봉준은 처음에는 급박하게 감영을 차지하려는 계획을 세웠는데 이 일로 인해 경천에 머물면서 신중한 작전으로 전환했다. 이로써 전봉준을 쌍수산성으로 유인하려던 박제순의 작전은 해프닝으로 끝이 났다.

10월 23일, 전봉준이 거느린 농민군 4만여 명이 드디어 경천에서 효포를 향해 진격했다. 관군 2개 소대가 효포로 나와 길을 가로막았고 일부 관군들은 금강나루와 쌍수산성의 길목을 지켰다. 첫 접전은 그리 치열하지 않아 서로 큰 손실은 없었다. 피차 탐색전을 벌인 셈이었다.

뒤이어 손병희가 이끄는 북접 농민군이 이인으로 진격했다. 이인은 공주의 입구인 우금재에서 10킬로미터쯤 떨어져 있다. 이인 쪽에는 관군과 함께 일본군 주력 100여 명이 배치되었다. 이날 낮 이인역 주변에서 대접전이 벌어졌다. 손병희가 지휘하는 농민군은 이인역의 뒷산에, 일본군은 이인역이 마주 바라보이는 산에 각각 진을 쳤다.

일본군과 관군은 농민군을 삼면으로 포위해 포를 쏘았고 농민군도 맞받아 포와 총을 쏘았다. 날이 저물 녘 감사의 영기守旗(지휘의 깃발)가 후퇴하는 신호를 보내자 일본군과 관군도 후퇴했다. 감영의 군사를 지휘하던 박제순은 농민군이 곰나루를 건너 감영의 뒷산인 하고개를 넘어온다는 정보를 입수하고 그쪽 방어를 위해 물러난 것이다. 이 전투는 무승부로 끝났다고도 볼 수 있겠으나 관군 쪽의 희생이 컸다. 전사자가 120여 명이라는 기록이 있다.

그날 밤 공주 주변에는 농민군이 밝힌 횃불이 능선이나 들판이나 통로를 가리지 않고 길게 뻗어 타올랐다. 또 효포 쪽을 지키던 관군은 대교의 농민군을 막으러 금강을 건너갔다. 그리하여 효포의 통로가 비어 있었다. 효포 언저리에 횃불이 십여 리에 걸쳐 뻗어 있어 주위가 대낮처럼 밝았다.

다음날인 24일, 전봉준이 거느린 농민군은 효포를 벗어나 공주 읍내 쪽의 가도를 휩쓸고 들어왔다. 농민군이 효포를 완전히 장악했을 때 관군은 산마루에서 아래를 향해 포격을 가했다. 양쪽 군사들은 일진일퇴를 거듭하면서 하루 해를 꼬박 넘겼다. 숫자가 적은 관군은 날이 저물자 후퇴했다.

1차 공주 공방전의 참상

이날 밤 관군의 본진을 이끌고 내려오던 좌선봉장 이규태가 모리오 대위가 지휘하는 일본군 100여 명과 함께 뒤늦게 금강의 장기나루에 도착했다. 파견이 예정되었던 일본군의 군사들이 모두 공주에 들어왔다. 이규태는 금강의 장기나루 옆에 있는 뒷산에 올라 농민군의 동정을 살폈는데 그 광경을 이렇게 전했다.

적들은 건너편 높은 봉우리에 있었는데 무수한 깃발이 꽂혀 있었다. 가로로 수십 리에 걸쳐 있었다. 산에 올라가 서 있는 자들은 병풍이 들

러쳐 있는 것과 같았다.[53]

농민군의 진세가 장관이었음을 알려준다. 한 장수는 이날 밤의 광경을
이렇게도 전했다.

적의 진지에는 불빛이 수십 리에 비쳤고 인산인해를 이루어 거의 항하
恒河(인도에 있는 강, 불교에서 많은 수를 말할 때 항하의 모래를 비유로 들었다)의
모래만큼 되었다.[54]

결전을 앞둔 전날 밤의 광경이었다. 전봉준은 결전을 앞두고 한 번 진세
를 크게 벌려 적들을 겁주려는 작전을 폈던 것이다. 공주에는 이제 관군은
선봉진의 군사들을 합해 1,500여 명, 일본군 200여 명 그리고 많은 감영병
과 민보군들이 집결해 있었다. 관군 쪽은 시간이 지날수록 금강 쪽 방향을
통해 세가 보강되었다.

25일 아침, 농민군은 능치를 향해 치달렸다. 전봉준은 붉은 덮개를 씌운
대교大轎(큰 교자) 안에 의연하게 앉아 군사를 지휘했다. 5색 깃발을 휘날리
면서 북을 울리고 피리를 부는 독전대들이 벌떼처럼 대교의 주위를 에워싸
고 올라갔다. 길이 험한 능치의 골짜기를 백마를 타고 올라가는 것은 효율
적이지 못하나 전봉준의 화려한 출정은 대장의 위엄을 갖추어 지친 농민군
에게 용기를 북돋우려는 의도였을 것이다.

능치 전투에서는 일본군이 왼쪽에서 진격해왔고 관군이 반대편에서
협공을 했다. 농민군은 중간에서 좌우를 향해 맞받아 대응했다. 전투는

한낮까지 계속되었다. 농민군은 협공에도 아랑곳하지 않고 눈구덩이 속에서 인해전술로 적을 공략하려 했다. 잎이 떨어진 나목을 차폐물로 의지해 몸을 숨기기가 마땅치 않았다. 농민군은 끝내 70여 명의 시체를 남기고 물러났다.

한편 곰나루를 넘어온 농민군은 장꾼 차림을 하고 봉황산 아래쪽의 하고개를 넘으려 했다. 북접의 농민군도 이 고개의 통로를 뚫으려 몇 차례 시도했다. 하고개를 넘으면 바로 충청감영이 있었다. 이들은 분명히 감영을 점령하려는 의도를 보였다. 농민군은 이곳을 지키고 섰던 관군에 발각되어 무참하게 살해되었고 그들의 시체는 하고개 아래에 있는 작은 논배미에 던져졌다.

전봉준이 이끄는 농민군이 효포의 들판에서 진용과 장비를 수습하고 있을 때 관군이 다시 공격해왔다. 농민군은 경천점으로 후퇴했으나 관군이 경천점으로 다시 추격해와서 농민군들은 다시 논산으로 물러났다. 능치의 골짜기와 효포의 길바닥과 하고개의 언덕이 시체로 쌓이고 피로 물들었다. 뒷날 한 농부가 하고개 아래 논배미 속의 송장을 치우고 해마다 제물을 올렸다 한다. 지금도 그 논을 두고 '송장배미'라 부른다.

세 차례에 걸친 전투에서 농민군은 너무나 큰 피해를 입었다. 농민군은 전투에 지치고 추위를 견디지 못해 연달아 달아났다. 특히 전투 경험이 적은 북접 농민군은 몇 차례 전투를 치르고 난 뒤로는 거의 보이지 않았다. 이것이 1차 공주 공방전의 대체적인 상황이다.

성동격서로 승세를 잡다

전봉준은 초포에서 전열을 재정비했다. 남은 농민군과 다른 지방의 농민군을 불러 모으고 화약과 무기를 점검한 뒤 11월 7~8일 사이 진격해 공주의 삼면을 완전 포위했다. 전봉준은 이인 쪽에 주력 부대를 배치하고 직접 지휘했다. 전술을 수정한 것이다.

11월 8일 오전, 이인역을 지키고 있던 관군은 원조경遠照鏡을 이용해 농민군의 동정을 낱낱이 살폈다. 놀뫼와 노성 등지에서 연기가 피어오르고 포성이 은은하게 들릴 뿐 특별한 움직임을 찾아볼 수 없었다. 그러나 오후에 들어서면서 돌발사태가 전개되었다. 몇 만 명의 농민군이 경천점에서 무너미를 향해 곧바로 진격해오고, 노성 쪽에서도 뒷봉의 능선을 타고 올라와 공주 동남쪽을 포위해 들어왔다. 이때 농민군은 대포를 쏘아내고 연달아 깃발을 흔들고 함성을 지르면서 전진했다. 이른바 성동격서聲東擊西(동쪽에서 소리를 치면서 서쪽을 공격하는 전술)의 전술이다. 관군은 그 기세를 살핀 뒤 일단 전술적으로 맞대결을 피하는 것이 좋겠다고 판단해 효포와 능치 아래쪽으로 후퇴했다. 두 진영은 한동안 대치하면서 서로 동정을 살폈다.

이날 오후에 들어서 농민군은 일제히 능치의 남쪽 길을 따라 우금재로 몰려갔다. 약간 긴장을 풀고 이인을 지키던 관군은 후퇴할 겨를도 없이 완전히 포위되었다. 농민군은 으스름할 무렵에 이인 주변의 산에 올라 일제히 횃불을 올렸다. 수많은 횃불이 올라가자 산은 마치 불로 쌓은 성처럼 보였다. 마침 눈이 진눈깨비로 변해 뚝뚝 내렸으나 횃불은 꺼지지 않았다.

한동안 농민군이 지르는 함성과 쏘아대는 포성이 어우러졌다. 한밤중이 되어 더 견딜 수 없었던 관군은 어둠을 이용해 부상자를 담거^{擔車}(들것)에 싣고 발걸음을 조용히 하면서 후퇴했다. 관군은 마지막 전선인 우금재로 밀려갔다. 농민군이 승세를 잡은 형국이었다.

이 무렵에 우금재에는 모리오 대위가 지휘하는 일본군이 대기해 있었다. 일본군은 우금재를 최후의 보루라고 판단했다. 농민군은 기세가 올라 우금재 방면으로 조금씩 전진했다. 20여 리 길이니 여느 때 같으면 단숨에 달려왔겠으나 이때는 조심스럽게 발걸음을 내디뎠다.

우금재의 마지막 전투

　11월 8일, 밤이 깊었다. 공주 안쪽에서 볼 적에 우금재의 제일 높은 봉우리인 중앙에는 모리오 대위가 지휘하는 일본군이, 오른쪽 견준봉* 옆과 고개 바로 밑에는 관군이 각각 배치되었다. 가장 중심부를 일본군이 맡았다. 일본군은 대포를 설치하고 솔가지와 가랑잎으로 그 위에 덮어 위장했다. 또 감영의 외곽인 주봉周峰(두리봉) 언저리에는 공주영장 이기동이 진을 치고 감영 뒷산인 봉황산에는 민병이 지키고 있었다. 우금재와 감영 언저리의 봉우리를 일본군과 관군이 일자형으로 철통같이 에워싸고 개미 한 마리 기어들지 못하게 막았던 것이다. 또 능치와 효포와 산성과 금강나루 주변에도 경리청과 공주목의 군사들이 요소마다 목을 막고 있었다. 일본군과 관군은 공주로 들어오는 통로를 모조리 봉쇄했던 것이다. 이들은 요소에 포탄을 장전한 대포를 설치하고 성능이 좋은 신식 스나이더총을 꼬나들었다.

　이와 달리 농민군은 우금재를 비롯해 동쪽의 판치에서 서쪽의 봉황산 뒤쪽에 걸쳐 외곽 40여 리 거리를 완전히 포위했으니 반경이 관군 측의 배치보다 훨씬 넓었다. 쌍수산성과 장기나루 등 금강 쪽만 비워두었을 뿐이다.

---

* 마을 사람들은 산세가 험하다고 하여 '개좆백'이라 부른다.

농민군은 병풍을 둘러치듯이 종렬로 벌려 섰고 깃발을 줄줄이 꽂아놓았다. 깃발만 바라보면 온통 농민군 천지였다. 특히 금강 쪽을 제외하고 세면을 포위해 벌려 서 있는 농민군은 때로 깃발을 흔들고 함성을 지르고 대포를 쏘기도 하면서 곧 쳐들어갈 듯한 기세를 보였다. 잠시도 멈추지 않고 움직였다. 상대를 피곤하게 만들고 주목을 끌게 하는 심리 전술의 일종이었다.

통한의 2차 공주 전투

농민군은 9일 이른 아침부터 하루 종일 이곳저곳에 출몰했다. 관군 쪽의 방비가 조금 느슨하다 싶으면 산골짜기를 기어오르고, 대포를 몇 방 쏘다가 재빨리 달아나 사라졌다. 동선動線의 범위가 아주 넓었다. 이런 전술을 자세히 들여다보면 관심을 우금재에서 다른 곳으로 돌리려는 유인술로도 보였다. 잠을 자지 못하고 밥을 재대로 먹지 못해 지친 것은 서로 마찬가지였다.

전봉준의 주력 부대는 우금재 아래에 배치되어 일본군과 대치했다. 그래서 우금재 방면의 형편은 더욱 절박했다. 이곳의 농민군은 다른 곳보다 강도를 더해 쉴 새 없이 연달아 함성을 지르고 움직였다. 때로는 춤을 추고 풍물을 울리기도 했다. 농민군은 산 아래에 진을 치고 있어서 일본군을 올려다보았는데 이런 행동은 다분히 위세를 과시하고 눈을 현혹시키며 겁을 주려는 움직임이었다.

농민군과 관군, 일본군 가운데 어느 쪽이 더 많이 움직이고 심리전에 능숙한지 가늠하기 어려웠다. 하지만 농민군의 동선이 더 넓고 끈질겼다는 점은 분명하다. 잠을 자지 않거나 밥을 굶은 상태에서 몸을 연달아 움직일 때 일본군이나 관군보다 농민군이 더 잘 견디고 지칠 줄 모르는 듯이 보였기 때문이다.

정오가 되기 직전, 모리오 대위는 기다리던 작전 개시의 시간이 왔다고 판단했다. 일본군은 봉우리 위에서 아래를 내려다보며 대포를 연달아 쏘아댔다. 조준은 정확했다. 농민군도 대응해 본격적으로 전투를 개시했다. 한꺼번에 밀려 올라가다가 대포를 쏘면 물러나고 잠시 대포 쏘기를 멈추면 밀려왔다. 제1대가 무너지면 제2대, 제3대가 꼬리를 이었다. 이날 오후까지 전진과 후퇴를 수십 차례 반복했다. 농민군의 시체가 언덕과 고개 언저리에 쌓였다. 시체에서 흘러나온 피가 눈을 흥건하게 적셨다.

저녁 늦게 한 무리의 농민군이 다시 무수한 깃발을 흔들면서 견준봉과 새재를 향해 일제히 쌓인 눈 위를 미끄러지고 자빠지면서 몰려 올라갔다. 농민군이 산등성이를 넘어오려면 등성이에 늘어서 있던 관군이 일제히 총을 쏘았다. 그러면 농민군은 주춤 물러났다가 다시 올라왔다. 이렇게 일진일퇴를 40~50차례 거듭했다. 일부 농민군은 견준봉의 등성이를 넘기도 했으나 대개 등성이 바깥에서 전진과 후퇴를 거듭했다. 농민군에게 등성이는 사선死線이었다.

전봉준은 마침내 사정거리를 조정해 우금재 너머 언덕으로 진지를 옮겼다. 이 언덕은 일본군이 놓는 대포와 관군이 쏘는 총의 사격거리를 벗어나 있었다. 이때 관군 수십 명이 산등성이를 내려와 접근해서 작은 언덕을 장애물로 삼아 사정거리를 재서 총을 쏘았다. 많은 농민군이 이 총탄에 맞아 쓰러졌다.

한바탕 접전을 벌이고 난 뒤 전봉준은 군사를 점검했다. 먼저 두 차례 전투를 벌이고 나서 점검해보니 1만여 명이던 군사가 3천여 명만 남았고 다시 두 차례 접전을 한 뒤 점검해보니 500여 명만이 남았다. 농민군은 위력이 센 대포 소리에 놀라고 연발로 쏘아대는 라이플총과 대포를 막아낼 수 없었다. 이런 형편에 놓여 있었으니 전봉준도 어쩔 수 없다고 판단했다. 그는 우금재의 마지막 보루를 버리고 남은 농민군을 이끌고 달아났다.

일본군과 관군은 농민군 주둔지에서 대포·총·칼·깃발 등 많은 물품을 노획했다. 대포 같은 중요한 무기를 버리고 간 것은 그만큼 상황이 절박했다는 뜻이다. 날랜 관군 50여 명이 남쪽 길로 달아나는 농민군을 10여 리 추격했다. 부상당한 농민군은 다리를 절룩거리면서 쫓기다가 관군의 칼을 맞고 구덩이에 처박혔다.

밤이 깊었다. 남은 농민군은 어둠 속으로 사라졌고 관군은 승리를 자축하면서 추격의 발길을 돌렸다. 기록자는 "우금재 언저리에 쌓인 시체가 산을 가득히 메웠다"고 했으며 "효포의 개울에는 피가 가득 고여 흘렀다"고 했다. 뒷날 우금재의 밭에서 밭을 매던 농부들은 널려 있는 송장 뼈를 모아 여러 짐 날라 치웠고 동네 아이들은 견준봉에서 많은 탄피를 주워 엿을 바꾸어 먹었다고 한다.

우금재에서 농민군이 패주한 뒤에도 다른 곳에서는 농민군이 일정한 거리를 두고 계속 버텼지만 작은 몸부림에 불과했다. 이제 공주를 포위했던 농민군은 사라졌다. 내리 4일 동안 전개된 이 전투를 2차 공주 전투라 한다. 땅을 치고 하늘이 무너지는 통한의 결말이었다. 관변 쪽에서는 이때의 전투를 다음과 같이 기록했다.

아아, 저들 몇 만 명의 비류들이 40~50리에 뻗쳐 포위해왔다. 길이 있으면 빼앗고 높은 봉우리를 다투어 차지했다. 동쪽에서 소리 치면 서쪽에서 달려가고 왼쪽에서 번쩍하다가 오른쪽에서 튀어나와 깃발을 휘두르고 북을 울리면서 죽음을 무릅쓰고 먼저 고지에 올라왔다. 저네들은 무슨 의리이며 저네들은 무슨 담략인가? 그들의 행동을 말하고 생각하니, 뼈가 떨리고 마음이 서늘해진다.[55]

농민군 토벌에 앞장섰던 이규태가 농민군의 행동을 보고 무척 감동을 받아 위와 같이 감탄사를 섞어 전해준 것이다. 이규태는 일본군이 시키는 대로 따르면서도 한 가닥 농민군의 처지를 이해하려 들었다. 공주를 점령하고 그곳을 요새로 삼아 농민군의 역량을 키워 서울로 진격하려는 전봉준의 계획은 이렇게 수포로 돌아갔다.

패전의 원인 세 가지

공주 전투를 마무리하면서 마지막으로 패전의 원인을 짚어보기로 한다. 첫째, 전봉준은 2차 봉기를 준비하면서 삼례에서 시일을 너무 끌었다. 북접 교단 지도자들의 호응과 동의를 끌어내는 데 시간을 너무 빼앗겼다. 전봉준은 삼례에서 한 달쯤 머뭇거렸는데, 곧바로 공주로 진격했더라면 일본군과 관군보다 한 발 앞서 점령할 수 있었을 것이다. 이 기회를 잃었다. 일본군은 그동안 만반의 준비를 끝내고 경기도·충청도 일대에서 봉기한 농민군의 합세를 차단하고 공주로 진격했던 것이다.

둘째, 일본군의 개입과 우월한 신무기 앞에 농민군은 무력했다. 일본군들은 여러모로 보아 정예 군대였다. 일본군 지휘관들은 산악전을 효과적으로 수행할 수 있는 군사 지식을 지니고 있었다. 그들은 근대 전술을 익혔고 성능이 좋은 대포와 연발식 총을 소지했다. 관군도 일본군의 지휘를 받으면서 근대식 소총으로 무장했다. 농민군이 확보한 천보총 따위 조총은 실제 전투에서 별 쓸모가 없었다.

또 일본군과 관군은 장기전에 대비해 군량미와 생필품 등을 넉넉하게 공급받았다. 반면 농민군은 주먹밥을 먹었는데 그마저도 얼어붙어서 씹기조차 힘들었다고 전한다. 그들은 보급품이 모자라 추위 속에서 굶주리면서 전투를 수행했고 대포의 굉음에 놀라 달아났던 것이다.

셋째, 농민군은 역량을 완전히 결집하지 못했다. 뒤늦게 북접에서 대동원령을 내렸으나 이미 통로가 차단되어 현지에 합류할 수 없었고 황해도·강원도·경상도의 농민군은 통로가 막혀 공주에 올 수도 없었다. 적어도 농민군들이 세를 결집해 신속하게 공주를 점령하고 공주의 근거지에서 서울로의 진격 작전을 진행했어야 했다. 또 남접 농민군 부대 중에서도 김개남이 이끄는 농민군의 지원이 끝내 이루어지지 않았다. 김개남은 늦게야 청주병영의 공격에 나선 탓으로 농민군의 역량이 분산된 것이다.

하지만 이런 조건들도 어디까지나 가정에 지나지 않는다. 일본군이 규모는 작았으나 전면전을 펴서 승리를 장담할 수 없었다. 일본군은 청일전쟁에도 승리한 막강한 군대였으며 뒷날 러일전쟁에서도 승리하는 군사력을 보유하고 있었다. 다만 농민군이 일본군의 개입 없이 관군과만 전투를 벌였다면 오래 걸리지 않고 공주나 서울을 손쉽게 점령했을 것이다. 당시 조선 군대의 힘은 그 수로나 무기로나 용맹으로나 보잘 것이 없었다. 공주 전투의 실패로 서울로 진격하려는 계획은 이렇게 무산되고 말았다.

방관자들아, 이 외침을 들어라

전봉준은 남은 농민군을 이끌고 노성의 윤씨 종가에 잠시 몸을 쉬었다는 말이 전해진다. 윤씨 종가는 대대로 많은 종을 거느리고 살던 양반 지주였다. 처음 농민군은 이 집에 불을 질러 태우려 했으나 전봉준이 만류해 불을 껐다고 한다. 이 종택 바깥문의 서까래에는 지금도 불에 탄 자국이 선명하게 남아 있다. 이 종가에서는 지금도 전봉준이 사례로 놓고 갔다는 놋쇠로 만든 담배통(재떨이 겸용)을 소중하게 보관하고 있다. 종부의 말에 따르면, 전봉준이 밥을 얻어먹고 나서 "이것밖에 드릴 것이 없소"라고 하면서 사례를 표시하는 마음으로 놓고 갔다는 것이다.

애국심을 호소하다

공주에서 후퇴한 전봉준은 가슴을 치고 배꼽을 물어뜯어보았자 통분이 삭을 리 없었다. 그는 조국의 앞날을 모르는 구경꾼들이 많다고 생각했다. 왜 이토록 방관자들이 많은가? 또 협조를 거부하고 방해를 일삼는 자들이 들끓는 현실을 어떻게 대처해야 하는가?

이 무렵, 전봉준은 11월 4일자로 임금이 전국에 포고한 칙유의 글을 읽었다. 참고로 그 글의 요지는 이러하다.

일본 국가가 우의를 중하게 여겨 몸과 힘을 다해 작은 혐의를 피하지
않고 우리나라에 자주·자강의 길을 권고하여 천하에 분명하게 밝혔
다. 우리 국가가 그 뜻을 아름답게 여겨 바야흐로 크게 기강을 떨쳐 그
들과 더불어 번갈아 일어나서 동양 여러 나라의 국민을 온전히 하려
하니 이는 진실로 어려움을 이겨 나라를 일으킬 기회이며 위험을 안전
으로 삼을 때다.

어찌할꼬. 민심이 안정되지 못하고 서로 뜬 말을 퍼뜨려 심지어 의거
를 핑계대고 감히 난을 일으키는 행동에까지 이르니 이것은 이웃 나라
를 원수로 볼 뿐만 아니라 곧 우리 국가를 원수로 보는 것이다. 그 해
가 장차 동양의 큰 국면에 관계가 있으니 이 어찌 천지지간에 용납할
수 있겠는가. 지난번 우리 정부가 일본 군사의 도움을 청해 세 길로 나
아가 모조리 없애려 하니 모든 군사들은 몸을 돌보지 말고 적은 수로
라도 많은 수를 치라.[56]

그 내용을 보면 일본군에 협조해 농민군을 쓸어버리라는 지시가 아닌
가? 고종이 개화정부의 강요에 따라 이런 글을 포고했을 것은 빤한 사실이
아닌가? 전봉준은 이 글을 읽고 비감스럽기 한이 없었다. 나라와 조정은
이미 빈껍데기와 다름없다고 여겼기 때문이다.

전봉준은 벌떡 일어나 붓을 잡고 피를 토하듯 적어갔다. 옆에서 비서들
이 전봉준의 붓놀림을 진지하게 바라보았다. 그는 경군京軍(서울 주둔의 군사)

과 영병營兵(감영 소속의 군사)과 이교吏校(하급 벼슬아치)와 시민市民(장사하는 상인)에게 애국심을 호소하는 고시의 글을 써내려갔다.*

다름이 아니라, 일본과 조선이 개국한 이래로 비록 이웃 나라이나 여러 대에 걸쳐 적국이 되었더니 성상의 인후하심을 힘입어 세 개의 항구를 열어주었다. (중략) 금년에 들어 개화파의 간사스런 무리들이 왜국과 손을 잡고 결탁하여 밤을 타서 서울로 들어와 군부를 핍박하고 국권을 멋대로 휘두른다. 또 하물며 방백과 수령이 다 개화의 무리들로 인민을 어루만져 구제하지 아니하고 살육을 좋아하며 생령을 도탄에 빠뜨리매 이제 우리 동학의 교도가 의병을 들어 왜적을 소멸하고 개화를 제어하여 조정을 청평하고 사직을 안보할세, 매양 의병(농민군) 이르는 곳에서 병정과 군교軍校가 의리를 생각지 아니하고 나와서 접전하매 비록 승패는 없으나 인명이 피차에 상하니 어찌 불쌍치 아니하리오.

기실은 조선끼리 서로 싸우자 하는 바 아니거늘 이와 같이 골육이 서로 싸우니 어찌 애달프지 아니하리오. (중략) 방금 대군이 서울을 압박하고 있어 팔방이 흉흉한데 편벽되어 서로 싸우기만 하면 가위 골육이 서로 싸우는 것이라. 일변 생각건대 조선 사람끼리라도 도는 다르나 척왜와 척화의 뜻은 같은지라. 두어 글자로 의혹을 풀어 알게 하노니

---

* 이 글을 경천에서 물러가면서 발표했다는 설도 있다. 원본은 고려대학교도서관에, 복사본은 국사편찬위원회에 소장되어 있다.

각기 들어보고 충군 우국의 마음이 있거든 곧 의리로 돌아오면 상의해 같이 척왜·척화해, 조선이 왜국이 되지 아니케 하고 같은 마음으로 힘을 합해서 대사를 이루게 하올세라.[57]

경군·영병·이교·시민이란 일본 침략에 협조하거나 방관하는 자들이 아니던가. 중앙과 감영의 군대는 명령 계통에 따라 친일 개화정권의 하수인이 될 수밖에 없었다. 뒷날 구식 군대가 일본과 개화정권에 저항했으나 이 시기에는 저항의 기운이 아직 성숙되지 않았다고 보아야 할 것이다. 더욱이 전통적 상인들은 쌀과 콩과 소가죽을 일본에 팔아먹으면서 많은 이익을 남겼고 때로는 이권을 위해 민씨 정권과도 결탁했다. 이들은 기회주의자가 되어 이런저런 눈치를 살피며 돈벌이에만 정신이 팔려 있었다. 보부상은 소외받는 계층이었으나 부정한 세도가에 빌붙어 상행위를 보장받는 대신, 하수인이 되어 농민군 탄압에 나서기도 했다.

전봉준은 고시의 글 앞에서 개항 이후 개화정권이 일본의 꼭두각시 노릇을 한 정황과 경복궁 점령의 과정과 동족인 농민군과 관군이 서로 전투를 벌이는 일의 과오를 말하고 서로 뜻을 합해 일본 침략에 맞서자고 호소했다. 그리하여 최후에 같은 겨레로서 함께 행동할 것을 제의했다. 그 날짜는 11월 12일, 그 명의는 동도창의소의 이름을 달았다. 끝에 연명의 이름이 보이지 않음은 전봉준의 독자적 결정으로 고시문이 작성되었음을 뜻한다.

이 고시문은 임금이 반포한 지시의 글을 반박하는 것이나 다름없었다. 이 내용은 정부에 전달되었겠으나 당시 일반 백성들 사이에는 얼마나 전파되었는지 확인할 수 없다. 하지만 이 글에서 전봉준의 굳건한 애국·애족의 의지를 충분하게 읽을 수 있다. 그러나 전봉준의 의지와는 상관없이 민족의 결집과 단결은 쉽게 이루어지지 않았으며 방관자들은 움직일 줄을 몰랐다.

농민군 소탕전

전봉준은 노성에서 재기의 결의를 다지고 남은 농민군을 이끌고 놀뫼로 나왔다. 하지만 많은 농민군들은 전봉준과 길을 달리해 달아났다. 전봉준은 놀뫼의 대촌으로 나와 진용을 가다듬었다. 여기저기 흩어져 있던 농민군들이 대촌으로 모여들었으나 1천여 명에 지나지 않았다. 농민군은 작은 산인 소토산에 진용을 정비하고 나서 깃발을 세우고 주변 마을에 숨겨둔 무기와 화약을 거두었다. 또 간간히 대포를 놓아 자기들의 존재를 과시했다.

일본군과 관군은 느긋하게 휴식을 취하면서 분산된 농민군의 토벌에 나섰다. 14일과 15일에 걸쳐 공주 언저리에서 일대 소탕전을 펼치고 나서는 놀뫼로 집결하라는 지시를 내렸다. 관군은 농민군이 비축해둔 양곡을 빼앗고 농민군 아지트를 분탕질치기도 했으며 농민군의 화약을 공급하던 화약 제조소를 파괴하기도 했다.

일본군과 관군이 소토산으로 진격해오자 농민군은 소토산에서 몇 마장(5리나 10리가 못 되는 거리) 거리에 있는 황화대로 옮겼다. 황화대는 백제 시대의 토성이 있는 낮은 산에 있다. 이때 여산의 농민군 일대가 함성을 지르면서 합세해왔다. 농민군은 용기를 내어 전투태세를 갖췄다. 토벌군을 이끌던 이두황은 원조경으로 농민군의 동정을 살피고 그 정경을 이렇게 기록했다.

가파르지 않은 언덕에 적병이 사방에 서 있었다. 여러 모양의 총을 번
갈아 쏘았는데 그 소리가 각기 달랐다. 천보총은 소리가 넓고 쏘는 것
이 멀었으며 후문총은 소리가 가늘고 쏘는 것이 급했으며 화승총은 소
리가 비어 있고 쏘는 것이 가까웠다. 이들 총을 뒤섞어 쏘았다. 멀리서
나 가까운 데서나 날아가는 탄환이 좁쌀처럼 흩어졌다.[58]

농민군은 여러 종류의 총을 쏘았으나 대개 헛총질이었다. 관군을 표적
삼아 쏘는 것이 아니었다. 관군을 위협하려 헛방을 쏘고 있었다. 관군은 헛
총질임을 알고 요란한 총소리에도 아랑곳하지 않고 함성을 지르면서 올라
갔다. 농민군은 행장을 수습할 새도 없이 황급하게 남쪽으로 달아났다. 관
군은 총을 쏘면서 10여 리를 추격했는데 이때의 정경을 또 이렇게 전했다.

남은 도둑 1천여 명이 여지없이 무너졌는데 새벽하늘에 별이 없어지
는 것 같고 가을바람에 낙엽이 지는 것 같았다. 길에 버려진 총과 창,
밭의 둔덕에 버려진 시체가 눈에 걸리고 발에 채었다.[59]

날이 저물어 관군은 추격을 멈췄고 농민군은 어둠 속으로 사라졌다. 이
로써 공주·논산·은진·강경은 평정되었다. 전봉준은 작은 부대를 거느
리고 내달려 11월 19일 전주로 들어갔다.

최후의 원평·태인 전투

전주는 다시 시끄러워졌다. 전봉준은 전주 선화당에서 버티면서 여러 일을 보았다. 김학진은 전봉준을 도운 죄목으로 전라감사의 자리에서 쫓겨났고 신임 감사 이도재는 눈치를 살피면서 아직 부임하지 않고 있었다.

전봉준은 새로 부임하는 남원부사에게 곤장 60대를 때리고 나서 참수했고 도망쳐온 순천부사에게 곤장 30대를 때려 죽음 일보 직전으로 몰았으며 관군인 송계운을 결박하고 불에 그슬려서 거의 죽게 만들었다. 이들은 전봉준이 공주 전투를 벌일 때 협조하지 않았거나 방해한 인물들이었다. 수령들을 좀처럼 징벌하지 않던 전봉준으로서는 돌출행동이었다. 이들에게 위엄을 보인 것일까, 앙갚음을 한 것일까?

위엄일까, 앙갚음일까

전봉준은 전주를 중심으로 하여 재봉기를 준비했다. 그는 재봉기에 협조하지 않거나 방해하는 벼슬아치나 토호들을 엄하게 징벌하라는 지시를 내렸다. 이어 농민군의 전열을 재정비해 밀려오는 일본군과 관군을 막을 반격전을 모색했다. 그는 결전의 장소를 원평으로 삼았다.

전봉준은 전주에서 농민군을 다시 소집할 때, 공주에서 내려온 농민군과 여기저기 흩어져 있던 농민군이 다시 그의 휘하로 모여들었다. 그 결과 3천 여 명이 모였다. 전봉준은 11월 23일 농민군의 대열을 정비해 원평으로 내려왔다. 다시 농민군의 기세는 크게 올랐다.

일본군과 관군이 기세 좋게 전주로 몰려오던 11월 24일, 전봉준은 원평에서 또 여러 곳으로 전령을 보내 다시 농민군을 규합했다. 원평은 김덕명의 고향이며 전봉준이 어릴 적에 살던 곳이 아니던가? 그는 그동안 이곳에서 원평 집회를 열기도 하고 임금의 사자를 처단하기도 하면서 많은 일을 벌여왔었다.

전봉준은 규합한 농민군을 원평의 앞산에 집결시켜 진을 쳤다. 앞산은 비록 낮으나 들판의 가운데 있다. 그래서 산의 마루에 올라 바라보면 북쪽으로는 전주로 가는 금구 가도와 서쪽으로는 김제와 부안, 남쪽으로는 태인의 지경이 한 눈에 들어온다. 그 아래에는 작은 고개를 중심으로 사람들의 왕래가 끊이지 않는 넓은 길이 일직선으로 뻗어 있다.

뒤따라온 일본군과 관군 300여 명은 11월 25일 아침, 구미란 마을 앞인 원평천 냇가 들판에 진을 치고 앞산을 올려다보았다. 이들은 "저놈들, 기관총을 드르륵 갈기면 다 죽을 놈들"이라고 히히덕거렸다. 하지만 농민군 수천 명은 일성팔렬진一聲八列陣(한 명령계통을 따르는 진법)을 3면에 벌리고 品品의 모양을 만들고는 한 쪽을 터놓고 있었다. 品品 자를 구성한 입 구 자 셋은 전면에 한 부대, 뒤에 두 부대를 배치하는 따위, 군사를 셋으로 나누어 배치한다는 뜻이다. 이 진형은 적이 틈만 보이면 세 대열로 분산해 들판으로 짓쳐 내려갈 수 있는 형세를 이룰 수 있다.

서로 진을 벌린 거리는 1천여 보쯤 되었다. 사정거리가 가까울수록 재래식 무기로 무장한 농민군이 불리했다. 그리하여 농민군은 한사코 적정 거리를 유지하려 들었다. 반대로 관군과 일본군은 근접 거리를 유지하려 달려들었다. 그럴수록 농민군은 천보총을 쏘아 막으려 들었다.

아침부터 저녁까지 포탄과 총탄이 쉴 새 없이 오갔다. 관변 측 기록에는 "포 소리가 우레와 같고 나는 탄환이 비처럼 쏟아졌다. 적은 산 위에 있고 우리 군사는 들판에 있었다. 우리 군사는 사면을 둘러싸고 있었다. 서로 내지르는 함성이 땅을 울렸고 대포의 연기가 안개를 자욱하게 이루어 멀고 가까운 곳을 전혀 구별할 수 없었다"[60]고 했다.

전투의 결말이 쉽게 나지 않았다. 그러자 초조해진 관군이 저녁 무렵 먼저 산 위로 올라 접근해서 육박전을 벌였다. 한 식경이 넘도록 서로 찌르고 베었다. 날이 저물자 먼저 지친 농민군은 군사를 거두어 남쪽으로 후퇴했다. 산 위에는 농민군 시체 37구와 쌀 500여 석, 조총과 연환과 화약과 깃발과 호랑이 가죽과 쇠가죽이 널려 있었다. 농민군은 물품을 챙길 새도 없이 달아났던 것이다.

결국 일본군과 관군이 다시 승리한 셈이다. 관군이 노획한 물품들 속에 호랑이 가죽이 있었다는 사실이 주목된다. 호랑이 가죽은 대장의 전유물이니 농민군 대장 전봉준이 사용한 것일 테다. 이때쯤 전봉준은 대장으로서 위의를 차릴 형편이 못 될 지경으로 절박했다.

이 무렵 원평의 앞산에 농민군의 시체를 묻은 초라한 공동묘지가 들어섰다. 뒷날 이곳 격전장에서 놀던 아이들은 널려 있는 탄환을 주워 가지고 놀았다 한다. 더욱이 뒷날 이곳 사람들은 서로 싸움질을 하다가 감정이 욱해지면 "너에게 죽으려면 갑오년 빈총(유탄)에 맞아 죽었어"라는 말을 곧잘 뱉었다고 한다. 당시 유탄에 죽은 주민들도 많았음을 짐작게 한다.

최후의 격전

전봉준은 태인으로 옮겨와 다시 진세를 벌렸다. 이때 주변의 농민군이 뒤늦게 소식을 듣고 태인으로 몰려들었다. 농민군은 태인 관아 앞에 있는 성황산을 비롯해 간가산·노리산 등 세 산에 분산해 진을 쳤다. 태인은 원평과는 달리 산으로 둘러싸여 있어서 농민군이 숨거나 전투를 펴기에 지형조건이 좋았다. 농민군은 군세를 과시하려 봉우리마다 깃발을 야단스럽게 꽂기도 하고 흔들어대기도 했으며 나팔을 일부러 요란스럽게 불었다. 마지막 안간힘이었다고밖에 표현할 수 없다.

11월 27일 이른 아침 일본군이 먼저 도착했고 뒤이어 관군들이 들이닥쳤다. 관군 230명, 일본군 40명이었다. 적들이 밀려오자 농민군은 산으로 올라가 봉우리에 의지해 내려다보았다. 일본군과 관군은 원평 전투 때와 마찬가지로 들판에서 산을 바라보았다. 관군은 군사를 두 대로 나누어 한 대는 서쪽 길을 공격하고 다른 한 대는 동쪽 길을 응원해 일제히 산으로 올라갔다. 관군이 언덕 같은 차폐물을 이용해 총을 쏘면서 전진해오자 농민군의 지휘 깃발이 다른 곳으로 움직였다. 관군이 두 길에서 일제히 함성을 지르면서 산을 오르자 농민군은 옆 산으로 진을 옮기고는 천보총을 연거푸 쏘고 나팔을 요란스럽게 불었다.

관군은 형세가 불리해지자 산을 내려왔다. 관군과 일본군은 분산된 군사를 네 곳으로 나누어 농민군 주력부대가 있는 것으로 보이는 성황산을 공격했다. 농민군은 더 이상 버티지 못하고 산을 내려와 사방으로 흩어졌다. 백병전도 없었고 처절하지도 않아 싱겁게 끝났다고 할 수 있을 것이다. 너무나 지친 탓일까? 모두 힘이 빠져 있었다. 관군은 20여 리 지점까지 추격전을 벌였다. 농민군은 무거운 화룡총 따위는 물론 죽창마저 버리고 달아났다. 농민군 50여 명이 포로로 잡혔고 시체 40여 구가 언덕에 이리저리 널려 있었다.

좌선봉장 이규태는 원평과 태인의 전투가 끝난 뒤 현지의 사정을 중앙의 순무영에 보고했다. 격전을 치른 원평과 태인, 그 주변의 정경에 대해 이렇게 썼다.

> 금구현 이하로부터 백 리의 길에는 점포와 여염이 깡그리 없어졌으며 원평과 석현의 집들이 전부 불타버린 것 말고도 바깥에 있는 외딴 한두 집도 불태워져서 가위 사람 연기가 영영 끊어졌으며 사는 백성을 찾아볼 수가 없어서 보기에 처절했다.[61]

이 보고는 두 전투가 얼마나 처절했는지를 잘 알려준다. 그 주변이 초토로 변한 것은 관군의 짓일까, 농민군의 짓일까? 굳이 그 책임을 추궁할 필요는 없을 것이다. 그동안 찍소리도 못하고 숨을 죽이고 있던 유회군儒會軍(선비들로 조직된 군대)이니 민보군民保軍이니 하는 자들은 뒤늦게 마을을 쑤시고 다니면서 민가에 불을 지르거나 파괴하기 일쑤였다.

성패는 운수에 달렸으나

전봉준이 지휘하는 주력 농민군은 원평과 태인 전투를 끝으로 완전히 해산했다. 전봉준은 자신이 어릴 때 자라고 돌아다닌 원평과 태인을 최후의 격전지로 삼았다. 그런 연고로 하여 수백 명 정도 남은 농민군을 다시 수천 명으로 확대할 수 있었다. 하지만 이 농민군으로는 한풀 꺾인 사기를 올릴 수 없었으며 일본군의 성능 좋은 신무기를 극복할 수도 없었다.

전봉준은 공초에서 이때의 정황에 대해 솔직하게 대답했다. 그는 금구 등지에서 다시 군사를 모았는데 그 수효는 많았으나 기율이 없어서 전쟁을 수행하기에는 아주 어렵다고 판단했다. 더욱이 일본군이 계속 추격해와서 그들과 맞서 싸울 수 없었다고 했다. 하지만 그대로 주저앉을 수 없어서 두 곳에서 최후의 결전을 벌였던 것이다. 그는 태인 전투를 치른 뒤 대장으로서 정식으로 농민군의 해산을 침통한 심정으로 명령했다.

다음과 같은 이야기가 전해진다. 원평과 태인에서 농민군이 패전을 거듭할 때 농민군은 "우리는 전 접주를 하늘처럼 믿었는데 아무 일을 이루지 못하고 곧바로 죽게 되었으니 어찌 할꼬"라고 말하면서 울부짖었다. 전봉준이 탄식하며 "성패는 운수에 달렸다. 어찌 말이 많은가. 각기 제 할 일을 하라"라고 내뱉고는 정예군사 수십 명을 뽑아 말을 타고 사라지니 남은 무리가 한꺼번에 흩어졌다.

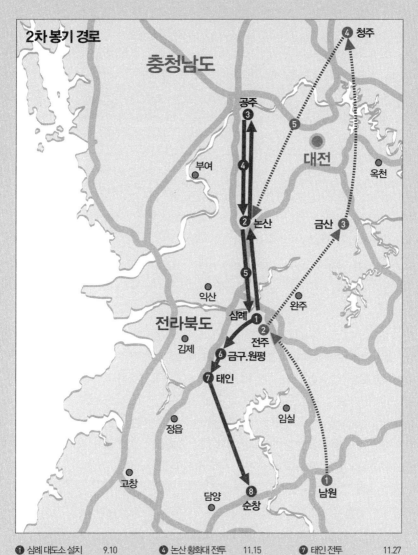

2차 봉기 경로

충청남도

전라북도

청주 ④

공주 ③

부여

대전

옥천

④

논산 ② 금산 ③

⑤

익산

완주

삼례 ①
전주 ②
금구·원평 ⑥
태인 ⑦

김제

정읍

임실

고창

담양

순창 ⑧

남원 ①

❶ 삼례 대도소 설치	9.10	❹ 논산 황화대 전투	11.15	❼ 태인 전투	11.27
❷ 논산 이동 및 주둔	10.12	❺ 전주 후퇴	11.19	❽ 순창 전봉준 체포	12.2
❸ 공주 우금치 전투	11.9	❻ 원평 전투	11.25		

김개남 부대 이동 경로(점선)

| ❶ 남원 출정 의식 | 9.8 | ❸ 금산 점령 | 10.22 | ❺ 논산 합류(전봉준 부대) | |
| ❷ 전주 진출 | 10.16 | ❹ 청주 전투 | 11.13 | | |

붉은마음
누가알아주리

피노리에서 끝내 잡히다

전봉준은 장성 갈재 아래에서 손병희와 헤어져, 장사꾼처럼 옷을 갈아입고 무기를 버린 부하 열댓 명만을 데리고 입암笠巖산성으로 들어갔다. 입암산성은 장성 관내에 있는 군사 요충지다. 정읍에서 호남고속도로를 따라 장성 경계에 이르러 왼쪽을 바라보면 모자를 쓴 모습을 한 험준한 산이 바라보인다. 이 산을 '모자 바위'라는 뜻을 붙여 입암산이라 불렀고 산 위에 산성을 지키는 군인이 주둔해 있었다. 입암산은 바깥에서 보면 깎아지른 듯이 험하나 산의 안쪽으로 들어가면 군데군데 분지가 있어서 농사를 지을 땅도 있었고 집을 지을 아늑한 곳도 있었다. 산의 높이는 626미터에 지나지 않는다.

이 대목에서 공주 전투의 두 번째 두령이라고 해야 할 손병희의 행적을 알아보자. 손병희는 놀뫼에서 전봉준과 손을 마주잡고 의형제를 맺은 뒤 남·북접 연합전선을 펼쳤다. 공주 공방전의 총지휘는 전봉준이었으니 손병희는 전봉준의 지시에 따라야 했다. 손병희가 공주 전투에서 전봉준의 지시를 거부했다거나 갈등을 유발했다는 관변 측 기록은 보이지 않는다. 관변 측에서는 전봉준에게만 주의를 기울일 뿐 손병희에 대해서는 관심이 없었다. 다만 뒷날 천도교 측의 사실과 다른 과장된 기록만 보일 뿐이다.

전봉준과 손병희가 태인 전투에서 마지막 패전을 겪고 나서 함께 남쪽으로 내려오다가 장성 갈재에서 영원한 이별을 했는데 그때 두 지도자가 이별하는 정경을 알려주는 얘기는 어디에도 찾아볼 수 없다. 길을 달리한 손병희는 일본군과 관군의 통제선을 피해 근거지인 북쪽 길을 찾아 헤매면서 임실에 숨어 있던 최시형을 모시고 장수·무주를 거쳐 보은·북실까지 올라왔다. 그 과정에서 영동 등지에서 전투를 벌이고 북실에서 마지막 패배를 한 뒤 최시형과 함께 잠적했다.

입암산성으로 몸을 피하다

전봉준 일행은 무장을 풀었으나 신속한 이동을 위해 말을 탔으며 이목을 피하려고 장사꾼 차림을 했다. 전봉준은 입암산성 일대의 지리를 환하게 꿰고 있었다. 자신이 늘 다니던 길이었다. 그는 태인에서 몸을 피하면서 입암산성으로 들어가 다음 계획을 짜기로 마음을 먹었다. 당시 입암산성의 별장別將(특수 임무를 맡은 장수)인 이종록*은 전봉준과는 친분이 두터운 동지였다. 전봉준이 12월 29일 산마루에 있는 산성으로 들어가 별장을 만났다. 두 사람은 한동안 이야기를 나누었다. 별장은 '역적의 두목'을 자신의 처소에 재워주고 밥도 먹여주었다. 용기 있는 태도였다. 전봉준이 데려온 농민군 몇 십 명이 무서워서 곱게 접대한 것은 아닐 것이다.

---

* 이종록 전라북도 정읍 출신. 본명은 춘선이다. 무과에 합격한 벼슬아치다. 전봉준을 숨겨준 죄로 일본군에게 잡혀 갔으나 풀려났다. 그 뒤 1896년 의병 봉기가 일어났을 때 일본군에 피살되었다고 한다.

다음 날 아침, 별장은 관군이 수색하려고 산성으로 온다는 연락을 받고 전봉준에게 도망치라고 일러주었다. 전봉준이 산성을 떠나올 때 별장은 성문까지 따라나와 전송해주었다. 전봉준은 모처럼 배불리 먹고 잠도 푹 잤다. 별장과 그의 부하들은 전봉준이 떠난 뒤에도 관군에게 아무 연락도 해주지 않고 비밀을 지켜 입을 다물었다.

11월 30일, 정읍 천원역으로 들어온 좌선봉장 이규태는 전봉준이 입암산성으로 들어갔다는 첩보를 받고 군사를 보내 입암산성을 덮쳤다. 전봉준은 이미 산성에서 달아난 뒤였다. 이규태는 곳곳에 정보요원을 풀어놓고 전봉준과 그 일행의 행방을 추적했다. 그러나 산성의 군졸들과 산성 안에 사는 주민들은 입을 다물고 아무것도 알려주지 않았다.

전봉준 일행은 백양사 옆에 있는 한 암자로 자리를 옮겼다. 입암산성 옆 동쪽에 백암산이 있고 백암산 아래 아늑한 곳에 백양사가 자리 잡고 있다. 산성과 백양사의 거리는 10킬로미터 정도 되었다. 전봉준은 백양사와 인연이 있었다. 원평 집회 때 백양사의 승려가 집회에 참여한 적이 있었으며 집강소 기간 전봉준은 백양사에 대장소를 차려놓고 장성의 유지들을 백양사로 불러 모아 협조를 당부한 적도 있었다. 그래서인지 백양사의 승려들은 평소에 알게 모르게 농민군을 돕거나 가담했다는 소문이 파다했다.

전봉준이 암자에서 나와 잠시 백양사로 들어가 휴식을 취하고 있을 때 입암산성의 군졸이 와서, 관군이 입암산성을 수색해 전봉준을 잡으려 하니 도망치라고 통고해주었다. 전봉준은 재빨리 백양사의 뒷길로 탈출했다. 이때 전봉준은 부하들을 돌려보내고 양해일 · 최경선* · 유정오 셋만을 데리고 길을 떠났다. 타던 말은 버렸으나 총은 들고 갔다. 많은 부하를 데리고 다니면 사람들의 눈에 잘 띄기 때문에 위장을 위해 일행의 수를 줄이고 말을 타지 않았던 것이다.

이규태는 또 전봉준이 백양사에 숨어 있다는 첩보를 받았다. 그 즉시 관군과 일본군이 달려가 백양사를 덮쳤으나 전봉준 일행의 행방은 다시 묘연했다. 이규태는 두 번이나 농락을 당했다. 그는 나중에 별장이 전봉준과 내통한 소행을 알고 분통을 터뜨리며 "이른바 산성 별장은 한 곳을 지키는 장수이니 방어의 직책이 있는데 도둑놈을 숨겨주고 처음부터 나에게 통지해주지도 않았다. 또 부하들을 단속하지도 않고 서로 얽히고설키어 정보를 누설까지 하니 전후로 따져보면 죽을죄에 해당한다"고 말했다. 그리하여 별장의 상관인 전라병사에게 그를 '불고지죄不告知罪(중요한 범죄자를 알리지 않은 죄)'로 잡아가 문초하라고 엄하게 지시했다.[62]

김경천의 배신

백양사 옆으로 돌아 숲길로 들어서면 순창으로 빠지는 길이 나온다. 이 길로 내달리면 국사봉 아래 마을인 피노리가 나온다. 이곳 장터에는 순창 읍

---

* 이 최경선崔京先은 태인 출신의 최경선崔景善과 음은 같으나 글자는 다르다. 태인의 최경선은 나주를 공격하다가 실패한 뒤 동복으로 달아났다가 잡혔다는 설도 있다. 그러나 그 최경선이 잡히지 않고 탈출했다면 다시 전봉준을 찾아 합류했을 가능성이 크다. 최경선이 남평 등지에서 동복으로 피신했다는 시일은 11월 23일경이니 시간으로 따져도 둘이 만날 수 있었다.

내와 태인과 담양을 잇는 삼거리가 있었다. 피노리에는 이 근방에서는 제법 큰 장이 선다. 그래서 많은 장꾼들이 꼬인다. 번화한 피노리의 장터 한가운데인 삼거리에 주막이 있었다. 전봉준 일행은 이 주막에 들었다. 예전 주막은 술과 밥만 파는 것이 아니라 잠도 재워주었다. 전봉준 일행은 이 주막에서 하룻밤을 묵었다.

전봉준은 김개남과 손을 잡고 재기를 도모할 작정이었다. 또 서울로 올라가서 정세를 살필 생각도 가지고 있었다. 당시 김개남은 자신의 집이 있는 지금실에서 매부의 집이 있는 산내면 종송리 느티나무말로 피신해 있었다. 종송리는 험준한 회문산 언저리에 있는 깊은 산골마을이었다. 전봉준은 김개남이 종송리에 몸을 숨긴 사실을 알고 있었는지, 김개남에게 연락해 회합을 가지려 했다. 하지만 그때 김개남은 종송리에 사는 친구 임병찬의 밀고로 초하루에 이미 체포되어 전라감영으로 압송된 뒤였다.

전봉준은 예전 부하인 김경천이 피노리에 산다는 것을 생각해냈다. 전봉준이 고부 접주로 있을 때 김경천은 그 아래에서 접사의 일을 보았다. 김경천은 무슨 연유인지 고향인 정읍을 떠나 이 산골로 옮겨와 살고 있었다. 아마 농민군으로 활동할 용기가 없어서 격전지인 평야지대를 떠나 이곳으로 피란했을 것이다.

약삭빠른 김경천은 전봉준이 총대장이라는 것, 전봉준에게 현상금이 많이 걸려 있다는 것, 전봉준을 따라다니는 부하가 많지 않다는 것 등을 면밀하게 따져보았다. 에라, 한 번 마음 고쳐먹어 팔자를 고치자. 김경천은 은밀하게 움직였다. 어떤 주민의 증언에 따르면, 김경천은 전봉준이 자신을 찾아오자 반갑게 맞이하고는 길가 주막으로 안내하고 저녁밥을 시켜 기다리게 했다고 한다.

김경천은 이웃 마을에 사는 선비인 한신현에게 전봉준이 주막에 머물고 있다고 밀고했다. 한신현은 마침 농민군을 수색하기 위해 민보군을 조직하고 있었는데 뜻밖에도 호박이 굴러들었던 것이다. 그는 친구인 김영철·정창욱과 동네의 장정들을 동원해 동정을 엿보다가 밤을 틈타 전봉준 일행을 덮쳤다.

소란스런 소리에 위험을 감지한 전봉준이 천보총을 들고 방문을 박차고 나가 나뭇단을 밟고 담을 뛰어 넘을 때였다. 주막을 포위하고 있던 마을 장정들이 총개머리판과 몽둥이로 전봉준을 사정없이 쳤다. 전봉준은 여러 군데 몽둥이를 맞고 땅바닥에 떨어졌다. 일본 기자가 표현한 대로 '불세출不世出(좀처럼 세상에 나타나지 않을 만큼 뛰어난 사람)의 영웅 전봉준'은 하찮은 부하의 밀고와 무지몽매한 장정들의 손에 잡힌 것이다. 12월 2일 밤이었다.

역사는 단순한 동기로 다른 길을 가는 경우가 많았다. 전봉준의 경우가 이에 해당할 것이다. 하지만 그가 살아남아 농민봉기의 뜻을 밝힌 것은 우리 역사를 위해 행운이었다.

전봉준은 발목과 허리 등 온몸의 상처로 움직일 수가 없었다. 더욱이 장정들은 그가 잡힌 몸인데도 죽지 않을 만큼 연달아 몽둥이를 안겼다. 한신현은 전봉준과 부하 세 사람을 마을 공회당으로 데려가서 가두고 순창 관아에 이 사실을 보고했다. 순창 관아에서는 이들을 전라감영으로 압송하려고 했다. 마침 일본군 소좌 미나미가 지방 순회를 돌면서 순창에 머물고 있었다. 미나미는 순창군수에게 전봉준의 신병 인도를 요구하면서 "우리가 남쪽으로 내려온 것은 오로지 이 한 놈을 잡기 위함이었다. 그러니 서로 공

동으로 지켜서 서울로 압송하여 심문함이 당연할 것이다"라고 말했다.[63]

순창군수는 일본군 소좌의 요청을 거절할 수 없었다. 만일 전봉준이 김개남의 경우처럼 전주로 끌려갔다면 김개남처럼 즉결처분으로 죽임을 당했을 것이다. 일본군은 전봉준과 그 일행을 들것에 태워 갔는데 순창군수는 일본군의 위압에 눌려 이 광경을 멀거니 바라만 보았다.

미나미는 전봉준과 양해일과 최경선을 데리고 가면서 윤정오만은 잔챙이라고 보았는지 순창에 떨구었다. 순창의 민보군들은 전봉준을 놓아준 분풀이인지 윤정오를 전주감영으로 보내지 않고 현장에서 총살했다. 즉결처분은 불법적 행동이었지만 현지에서는 흔히 있는 일이었다.

한편 황현은 《오하기문梧下記聞》에서 전봉준이 체포당할 때의 정황을 위와 달리 기록했다. 전봉준이 도망을 칠 때 관군들이 계속 추격했다. 전봉준이 부하 수십 명과 말을 타고 순창 삼방에 이르러 점심을 먹으려 했다. 마침 전주의 군교인 김아무개가 광양현감을 지낸 김우근의 집에서 점심을 먹고 있을 때 마을 사람이 도둑이 왔다고 알려주었다. 김아무개는 쥐고 있던 젓가락과 숟가락을 내던지고 한달음에 남초도(담배 써는 칼)를 들고 달려가서 "도둑아, 오라를 받아라"라고 소리쳤다. 전봉준이 황급하게 칼을 빼려 하자 김아무개가 몸을 솟구치면서 칼로 전봉준의 무릎을 내리쳤다. 연달아 마을 장정들이 달려들어 전봉준을 묶었다. 이윽고 순창의 민보군이 와서 전봉준을 순창 감옥에 가두려고 잡아가려 해서 전주 군교와 순창 민보군이 서로 다투었다. 순창에 와 있던 일본군이 이 소문을 듣고 달려와 전봉준을 빼앗아가서 자기네 진중에 구금하고 전봉준의 상처를 치료해주면서 보살폈다.

두 기록의 줄거리가 약간 다르나 순창군에서 공식 통로를 통해 보고한 앞의 내용을 믿어야 할 것이다. 뒷이야기에는 김경천이라는 이름이 빠져 있고 삼방의 누구의 집이란 것도 밝히지 않았다. 김경천의 밀고 사실은 여러 민간의 기록에도 나온다. 말 만들기를 좋아하는 사람들은 "전봉준의 점괘에 '경천敬天'을 조심하라고 했는데, 공주의 경천에서 패전한 탓에 경천을 지명으로 알았다. 이때 보니 '경천'은 바로 옛 부하 김경천을 뜻한다"고 풀이했다 한다.

　　전국 곳곳에 방문을 붙여 전봉준을 체포했다는 사실을 알렸다. 당시로서는 그야말로 '빅뉴스'였다. 전봉준이 잡혔다는 소문이 돌자 사람들은 땅을 구르며 통탄해 마지않았다. 밀고자 김경천은 세상의 눈총이 무서워 몸을 숨겼다. 한신현은 그 공로로 금천군수가 되었고, 마을 사람들은 상금 1천 냥을 받아 나누어가졌다. 뒷날 배반자 김경천은 피노리에 살지도 못하고 몸을 숨기며 떠돌이 생활을 했다.

들것을 타고 나주에서 서울로

전봉준 일행은 일단 일본군 제19대대가 주둔하는 담양으로 끌려갔다가 다시 나주로 옮겨졌다. 당시 나주에는 호남 농민군 토벌의 총본부가 있었다. 개화정부는 농민군이 공주에서 패전하면 남하할 것을 예상하고 나주에 초토영剿討營을 설치하고 나주목사 민종렬을 초토사로 임명해 농민군 토벌의 본부로 삼게 했다. 민종렬은 집강소 기간 동안 김학진과 전봉준의 협조 권유도 듣지 않고 나주의 영병과 민보군을 거느리고 농민군과 공방전을 벌인 끝에 승리를 기록하는 공로를 세웠다.

미나미가 지휘하는 일본군과 이두황·이규태가 이끄는 관군들이 원평·태인 전투 이후 남쪽으로 패주하는 농민군을 추격했는데 이두황은 남원·순천 코스를, 이규태는 나주·함평·무안·해남 코스를 밟았다. 일본군은 적절하게 군사를 양쪽 코스에 배분했는데 전봉준을 사로잡는 행운을 얻은 것이다.

주요 국사범으로 대우

1895년 1월 11일 미나미는 '대일본제국 동학당정토군'의 본부를 나주에 두

고 임시재판소도 설치했다. 미나미는 나주에서 남쪽의 농민군 토벌을 총지
휘하면서 공문을 보낼 때 위의 직함을 사용했다. 이 명칭은 일본에 있는 대
본영의 방침에 따른 것이라 하나 벼슬아치와 유림들은 분개해 마지않았다.
최소한 조선 국왕의 허락을 받아야 합법적 기구가 될 수 있었으나 이런 절
차를 전혀 무시한 것이다.

아무튼 두령급 농민군 장수나 주요 인물이 잡히면 선별해서 나주로 압송
했다. 많은 죄인들을 가둘 감옥도 나주에 새로 만들었다. 예전의 감옥으로
는 모두 수용할 수 없었던 것이다. 또 일본군은 자기네들이 다룰 죄수의 감
옥을 별도로 만들고 가假재판소를 설치해 잡혀온 죄인을 판결하기도 했다.
서울에서 정식 재판을 받기에 앞서 임시로 조사 업무를 행한 기구였을 것
이다.

당시 나주는 예전 목사영이 있던 수준이 아니라 도호부가 있는 담양이나
목사영이 있는 광주를 능가하는 주요 길목이 되었다. 나주의 거리와 감옥
주변은 농민군을 잡으려 이리저리 날뛰는 민보군과 잡혀온 농민군과 그 가
족·친지들로 북적거렸다. 한탄과 아우성이 범벅이 되었고 죄인의 친지들
은 돈 꾸러미를 들고 뇌물을 바치려 이리 뛰고 저리 뛰었다.

12월 중순경, 나주로 온 미나미는 호남의 수령들에게 다시 "모든 농민군
을 잡아들이되 거물은 특별히 현지에서 처형하지 말고 나주 순사청으로 보
내라"라고 지시했다. 그러니까 일본군은 나주에 특별히 순사청(일본 영사경
찰이 업무를 보던 곳)을 차려 죄인을 다루었던 것이다. 농민군은 신분이 대개
평민이니 일본법에 따라 군인이 함부로 취조를 할 수 없었을 것이다. 당시
현지 일본군이 조선의 법체계를 무시하고 못할 짓이 없었더라도 최소한 형

식을 갖추려 했을 것이다.

일단 혐의자가 잡혀서 오라에 묶여 오면 나주관아의 문루 앞에 세웠다. 그러면 수성군과 백성들이 몰려와 몽둥이로 패거나 발길질을 했다. 또 수성군은 입의책入義冊(토벌경비로 내는 돈)을 들고 다니면서 돈 낸 자를 확인하거나 새로 낼 자의 명단을 적었고 돈을 많이 낸 혐의자를 빼돌리기도 했다.

나주 감옥의 광경은 한마디로 처참했다. 죄수의 인권이라고는 가재 뒷다리에 붙은 떼만큼도 없었다. 감옥은 아비규환阿鼻叫喚(고통을 못 참아 울부짖는 지옥 같은 곳)이나 다름없었다. 죄인 50여 명을 수용하기에는 너무나 좁아서 앉지 못하고 피를 흘리는 자, 갈비뼈가 부러진 자, 다리를 다친 자, 머리통이 깨진 자들이 신음을 하면서 피가 질펀한 바닥 위에 서서 버텼다. 죄인들은 물을 마실 수도 없었고 밥도 먹지 못했다. 죄인의 가족이 뇌물을 바쳐야만 석방되거나 밥을 얻어먹을 수 있었고 장작을 사서 온돌을 덥혀주거나 토시나 버선을 들일 수도 있었다. 하지만 뇌물을 바치지 않은 죄인들은 하나씩 불러내 임시재판소의 결정에 따라 즉결처분되었고 그 시체는 길가에 버려졌다.[64]

전봉준은 나주의 일본 순사청 감옥에 갇혔다. 그를 일반 죄수와 같이 다루었다면 추위와 굶주림에 시달렸을 것이다. 하지만 특별대우를 했던 것으로 알려져 있다. 일본은 전봉준을 여러모로 회유해 흥선대원군과의 관계와 농민군의 전모를 그의 입을 통해 듣고자 했다.

"전 장군은 과연 영걸"

전봉준과 손화중이 처음 나주로 끌려왔을 때 민종렬이 두 지도자를 직접 다루었던 모양이다. 손화중은 민종렬을 보고 평민이 수령을 대하는 예절을 지켜 머리를 조아리고 자신을 '소인'이라 낮춰 불렀다. 평민은 벼슬아치를 호칭할 때 그 높낮이에 따라 나리라거나 영감이라거나 대감이라 불렀다. 목사는 정3품 당상관堂上官(3품 이상의 벼슬아치를 통틀어 부르는 별칭)이어서 영감의 호칭에 해당했으니 손화중은 민종렬을 영감이라 불렀을 것이다.

전봉준은 손화중이 철천의 원수라 할 민종렬에게 굽실거리는 모습을 보고 얼굴이 벌게질 정도로 열을 내면서 "어찌해서 소인이란 말이냐. 민종렬을 보고 자신을 낮추어 소인이라 하면서 굽실거리면 축생畜生(불교에서 짐승을 일컫는 말)이나 다름없지. 내가 사람을 몰라보았구나. 너와 함께 일을 도모했으니 실패한 것이 당연하지. 어허"65라며 손화중을 꾸짖었다. 전봉준의 행동거지는 손화중과는 사뭇 달랐다. 그는 다리를 쓸 수 없어 앉아 있으면서도 너무나 당당하게 행동했다. 더욱이 민종렬은 많은 농민군을 죽인 인물이니 전봉준이 곱게 대할 리가 없었다.

1895년 정월 끝 무렵에 미나미는 중한 죄수 수십 명을 데리고 서울로 출발했다. 전봉준과 손화중·최경선·김덕명 등 농민군 지도자들도 포함되어 있었다. 일본군은 대포와 총을 앞세우고 삼엄한 경비망을 펴면서 죄인들을 호위했다. 죄인의 가족들은 물건을 져주면서 행렬의 뒤를 따랐다. 전봉준은 서울로 압송될 때 순검들이 앞뒤로 호위를 한 가운데 '들것'을 타고 갔다. 들것은 일꾼들이 짊어졌다. 그가 부상을 당해 걸을 수도 없었거니와 주요 국사범을 다루는 예우에 따른 것이기도 할 것이다.

일본군은 물론 전봉준이 체포되었을 때부터 보호하려는 의도가 있었다. 더욱이 압송 도중에는 전봉준이 노출되어 농민군이 몰려와 탈취할 위험성도 감안했을 것이다. 실제로 전봉준의 모습을 보려고 곳곳에서 사람들이 몰려나왔다. 특히 서울에서는 군중이 거리를 메웠을 정도다. 그래서 더욱 삼엄한 호위 속에서 전봉준을 압송했다.

압송되는 과정에서도 전봉준의 행동에는 조금도 걸림이 없었다. 지나는 고을의 여러 벼슬아치들이 일본군을 마중 나와 접대를 했다. 전봉준은 이들을 보고 서슴없이 '너희'라 불렀고 그들을 얕보면서 조금도 굴복함이 없었으며 마음대로 부리려 했다. 조금이라도 불손한 모습이 보이면 주저 없이 꾸짖었다.

전봉준은 호송 수행원들에게도 죽력고^{竹瀝膏}(대나무 진으로 만든 특주)와 인삼과 미음을 가져오라고 거리낌 없이 호령했다. 먹고 싶은 약이나 음식물을 가져오라고 명령한 것이다. 전봉준은 자신의 말을 고분고분 듣지 않으면 "내 죄는 종묘사직에 관련되니 죽게 되면 진실로 죽을 뿐이다. 너희가 어찌 감히 이러쿵저러쿵 떠들어대느냐?"[66]라며 큰 소리로 꾸짖었다.

전봉준을 잡아가는 자들이나 감시하는 자들은 그의 이 말을 듣고 오직 겸손한 몸짓으로 "예, 예" 하면서 고분고분 따랐다. 감히 거부하는 태도를 보이지 않았다. 다른 농민군 지도자들도 전봉준의 이런 모습을 보고 새삼스럽게 "전 장군은 과연 영걸이로다"라며 감탄했다 한다. 다른 지도자들도 당당한 모습을 보여주어 일본 기자들은 과연 큰일을 도모한 지도자답다는 칭송을 서슴없이 보냈다.

서울로 이송된 혐의자들은 남산 밑 진고개에 있는 일본 영사관 순사청(지금의 중부경찰서 자리)의 감옥에 갇혔다. 이 감옥에는 전국에서 잡혀온 중한 죄인 수백 명이 갇혀 있었다. 전봉준과 손화중 등은 정월 24일 서울로 끌려와 즉각 일본영사관에 인도되었다.

전봉준을 구하라

　당시 남산 밑 진고개 주변에는 일본인 거주 지역이 있었고 일본영사관과 영사경찰도 있었다. 그 일대는 경비가 삼엄한 안전지대였다. 일본인들은 게다를 신고 돌아다닐 정도로 멋대로 활개를 쳤다. 또 일본 음식점과 주점도 있어서 유성기를 통해 일본 노래가 흘러나오기도 했고 기모노를 입은 일본 여인들도 거리낌이 없이 돌아다녔다.

　미나미는 전봉준을 일본영사관 순사청에 가두었다. 전봉준 일행만이 아니라 충청도·강원도에서 잡혀온 농민군 지도자들도 함께 갇혔다. 전봉준이 일본영사관 순사청에 갇혔다는 소문이 삽시간에 서울 거리에 쫙 퍼졌다. 소문을 들은 서울 주민들이 진고개 거리로 꾸역꾸역 몰려들었다. 어떤 사람은 동학군 괴수를 보러 왔다느니, 어떤 사람은 역적의 거괴를 보러 왔다느니, 또 어떤 사람은 창의군 대장을 만나뵈러 왔다느니… 자기들 뜻에 따라 여러 말을 늘어놓으면서 떠들었다. 물론 서울 주민들은 일본경찰의 엄중한 호위 속에 갇혀 있는 전봉준의 모습을 볼 수 없었다.

"일본은 나의 적국이다"

이노우에 공사를 비롯해 일본군 수뇌부와 일본공사관 관계자들은 전봉준 등 남접 지도자들을 순사청에 잡아놓고도 이련 긴장을 풀지 못했다. 무엇보다 이들을 역적으로 다스리는 것은 말할 것도 없거니와 이들의 입을 통해 홍선대원군과의 연루 사실을 캐내 죄를 물을 수도 있었기 때문이다.

이때 한 유력한 일본인이 전봉준에게 접근해 "그대의 죄상은 조선국 법률에 비추어보면 어떻게 적용될지 모르거니와 우리 일본 법률로 따져볼 것 같으면 상당한 국사범이라, 사형에까지는 이르지 아니할 수도 있나니 그대는 마땅히 일본인 변호사에게 위탁해 재판해보는 것이 좋을 것이다. 일본 정부에 양해를 얻어 살 길을 찾음이 좋지 아니하겠는가?"라고 권고했다. 이에 전봉준은 "일본은 곧 나의 적국이다. 내 구차한 생명을 위해 적국에 살 길을 찾음은 본의가 아니다"라며 한마디로 거절했다.

한편 집강소 기간에 전봉준을 만났던 일본의 낭인들은 2차 농민전쟁이 일어난 뒤 다시 전봉준에게 접근해 회유작전을 벌이려는 공작을 꾸몄다. 그런데 일본군이 농민군과 전쟁을 벌이게 되자 이들은 일본 국내법을 위반했다 하여 폭탄제조범·강도범 따위의 죄명으로 체포령이 내려졌고 이리저리 흩어져 도망치는 신세가 되었다. 천우협 관련 인사들의 전봉준 포섭 작전은 두 가지 방향에서 진행되었다.

첫째, 이들의 일본 안에서의 활동이다. 천우협의 두목격이요 야심가인 다케다 겐지(武田範之)는 일본 정부의 지목을 받아 도망치는 몸인데도 히로시마에 있는 대본영으로 찾아가서 '동학당'의 본질에 대해 진술하고 '동학당'

의 장래에 대해 주목해야 할 사항들을 진언했다. 그 내용은, 일본이 앞으로 어떻게 농민군을 이용해야 하는지 그 방안을 제시했던 것으로 보인다.

둘째, 천우협 인사들이 직접 전봉준을 만나 설득하는 공작을 벌였다. 전봉준이 일본영사관 순사청에 갇히자 이를 절호의 기회로 보고 이용하려는 공작을 꾸몄다. 전날 전봉준을 만난 적이 있는 다나카 지로(田中次郞)가 서울로 잠입했다. 그는 영사경찰의 양해를 얻어 죄인으로 가장하고 감옥으로 들어가 전봉준을 만났다. 다나카는 전봉준과 여러 정세의 변화를 이야기하고 천우협의 계획에 대해서도 설명하면서 일본으로 탈출하라고 권고했다. 그러나 전봉준은 그 후의에 고맙다고 말하고 "내 형편이 여기에 이른 것은 필경 천명이니 굳이 천명을 거슬러서까지 일본으로 탈출하려는 의사는 없다. 근일에 사형에 처해질 테니 그 뒤에는 천우협의 손으로 동학당(농민군을 가리킴)을 구해주었으면 한다"고 부탁하고 태연하고 여유가 있는 모습으로 움직이지 않았다. 다나카는 전봉준을 위로하고 감옥을 나왔다.[67]

다나카는 이노우에 일본공사를 면회하고 전봉준을 사형시키지 말아달라고 요청했다. 이노우에도 처음에는 일본군과 마찬가지로 '동학당'을 흉적으로 여겼으나 전봉준이 순사청 감옥에 갇힌 뒤 그의 인격이 고결하고 행동거지가 엄숙한 모습을 보고 감동을 받아서 다나카의 요구를 받아들이겠다고 말했다. 그러나 그 뒤의 사정이 달라졌다.

전봉준을 조선 권설재판소로 인도해야 할 사정이 생긴 것이다. 이노우에는 '사형시키지 말아달라'는 특별 조건을 붙여서 신병을 인도했다. 그러나 이노우에가 본국으로 돌아가 머무는 동안 전봉준이 사형에 처해져 전봉준의 구명운동은 실패로 끝났다. 이것이 전봉준 구출의 앞뒤 전말이다.

한편 다케다는 옥중에 있는 전봉준에게 간곡한 편지를 보냈다. 전봉준이 사형에 처해지던 날 다케다는 그 사실을 모르고 히로시마의 대본영을 찾아가서 '동학당'의 본질을 설명하고 몇 가지 계책을 제시했다. 그리고는 하룻밤 전봉준을 생각한 나머지 편지 한 통을 썼다. 그 내용은, 전봉준이 추구하는 유儒·불佛·선仙 합일의 동학사상을 존중하고 유지하도록 돕겠다고 했고 귀천이 없고 평등이 보장된 개혁을 이룩하는 데 도움을 주겠다고도 했다. 또 조선은 힘이 약해 자주국가를 유지할 수 없으므로 일본과 손을 잡아야 한다고 했으며 부정부패가 없는 좋은 세상을 여는 데 도움을 주겠다고 제의했다. 이 긴 편지는 말할 것도 없이 전봉준이 사형을 당해 전달되지 못했으나 세상에 떠돌아다니면서 많은 사람들이 읽었다.

낭인들은 이처럼 전봉준이 추구하는 개혁이나 변혁을 전폭적으로 지지하는 척하면서 회유책을 썼다. 전봉준은 그들의 음모를 알아차리고 귀를 기울이려 하지 않았고 손을 잡으려 하지도 않았다. 자신의 꿋꿋한 신념을 다름없이 표방할 뿐이었다. 일본영사관에서는 먼저 그를 국사범으로 처리해 살려주고 일본의 협조자로 만들려는 공작을 꾸몄다.[68]

전봉준은 마음만 먹으면 높은 자리를 보장받을 수도 있었고 많은 재산을 얻을 수도 있었고 출셋길을 열 수도 있었다. 하지만 그의 신념이 너무나 단단했다. 그의 마음속에는 결코 일본이나 개화정부와의 타협은 존재하지 않았던 것이다. 만일 그가 이용구처럼 변절해 일본에 협조했다면 어떤 평가를 받게 되었을까? 일본은 한·일 합병의 공작을 꾸미면서 북접 농민군 지도자인 이용구를 친일부역배로 만들어 이용했다. 전봉준이 그런 꼴로 변절했다면 동학농민전쟁의 역사적 의미는 평가받지 못했을 것이다.

다섯 동지의 한날 죽음

    당시 개화정부는 박영효 · 서광범 등이 실권을 잡고 있었다. 이들은 일본 사람들보다 더 긴장했다. 개화정부에서는 예전 의금부가 아닌 법무아문^{法務衙門} 산하에 임시 재판소를 설치했다. 이를 권설재판소^{權設裁判所}라 불렀다. 이때 '권설'은 임시로 설치했다는 뜻을 담고 있다. 예전 의금부의 추국청^{推鞫廳}을 개편한 기구나 다름없었지만 사건에 따라 새로 만든 기구였다. 추국청은 역적질을 한 중죄인을 다루는 기구여서 때로는 임금이 참석해 신문을 하기도 했다. 권설재판소에서도 사법의 총책임자인 법무대신 서광범이 재판장 역할을 맡았으나 신문은 거의 법무아문 참의인 장박^{張博}이 진행했다.

    전봉준과 성두한[*] · 손화중 · 김덕명 · 최경선 등은 중죄인으로 분류되어 법무아문 권설재판소로 넘겨졌다. 일본 영사경찰에서는 알아볼 것은 모두 알아보고 난 뒤 인도했던 것이다. 일본 측에서는 이들에게서 더 나올 중대한 내용이 없다고 판단했다. 일본은 이들을 일본법에 따라 판결을 내리려 검토했지만 그랬다가는 그 정당성의 문제로 국내외로부터 엄청난 비난의

---

* 성두한^{成斗漢} 충청도 청풍(제천) 출신 초기부터 충청도 내륙에서 활동했고 강원도로 진출해 충청도와 강원도의 연합 전선을 만들었다. 양반을 징치하고 관가의 무기를 빼앗는 등 과감한 활동 탓으로 체포되어 전봉준과 함께 정식 재판을 받아 사형에 처해졌다.

화살을 맞을 게 뻔했다. 일본법을 적용하게 되면 전쟁의 장수 또는 포로의 규정에 따라 얼마든지 살릴 근거를 마련할 수 있었다.

일본 측이 이들 죄인을 법무아문으로 넘겼다고 해서 재판에 간여하지 못하는 것은 아니었다. 일본영사 우치다(內田定鎚)는 회심會審이란 이름으로 재판에 끝까지 참여했다. 하지만 조선 법에 따른 형식 요건과 절차를 갖추는 방법으로 권설재판소에서 판결을 받게 했다.

어찌 나를 죄인이라 이르느냐

전봉준은 서울에서도 일본군 군의에게 한동안 치료를 받았다. 재판소에 들어갈 적에도 걸을 수 없어서 짚둥우리에 누운 채 들어갔다. 담당 법관 장박은 위압을 부려 좌우의 나졸을 호령해 전봉준을 일으켜 앉히려 들었다. 이때부터 두 사람이 묻고 대답하는 대화가 이루어졌다.

> 문 : 일개 죄인이라, 감히 어찌 법관 앞에서 불공함이 심하는고?
> 답 : 네 어찌 감히 나를 죄인이라 이르나뇨?
> 문 : 소위 동학당은 조정에서 금하는 바라, 네 감히 도당을 불러 모아 난리를 지은 자라, 반란군을 몰아 고을을 함락하고 군기·군량을 빼앗았으며 크고 작은 벼슬아치를 마음대로 죽이고 나라 정사를 참람하게 마음대로 처단했으며 나라의 세금과 공공의 돈을 사사로이 받고 양반과 부자를 모조리 짓밟았으며 종 문서를 불 질러 강상을 무너뜨렸으며 토지를 평균 분배하여 국법을 혼란케 했으며 대군을 몰아 왕성을

전봉준은 여섯 차례에 걸쳐 심문을 받았다. 그 내용이 기록된 공초.

핍박하고 정부를 부셔버리고 새 나라를 도모했나니 이는 대역 불궤不軌 (역적의 행동)의 법에 범한지라, 어찌 죄인이 아니라 이르나뇨?

답 : 도 없는 나라에 도학을 세우는 것이 무엇이 잘못이냐? 동학은 "사람이 하늘이라" 하니, 과격하다 하여 금한단 말이냐? 동학은 과거 잘못된 세상을 고쳐 다시 좋은 세상을 만들려고 나선 것이라, 민중에 해독되는 탐관오리를 벌하고 일반 인민이 평등적 정치를 바로잡는 것이 무엇이 잘못이며 사복을 채우고 음탕하고 삿된 일에 소비하는 국세와 공전을 거두어 의거에 쓰는 것이 무엇이 잘못이며 조상의 뼈다귀를 우려 행악을 하고 여러 사람의 피땀을 긁어 제 몸을 살찌우는 자를 없애버리는 것이 무엇이 잘못이며 사람으로서 사람을 매매하여 귀천이 있게 하고 공토로서 사토를 만들어 빈부가 있게 하는 것은 인도상 원리

에 위반이라, 이것을 고치자 함이 무엇이 잘못이며 악한 정부를 고쳐 선한 정부를 만들고자 함이 무엇이 잘못이냐? 자국의 백성을 쳐 없애 기 위하여 외적을 불러들었나니 네 죄가 가장 중재한지라, 도리어 나 를 죄인이라 이르느냐?

장박은 연달아 전봉준이 흥선대원군과 연계했는지를 캐물었다. 전봉준 이 다시 이를 완강하게 부정하자 주리를 틀고 고문을 가하면서 심문했다. 이에 전봉준은 "너는 나의 적이요 나는 너의 적이라, 내 너희를 쳐 없애고 나라 일을 바로잡으려 하다가 도리어 너희 손에 잡혔으니 너는 나를 죽이 는 것뿐이요 다른 말을 묻지 마라"고 대답하고 입을 굳게 다물었다.

장박은 다시 손화중 · 김덕명 · 최경선 · 김방서 등을 차례로 불러 심문했 으나 이들 모두 전봉준과 같은 뜻을 말했을 뿐 특별한 비밀을 토설하지는 않았다. 이들도 신문관들 앞에서 너무나 당당해 일본 기자들이 감탄을 자 아냈다 한다. 전봉준과 농민군 지도자들은 다시 의금부 감옥에 갇혔다. 의 금부 감옥은 종각 건너편에 있었다(지금의 종로1가 제일은행 자리).

단 한 장의 사진

전봉준은 몸을 움직이지도 못하는 처지에서 모두 여섯 차례에 걸쳐 호된 심문을 받았다. 이를 공초供招(죄인 심문 기록)라 했다. 1차 신문은 1895년 2월 9일에 있었다. 법무아문의 대신과 협판이 자리하고 일본영사 우치다가 입 회를 했다. 일본영사가 참석한 것은 말로는 공정을 기하기 위함이라고 했으나 실제로는 감시 역할을 했다. 일본영사는 문초가 있을 때마다 거의 입회해 실태를 파악하고 그 내용을 이노우에 공사에게 보고했다.

장박은 전봉준의 이름·나이·거주지·직업 등을 물은 뒤 고부의 1차 봉기와 무장 봉기 등을 차례로 물었다. 사건 전개를 캐물으면서 중간 중간에 흥선대원군과의 연계, 다른 지도자의 역할, 농민군의 규모 등을 물었다. 31일 동안 모두 여섯 차례 신문이 이뤄졌다. 일본영사의 단독 신문이 두 차례 있었는데 총 문항은 275개였다. 전봉준은 당당하고 서슴없이 대답했으나 기억이 희미하면 다시 살려내 대답하기도 했다. 특히 질문이 중대한 일에 관련되는 내용이면 자신의 책임을 강조해 죄를 결코 다른 사람에게 전가하지 않는 등 일관되게 의연한 모습을 보여주었다.

이 과정에서 빼놓을 수 없는 얘기 한 토막. 일본인 사진사인 무라카미 텐신村上天眞은 일본 영사인 우치다로부터 전봉준의 호송 장면을 사진에 담아도 좋다는 허락을 받아 3월 27일(양력) 일본영사관 구내에서 사진을 찍었다. 그 덕분에 역사기록으로 중요한 자료가 남게 되었다. 김문자(나라여자대학교 연구원)는 〈전봉준의 사진과 무라카미 텐신〉이라는 논문에서〈한국사연구〉 이렇게 쓰고 있다.

수괴 전봉준 및 최경선 두 사람은 발에 중상을 입어 신체가 자유롭지 못했기 때문에 영사는 의사를 초치하여 정중하게 치료하도록 했으며 법무아문으로부터 회송해온 들것에 태워 호송했다. 나는 미리 그들에 대한 촬영 건을 영사에게 조회해두었기 때문에 즉각 달려가서 그 같은 사실을 봉준 등에게 알렸더니 그들 얼굴 가득히 희열을 보이면서 들것 그대로 찍겠는가라고 물으면서 스스로 명을 내려 일산을 치우게 했다. 그러나 촬영하는 동안에도 다친 곳이 아픈 모습이었다. 들건대 봉준은 전라도 태인의 일개 농민으로 금년 40세로 평소에 대단히 학문을 좋아하고 공맹의 가르침을 믿었으며 동학도의 무리에 들어간 것은 지금으로부터 3년 전이었다고 한다.[69]

<(도 2) 압송당하는 전봉준장군 「오사카매일신문」 1895년 3월 12일 제3면>

전봉준의 생전 모습을 보여주는 유일한 이 사진은 1895년 3월 27일 무라카미 텐신이 일본 영사의 허락 아래 찍은 것이다. 그날로부터 열흘 뒤, 오사카매일신문은 전봉준의 압송 소식을 보도하면서 사진이 아닌 삽화를 게재했다. 사진은 2개월이 더 지난 5월 10일에 발매된 《사진화보》 제17권에 실리면서 처음 공개되었다.

사진은 찍은 날짜보다 2개월이 지난 5월 10일에 발매된 《사진화보》 제14권에 게재되었다. 그 전에 오사카매일신문이 사진을 삽화로 그리고 다시 목판으로 만들어 3월 12자에 '압송당하는 전봉준 장군'이라는 제목을 붙여 게재했다. 그런데 건물이 삭제되고 왼쪽 순검복을 입은 사람이 오른쪽으로 가 있다. 아무튼 이렇게 하여 전봉준의 사진이 오늘날까지 전해지게 되었다.

전봉준과 흥선대원군, 관계의 진실

빼놓을 수 없는 얘기가 또 남았다. 여러 차례 신문 과정에서 흥선대원군과의 관계에 대해서 집요하게 파고들었다. 전봉준의 입으로 흥선대원군의 개입 사실을 확인해 정치적 타격을 입히려는 의도였다. 전봉준이 문초를 받을 때의 진술을 통해 그 사실을 알아보자.

> 문 : 대원군이 동학에 관계되는 것은 세상이 모두 아는 바다. 또 대원군은 지금 위세가 없는, 즉 네 죄의 경중은 다만 이 자리에만 있지 대원군에 있지 아니하는데 네가 끝내 바른 대로 대답하지 않는도다. 깊이 대원군의 남모르는 보호를 믿는 것 같으니 이는 과연 무슨 의도인가?
> 공 : 대원군이 다른 동학교도 몇 백의 무리와 관계된다 할지라도 나와는 처음부터 상관이 없었다. 운현궁에서 왔다는 송정섭에게, 운현궁의 분부는 말할 필요가 없으며 일을 행할 적에는 내가 스스로 알아서 한다고 말했다.[70]

심문관은 전봉준에게 지금은 흥선대원군의 도움을 받을 형편이 아니니 감싸지 말고 사실대로 실토하라고 회유했다. 하지만 전봉준은 흥선대원군의 밀사가 삼례에 온 사실은 인정하면서도 지시를 받거나 밀약을 한 일은 없다고 단호하게 부인했다. 하지만 둘은 일정한 관계를 맺었으나 비밀을 지키려 입을 다물었다고 보아야 한다. 다만 흥선대원군과 전봉준이 지향한 바가 달랐을 뿐이다. 이에 대해 기쿠치 겐조는 1894년 8월 초순 전봉준이 동곡리 집에서 쉬고 있을 때 홍선대원군이 보낸 박동진과 정인덕이 찾아와서 대화를 나누었다고 했다.

> 전봉준과 대원군 사자와의 담화에서는 "경성 정부는 일본의 지휘로 행동하고 일본 군대는 대궐을 침범하여 서울은 모두 일본인에 의해 다스려지고 있으니 마땅히 대군을 움직여 경성에 진격해와야 한다. 그러면 서울에서 합심하여 일을 계획하여 왜군을 토벌하고 왜인을 쫓아내어 백성을 편안히 할 수 있을 것이다"는 것이 이야기되었으며 청나라의 대군도 잠시만 경성에 주둔해야 한다는 것을 의논했다.[71]

여러 정황으로 보아 홍선대원군이 사자를 보낸 것은 사실로 보인다. 이 관련설에 대해 배항섭(성균관대학교 교수)은 이렇게 말하고 있다.

> 전봉준과 대원군의 접촉은 이미 교조신원운동 시기부터 이루어졌던 것으로 보인다. 원군은 자신의 정권 장악을 위해 동학교도를 이용하려고 했으며, 전봉준 역시 대원군을 이용하려 했던 것으로 보인다.[72]

하지만 전봉준은 "홍선대원군은 유세한 사람이어서 상관이 없었다"고 일관되게 대답했다. 다만 홍선대원군이 보낸 비밀사자를 만난 적이 있다는 사실만은 인정했다. 그는 홍선대원군을 끝까지 보호하려 했을까? 이렇게 해서 이 문제는 끝내 분명하게 밝혀지지 않았지만 아직도 논란거리를 제공하고 있다.

즉각 교수형을 집행한 음모는?

3월 29일, 마침내 판결이 내려졌다. 판결문의 주문은 그가 농민전쟁을 일으키고 동도대장이 되어 활동한 사실과 전주성을 점령한 뒤 화해를 한 조건과 일본인을 축출하기 위해 2차 봉기를 주도해 공주 전투를 벌인 일 등을 늘어놓았다. 그리고 끝에 "함께 모의를 꾸민 몇 사람과 의논하고 각기 옷을 바꾸어 입고서 가만히 경성으로 들어가 정세를 알고자 해, 피고는 장사꾼 맨도리(맨드리, 옷을 입고 매만진 맵시)를 하고 홑몸으로 서울로 올라가려고 태인을 떠나 전라도 순창을 지날 새 민병한테 잡힌 것이니라"라고 기재해 전봉준의 마지막 행동을 제시하는 것으로 결말을 지었다.

전봉준의 죄목은《대전회통大典會通》(조선말기에 이루어진 법전)에 규정된 '군복기마작변관문자부대시참軍服騎馬作變官門者不待時斬'이었다. 꽤나 긴 죄명이었다. 이를 풀이해보면, 군복 차림을 하고 말을 타고서 관아에 대항해 변란을 만든 자는 때를 기다리지 않고 즉시 처형하는 죄다. 그리하여 전봉준과 같은 사형언도를 받은 손화중·김덕명·최경선·성두한 등 네 명은 판결이 난 날 곧바로 교수형에 처해졌다. 사형은 모두 다섯 명뿐이었다. 이중 성두한은 충청도 청원 일대에서 활동한 지도자였는데, 그의 활동상은 단편적으로만 알려져 있지 자세한 내력은 알 수 없다.[73]

이들이 교수형에 처해진 것은 갑오개혁 때 개정된 법을 적용했기 때문이다. 종전에는 역적죄에 해당하는 사형수는 모조리 참형을 가해 목을 잘라 관아의 문 앞에 걸어두거나 여러 사람들이 보도록 조리를 돌렸다. 이를 효수경중梟首警衆이라 한다. 예전에는 중죄인을 죽일 때 서울의 경우 사람들이 많이 모이는 서대문 언저리에 있는 서문시장이나 동대문 언저리에 있는 수구문 밖에서 거행했으며 경우에 따라서는 잘린 머리를 여러 지방을 순회하면서 돌리기도 했다. 백성에게 역적질을 하면 "너희도 이런 꼴을 당한다"는 엄포를 놓으려는 의도였다. 이런 효수형이 참혹하다 하여 갑오개혁 때 철폐했다. 사형수에게도 시체를 훼손치 않는다는 근대 인권정신을 반영한 것이다. 그래서 이들 다섯 명에게 처음으로 교수형을 적용했던 것이다.

그런데 사형을 즉각 집행한 조치에는 중대한 음모가 숨어 있었다. 개화정부는 형법을 개정해 "모든 재판과 소송은 2심으로 한다"는 조항을 두고 4월 1일부터 시행한다고 공포했다. 이들 다섯 명에게는 그 시행을 불과 2일 앞두고 사형을 집행했다. 그러니까 사형 선고와 사형 집행을 전격적으로 단행해 2심을 할 수 없게 만들었다. 속전속결로 들뜬 민심을 가라앉히려 했던 것이다.

잡혀온 나머지 100여 명은 죄의 경중에 따라 무죄를 내리기도 하고 곤장이나 태형을 때리고 유배 조치를 내리기도 했다. 그런데 장흥 전투의 총지휘자 이방언*과 함께 활동한 김방서 등은 무죄로 풀려났으며 고창에서 천민 부대를 이끌고 활동한 홍낙관은 곤장에 유배형, 북접 지도자 황하일은 태형 100대에 유배형을 받았다. 아주 너그러운 조치였다. 왜 그랬을까?

여러 정황으로 보면 일본 측과 개화정부는 농민군 지도자들 속에서 다섯

---

* **이방언李邦彦** 전라남도 장흥의 지주 아들로 명망이 높은 유림이었으며 홍선대원군과 관련이 깊었다고 한다. 선비의 신분으로 전라감사와 담판을 벌여 부정한 조세 탕감을 해결했다고 한다. 처음부터 동학농민전쟁에 뛰어들었으며 전봉준이 태인 전투를 마지막으로 농민군을 해산했을 때 남은 농민군을 이끌고 장흥·강진 전투를 치열하게 벌여 '남도 장군'으로 불렸다. 서울로 끌려와 재판을 받고 방면되어 고향 언저리에서 숨어 지내다가 잡혀 효수되었다.

명만 골라 사형에 처하고 나머지는 살려주어 관대한 은전을 보인 것이다. 그리하여 장흥 전투를 야기한 장본인인 이방언이나 북접의 강경파로 2차 봉기를 주도한 황하일이 벌인 일을 환하게 알면서도 풀어준 것이다. 농민군의 강력한 저항운동을 이런 방법으로 누그러뜨리려 했다. 교활한 전술이었지만 민중이 알아먹을 수 있었을까?

"죽음을 기다린 지 오래다"

선고가 끝난 뒤 법정은 소란스러웠다. 특히 일본인 기자들이 더 들떠 있었다. 선고 법정에서 재판관인 장박은 조금 불안한 목소리로 전봉준을 바라보면서 물었다.

> 문 : 나는 법관의 몸으로 죄인과 한마디 말하지 않을 수 없다. 너는 목숨이 아까우냐.
> 답 : 국법을 적용했다 하니 어쩔 수 없는 것 아니냐?
> 문 : 그렇다. 우리나라에는 너희가 저지른 것과 같은 범죄에 대해 아직 분명한 규정이 없다. 문명한 여러 나라에서는 국사범으로 다루어 사형을 면할 수도 있을 텐데 어쩔 수 없구나. 너희는 스스로 생각해보라. 오늘의 죽음은 매우 유감스럽지만 네가 전라도에서 한 번 일어나자 일청전쟁의 원인이 되었고 우리나라도 크게 개혁되었다. 너희가 탐관오리로 지적한 민영준 등도 국법에 처했고 나머지 사람들도 흔적을 감추었다. 그래서 너희의 죽음은 오늘의 공명한 정사를 촉진한 것이므로

명복을 빈다.

장박은 1차 농민전쟁으로 청일전쟁이 유발되고 갑오개혁이 이루어진 것과 민씨 정권이 타도된 사실을 말했다. 여기서의 '공명한 정사'는 갑오개혁을 가리킨다. 사실 갑오개혁은 농민군의 요구조항을 참고해 수용했던 것이다. 개화정권은 이를 인정해 전봉준의 명복을 빌었던 것이다. 기회주의자 장박의 천박한 의식으로는 이 정도의 수준에 머물러 있었던 게 아니겠는가. 일본의 기자는 이런 기사를 작성했다.

사형 집행을 앞둔 전봉준에게 어떤 사람이 일본 공사에게 청원하여 목숨을 살려달라고 하라고 말하자 전봉준이 분연히 말하기를 "이 마당에 이르러 어떠한 잘못된 비열한 마음도 가질 수 없다. 나는 죽음을 기다린 지 오래되었다"고 했다.[74]

또 일본 신문인 시사신보時事新報는 사형 판결을 받고 난 뒤 전봉준의 모습을 다음과 같이 실었다.

전봉준은 십 수 분간 긴 선고문을 듣고 천천히 말하기를 "정부의 명령이라면 목숨을 바치는 데 굴이 아까울 것이 없다. 삼가 목숨을 바치겠다"고 대답하자 장박이 다시 판결문의 뜻을 부연해 여러 가지로 진술하는 것을 듣고 난 끝에 개연히 말하기를 "나는 바른 길을 걷고 죽는 자다. 그런데 역률을 적용한다면 천고에 유감이다"라고 개탄하면서 옥리에게 안겨 나갔다. 그는 부상이 아직도 아물지 않아 한 발자국도 옮겨놓을 수 없었기 때문이다. 다음은 손화중이 정내를 나가면서 큰 소리로 부르짖으면서 말하되 "내 백성을 위해서 힘을 다했는데 어찌 사형에 처하여야 할 이유가 있는가"라고 했다. 최경선은 사형을 받고서도 불평의 소리 한마디도 없이 유유히 활보하여 정내를 나갔다.

전봉준은 죽기 직전에 감회를 담은 시 한 수를 읊었다.

때를 만나서는 천지도 모두 힘을 합하더니	時來天地皆同力
운이 가니 영웅도 스스로 어찌하지 못하는구나	運去英雄不自謀
백성 사랑하는 정의 나 실수 없었어요	愛民正義我無失
나라를 위하는 붉은 마음 누가 알아주리	爲國丹心誰有知

이 시는 전봉준의 마지막 유시로 알려져 있는데 시사신보에 게재되어 널리 알려졌다. 사학자 장도빈도 이 시의 한 구절을 인용했다. 그런데 끝 두 구절이 약간 달리 표현되기도 한다. 곧 "나라 위한 붉은 성심 누가 알리(爲國丹枕誰有識) 교수대에서 헛되이 외로운 혼이 되누나(絞臺虛作一孤魂)"다. 누가 조금 마음에 들지 않았는지 그럴 듯하게 덧붙인 듯하다. 아무튼 전봉준의 올곧은 정신이 시의 밑바닥에 배어 있다.

왜 새벽에 죽였을까?

다섯 지도자들은 3월 29일(음력, 양력으로는 4월 23일) 한날에 처형되었다. 이 날은 아침부터 비가 질척거릴 정도로 내렸다. 고종은 선고한 날 즉각 다섯 명에 대한 사형 집행을 재가했다. 그런데 그들이 죽은 시간이 아주 중요한 의미를 던진다. 새벽 2시다(시사신보의 기사). 다섯 사람을 한꺼번에 단단한 끈으로 목을 졸랐다.

전봉준을 교수형에 처할 때 집행 절차의 총책임을 강아무개가 맡았다. 오지영은 그의 말을 빌려서 전봉준에 대해 이렇게 말하고 있다.

나는 전봉준이 처음 잡혀오던 날부터 형벌을 마칠 때까지 그의 앞뒤 행동을 잘 살펴보았소. 그는 과연 만나보기 전에 풍문으로 듣던 말보다 훨씬 돋보이는 느낌이 있었습니다. 그는 외모부터 천인千人 · 만인萬人의 특별한 인물이라 할 수 있습니다. 그의 청수한 얼굴과 정채 있는 눈썹과 눈, 엄정한 기상과 강장한 심지는 세상을 한번 놀라게 할 만한 큰 위인, 큰 영걸이 되었습니다. 그는 과연 평지돌출平地突出(볼일 없는 집안에서 돌봐주는 사람 없이 출세함)로 일어서서 조선의 민중운동을 대규모적으로 대창작적으로 한 자가 아닙니까? 그는 첨첨한 그 시대에 민중의 선구자가 되어 온 세상을 진동시킨 자가 아닙니까? 그는 약자의 동무가 되어 강적에 대항한 자가 아닙니까? 그는 불평등 · 부자유의 세상을 고쳐 대평등 · 대자유의 세상을 만들고자 한 자가 아닙니까? 그는 죽을 때까지도 그의 뜻을 굴치 않고 본심 그대로 태연히 한 자가 아닙니까?[75]

전봉준은 신문 과정에서 보인 당당한 태도와 공초에서 정연한 논리를 편 것과 죽을 때의 모습을 보아도 이런 평가를 받을 만하지 않은가. 그는 결코 고리타분한 의식의 소유자가 아니었다. 그는 또 형을 받을 때 교수대 앞에서 법관이 "가족에게 할 말이 있으면 하라"고 간곡하게 권고하자 "나는 다른 말은 없다. 나를 죽일진대 종로 네 거리에서 목을 베어 오고 가는 사람에게 내 피를 뿌려주는 것이 옳겠다. 어찌 컴컴한 도둑 굴 속에서 남몰래 죽이느냐"라고 재판 관계자들을 준절하게 꾸짖었다 한다. 국가 지도자로서 대의멸친大義滅親(큰 의리를 지닌 인물은 가족을 저버리는 것)의 모습을 보인 것이다.

그런데 전봉준이 말한 '도둑 굴 속'은 어디일까? 대역죄인을 다스리는 의금부는 종로거리에 있었다. 또 여느 죄인을 다스리는 포도청과 이웃해 있었다. 권설재판소는 옛 의금부 자리에 설치되었던 것으로 알려져 있다.

그런데 말이다. 왜 새벽에 죽였을까? 개화정부는 근대 사법제도를 실시하려고 4월 25일부로 재판소구성법과 재판소처무규정통칙을 공포하고 4월 1일부로 시행한다는 고종의 재가를 받았다. 여기에 따르면 모든 민사사건이나 형사사건에 2심의 재판과 소송을 하게 되어 있었다. 이들도 판결이 난 뒤 이틀만 지나면 여기에 적용될 수 있었다. 그래서 새벽에 사형을 집행한 게 아니겠는가. 그러니 이들이 죽은 날짜는 3월 29일이 아니라 3월 30일이 맞을 것이다. 그래서 이들을 새 법을 적용하지 않고 해묵은 법인 《대전회통》의 형전을 적용했던 것이다. 다만 참형에 처해 효수梟首하지 않고 교수형에 처한 것도 은전이었다고 할 수 있을까?

이들이 교수형에 처해지자 많은 벼슬아치들과 유생들이 들고일어나 "역적을 목 베어 조리돌리지 않았다"고 야단법석을 떨면서 개화정부에 항의하고 나섰다. 곧 역적들에게 종전처럼 참형이나 효수형을 실시하지 않았다는 것이다. 개화정부는 이 압력을 견디다 못해 몇 사람을 효수해 조리돌렸다. 또 전주에서 불법으로 처형된 김개남의 수급을 서울로 보내게 하여 거리에 조리돌렸다. 그러자 양반들과 아이들은 이들의 수급에 침을 뱉기도 하고 막대기로 때리기도 했다 한다.

이 얘기는 동학당의 거괴로 서울 거리에서 효수되어 전시된 최재호와 안교선*을 두고 한 말이다. 일본의 메사마시신문에 동학당 효수 사진이 실렸으며 영국 여성인 이사벨라 비숍이 조선을 돌아보고 쓴《한국과 그 이웃나라들》의 〈동학의 수급들〉이라는 장에도 효수 사진이 수록되었다. 한때 이들 사진을 전봉준으로 오인하기도 했다.[76]

새야새야파랑새야

　전봉준이 죽은 뒤 사람들은 그와 관련된 여러 이야기를 꾸며내기도 하고 노래를 지어 부르기도 했다. 그를 추모하는 이들은 유식한 사람이거나 변혁을 꾸미려는 사람들만이 아니었다. 그저 소박한 농부, 찌든 아낙네, 때로는 멋모르는 어린애들이었다. 그들은 그의 한과 원이 서린 노래를 지어 은밀하게 불렀다. 이런 노래는 전국에 걸쳐 빠르게 번져나갔다.

　　새야 새야 파랑새야
　　전주 고부 녹두새야
　　어서 바삐 날아가라,
　　댓잎 솔잎 푸르다고
　　봄철인 줄 알지 마라
　　백설이 휘날리면 먹을 것 없다.

　　새야 새야 녹두새야
　　웃녘 새야 아랫녘 새야
　　전주 고부 녹두새야

함박 쪽박 열나무 딱딱 후여.

노래 속의 '파랑새'는 전봉준을 가리킨다. 우리나라에서 파랑새는 희망을 안겨주는 새로 꼽는다. 그래서 파랑새는 녹두새로도 변형된다. '녹두'는 말할 나위도 없이 전봉준의 별명이었으니 녹두와 파랑새를 뒤섞어 부르고 있다. 거사를 할 바에야 미적거리지 말고 빨리하라고 이르고 '바삐 날아가라'라든지 '딱딱 후여'의 구절을 넣어 재촉하는 어감을 풍기고 있다. 민중은 전봉준에게 희망을 걸었으나 아뿔사, 놓치고 말았으니 어찌하랴.

아뿔사, 놓치고 말았으니

나는 열댓 살 무렵 외가가 있는 경상도 성주의 산골마을인 하미기에 놀러 갔다가 처음 이 노래를 들었다. 외사촌 누나는 나보다 두어 살 위인데 어디서 배웠는지 「파랑새」 노래를 구슬프게 불렀다. 어린 나는 그 뜻을 모르면서도 이 노래를 듣고 가슴이 울렁거렸다.

새야 새야 파랑새야
녹두밭에 앉지 마라
녹두꽃이 떨어지면
청포장수 울고 간다.

새야 새야 파랑새야

녹두밭에 앉은 새야

녹두꽃이 떨어지면

부지깽이 매 맞는다.

새야 새야 파랑새야

녹두밭에 앉은 새야

엄마 죽은 넋새 보오

엄마 죽은 넋이외다.

새야 새야 파랑새야

너는 어이 날아왔니

솔잎 댓잎 푸릇푸릇

봄철인가 날아왔지.[77]

파랑새와 녹두꽃을 배합해 민중과 전봉준의 끈끈한 줄을 대고 있다. 어
딘지 모르게 찡하다. 또 절을 바꾸어 부른 변형된 가사도 전해진다. 여기에
는 다른 의미를 담으려는 민중의 소박한 정서가 담겨 있다.

새야 새야 팔왕새야

너 무엇 하러 나왔느냐

솔잎 댓잎이 푸릇푸릇

하절인가 했더니

백설이 펄펄 휘날리니

저 강 건너 청송녹죽이 날 속인다.

팔왕새의 '팔왕'은 한자 전全의 파자破字(한자의 자획을 풀어 나눈 글자)인 팔왕
八王을 뜻한다. 파자는 곧잘 비결의 내용을 구성하는 데 동원된다. 이李를 목
자木子라 풀어쓰는 것과 같은 것들이다. 옛 비결에 '목자 위왕木子爲王'이란 구
절이 있었다고 하는데 이를 두고 "이씨 성을 가진 사람이 왕이 된다"고 풀
이한다. '여덟 임금'의 뜻을 지닌 팔왕은 곧 전全 자를 의미하는 것이니 전씨
성을 가진 사람이 왕이 된다는 이미지를 던지고 있다.

팔왕새가 변해 파랑새가 되었다고도 한다. 위 가사에는 '팔왕'을 끌어대
면서도 전봉준의 거사가 때를 오인하고 잘못 진행되어 실패했음을 나타내
고 있다. 솔잎과 댓잎은 송죽松竹으로 겨울에도 변함없이 잎이 푸르다. 이런
가사들은 여러 가지로 변형되어 떠돌았다. 평양과 원주와 대구에서도 발견
되었다. 또 어떤 것은 변형되어 뜻을 알 수 없기도 하고 어떤 것은 의미심
장하게 예언적 내용을 담고 있기도 하다.

가보세 가보세

을미적 을미적

병신 되면 못 가나니

이 노래는 갑오년에 가야 할 곳에 가야지 다음 해인 을미년까지 미적거
리면 그 다음 해인 병신년을 만나 영영 못 가고 일을 그르친다고 만다는 의

미를 담고 있다. '가보'는 투전의 9수의 발음과 같다. 그러니까 '가보'는 행운을 의미하며 '가보세'는 성취를 의미하는 것이다.

이들 노래는 경상도·전라도·충청도를 중심으로 유행을 타서 도시나 산골을 가리지 않고 퍼졌다. 또 어린애나 처녀를 가리지 않고 불렀다. 더욱이 처녀들은 베틀에 앉아 베를 짜면서 신세를 한탄하거나 나무꾼은 지게 발목을 두드리면서 외로움을 달래려고 이 노래를 불렀다. 그러니 세월이 지나면서 일종의 자기 카타르시스에 사용된 노래로 변질했다 할 수 있다.

오늘날 「파랑새」 노래는 고전적 민요가 되었다. 오랫동안 「아리랑」과 같이 구전 전승되면서 우리 정서를 파고든 것이다. 「아리랑」과 「파랑새」는 민중의 입을 통해 전파되었다는 의미를 던지고 있다. 성악가 조수미는 「파랑새」를 고전음악의 형식으로 편곡해서 불러 많은 사람들의 심금을 울리고 있다. 또 파랑새를 희망의 새로 여겨 모임의 이름이나 동인지의 이름으로 쓰기도 한다.

현대의 시인들도 「파랑새」 노래를 이어가고 있다. 시인 신석정이 1963년 10월 3일 황토현에 세운 갑오동학혁명기념탑 제막식에서 발표한 〈갑오동학혁명의 노래〉를 보자.

새야 새야 파랑새야
녹두밭에 앉지 마라
녹두꽃이 떨어지면
청포 장수 울고 간다.
징을 울렸다 죽창도 들었다

이젠 앞으로 앞으로 나아가자

늘려 살던 농민들의 외치던 소리

전주 고부 녹두새야

넉 까먹고 낙 까먹고

장구채 위~

새야 새야 파랑새야

너 어이 나왔느냐

솔잎 댓잎 푸릇푸릇

봄철인가 나왔더니

백설이 펄펄 흩날린다.

저 건너 청송 녹죽이

날 속이었네.

　신석정은 노래에 한을 담아냈다고 볼 수 있겠다. 농민의 정서는 담았지만 저항의식은 없는 것 같다. 시인 신동엽은 1967년 서사시 〈금강〉을 발표했는데 동학농민군의 애절한 이야기를 형상화해 우리의 정서를 일깨웠다. 그 서두에 이런 줄거리를 깔았다.

우리들의 어렸을 적

황토 벗은 고갯마을

할머니 등에 업혀

누님과 난, 곧잘

파랑새 노랠 배웠다.

울타리마다 담쟁이넌출 익어가고
밭머리에 수수모감 보일 때면
어디서라 없이 새 보는 소리가 들린다.

우이어! 훠어이!

쇠방울 소리 뿌리면서
순사의 자전거가 아득한 길로 사라지고
그럴 때면 우리들은 흙토방 아래
가슴 두근거리며
노래 배워주던 그 양품장수 할머닐 기다렸다.

새야 새야 파랑새야
녹두밭에 앉지 마라
녹두꽃 떨어지면
청포장수 울고 간다.

잘은 몰랐지만 그 무렵
그 노랜 침쟁이에게 잡혀가는
노래라 했다.

신동엽은 어릴 때 식민지 시절을 겪었다. 그때 「파랑새」 노래를 배우고 이를 기억해낸 것이다. 그는 금강에서 처절한 농민군의 죽음을 민족의 아픔으로 새기고 가슴이 저렸던 것이다. 짧막한 구절에서 전봉준의 막연한 이미지를 담기보다 역사의 실체로 규정하려 들었다. 신동엽은 〈금강〉을 통해 최초로 농민군을 시로 형상화했다는 의미를 담고 있다.

보아다오, 이 사람을

시인 김남주는 녹두장군을 추모하면서 현재적 의미를 전달하려 했다. 그는 〈황토현에 부치는 노래〉에서 전봉준을 진리를 위해 죽은 영웅으로 그리고 있다.

> 한 시대의
> 불행한 아들로 태어나
> 고독과 공포에 결코 굴하지 않았던 사람
> 암울한 시대 한가운데
> 말뚝처럼 횃불처럼 우뚝 서서
> 한 시대의 아픔을
> 온몸으로 한몸으로 껴안고
> 피투성이로 싸웠던 사람
> 뒤따라오는 세대를 위하여
> 승리 없는 투쟁

어떤 불행 어떤 고통도

결코 두려워하지 않았던 사람

누구보다도 자기 시대를

가장 정열적으로 사랑하고

누구보다도 자기 시대를 가장 격정적으로 노래하고 싸우고

한 시대와 더불어 사라지는데

기꺼이 동의했던 사람······

보아다오 보아다오,

이 사람을 보아다오

이 민중의 지도자는

학정과 가렴주구에 시달린

만백성을 일으켜 세워

눈을 뜨게 하고

손과 손을 맞잡게 하여

싸움의 주먹이 되게 하고

소리와 소리를 합하여

대지의 힘찬 목소리가 되게 했다.

  시인 김남주는 정의의 사도인 전봉준을 결코 두려워하지 않은 사람으로서 '고독한 영웅'이라 했을 것이다. 민주화 투쟁 시기에 산 김남주는 전봉준을 민주화의 선도자로 보려 했다. 다음에는 시인 안도현의 〈서울로 가는 전봉준〉이라는 시를 보자.

눈 내리는 만경을 건너가네

해진 짚신에 상투 하나 떠 가네

가는 길 그리운 이 아무도 없네

녹두꽃 자지르게 피면 돌아올거나

울며 울지 않으며 가는

우리 봉준이

풀잎들이 북향하여 일제히 성긴 머리를 푸네

그 누가 알기나 하리

처음에는 우리 모두 이름 없는 들꽃이었더니

들꽃 중에서도 저 하늘 보기 두려워

그늘 깊은 땅 속으로 젖은 발 내리고 싶어하던

잔뿌리였더니

그대 떠나기 전에 우리는

목 쉰 그대의 칼집도 찾아 주지 못하고

조선 호랑이처럼 모여 울어 주지도 못했네

그보다도 더운 국밥 한 그릇 말아 주지 못했네

못다한 그 사람 원망이라도 하듯

속절없이 눈발은 그치지 않고

한 자 세 치 눈 쌓이는 소리까지 들려오다니

그 누가 알기나 하리……

우리 성상 계옵신 곳 가까이 가서

녹두알 같은 눈물 흘리며 한목숨 타오르겠네

봉준이 사람아

그대 갈 때 누군가 찍은 한 장 사진 속에서

기억하라고 타는 눈빛으로 건네던 말

오늘 나는 알겠네

들꽃들아

그 날이 오면 닭 울 때

흰 무명띠 머리에 두르고 동진강 어귀에 모여

척양척화 척왜척화 물결소리에

귀를 기울이라

　이 시는 농민군의 변혁 의지가 차분하게 드러나 있다. 안도현이 민주항쟁이 처절하게 전개되던 시기를 산 시인이었다는 점을 감안하면 민중의 삶과 녹두를 이어주는 표현이 조금 넉넉지 못한 것 같기도 하다.

전봉준을 위하여

민중들이 역사 인물 전봉준을 부르는 호칭이 몇 가지 있었다. 녹두장군을 비롯해 전명숙·전녹두 등이다. 사람들은 그의 이름 밑에 '장군'이란 호칭을 붙여 불렀다. 장군은 나라에서 임명한 무장의 관직일 텐데 민중은 자신들이 추앙하는 인물에 이 호칭을 서슴지 않고 붙였다. 역사 인물로는 흔히 최영이나 이순신을 장군이라 부르면서 민중이 신으로 받들었으나 민중 봉기를 이끈 조선 중기의 이몽학이나 조선 후기의 홍경래를 장군으로 받들지는 않았다. 장군은 함부로 붙여주는 호락호락한 호칭이 아니었던 것이다.

또 어떤 사람은 '전봉준 선생'이라 부르기도 했다. '선생'이란 호칭은 글을 배운 분이나 선배의 이름 밑에 붙여 부르는 경우 말고, 일반적으로는 지사志士의 의미를 풍긴다. 임창순(태동고전연구소 설립자)은, 선생이라 부르는 것은 전봉준을 무장武將의 이미지보다 지사의 이미지를 더 부각하려는 뜻이 있다고 설명하면서 자신이 처음으로 이 호칭을 썼다고 했다. '전봉준 장군'이라거나 '전봉준 선생'이라거나 둘 다 우러러보려는 뜻이 담겨 있다.

전봉준에게 붙는 호칭이 이렇게 다양한 것도 여느 사람과 달리 특별하다 할 수 있을 것이다. 그는 민중의 가슴속에 자리 잡고 오래 기억되어 지워지지 않은 영웅적 이미지로 새겨졌다.

개혁의 꿈

전봉준의 삶의 역정을 마감하는 대목에서 다시 대강을 한번 되짚어보자. 그는 10대부터 가난한 생활 속에서 여러 곳을 방랑하면서 살았다. 그런 속에서 민중의 생활과 처지를 몸으로 체득했고 현실의 모순을 뼈저리게 터득했다. 그의 20대는 준비 단계였다고 볼 수 있겠다. 그는 상당한 지식을 쌓은 것으로 알려져 있는데 거의 20대에 축적된 것으로 보인다.

전봉준은 30대에 인생관이나 현실관을 굳건하게 다지는 바탕에서 개혁 의지를 불태웠다. 전국을 돌아다니면서 좀더 확실한 현실 개혁의 이론을 현장에서 찾았다. 눈을 크게 뜨고 꾸준히 동지를 규합했다. 동학에도 입도해 세력을 더욱 넓혔다. 그런 준비과정을 거친 바탕에서 봉기를 서둘렀다. 30대 후반부터는 행동의 단계였다. 이 시기에 그는 확고한 신념을 다진 것으로 보인다. 그는 국가의 자주를 위해 외세를 배격했고 사치스러운 외국의 상품이 범람해 우리의 농촌경제를 파탄으로 몬다고 판단했다. 따라서 일본 세력만이 아니라 일본의 하수인 노릇을 하는 개화파조차 적으로 여겼다. 또 서양 세력을 일본과 같은 침략 세력으로 보았다. 그러므로 서양의 앞잡이인 서학을 인정할 수 없었다.

하지만 그는 맹목적으로 외세를 배격하기보다 내실을 다진 후에 개방을 준비해야 한다는 주장을 폈다. 동학에서는 척왜·척양을 내걸고 서양 상품의 유통을 막아야 한다고 주장했는데 그도 일본 행상인들이 농촌을 돌아다니면서 화장품 따위 사치품을 팔고 쌀·콩 따위를 거두어가는 행위를 막았다.

전봉준은 꾸준히 동학의 집회에 참석해 조직을 확대하고 인맥을 형성했다. 마침내 여러 조직을 동원해 원평 집회를 주도적으로 열어 그 전초 작업을 다졌다. 그는 고부 봉기 이후 쉴 새 없이 거사를 도모하면서 때로는 목적을 달성하기도 하고 때로는 실패를 하기도 했다. 그는 어떤 실패를 맛보더라도 결코 좌절해 중단하지 않고 재기를 도모했다. 그가 마지막 태인 전투에서 실패하고 순창으로 도피하면서도, 다시 서울로 올라가서 재기를 도모하려고 계획했던 것만 보아도 그의 끈질긴 의지를 엿볼 수 있다.

체제 구상

전봉준은 무장 봉기에 앞서 포고문을 돌리면서 봉기의 동기와 대상을 분명하게 적시했다. 곧 나라를 좀먹고 민중을 압제하는 다음과 같은 세력이었다.

> 지금 신하가 된 자들은 나라에 은혜를 갚으려는 생각을 아니하고 한갓 작록爵祿과 지위를 도둑질하여 임금의 총명을 가리고 아부를 일삼아 충성스런 선비의 간언을 요사스런 말이라 하고 정직한 사람을 비도라 한다. 그리하여 안으로는 나라를 돕는 인재가 없고 바깥으로는 백성을 갈취하는 벼슬아치만이 득실거린다. 위로는 공경대부 이하 아래로는 방백 수령에 이르기까지 국가의 위태로움은 생각지 아니하고 거

의 자기 몸을 살찌우고 집을 윤택하게 하는 계책만을 몰두하여 벼슬아치를 뽑는 문을 재물을 모으는 길로 만들고 과거 보는 장소를 교역交易의 장터로 만들고 있다. 그래서 허다한 재물이나 뇌물이 국고에 들어가지 않고 도리어 사사로운 창고를 채운다. 나라에는 부채가 쌓이는데도 갚으려는 생각은 아니하고 교만과 사치와 음탕과 안일로 나날을 지새워 두려움과 거리낌이 없어서 온 나라는 어육魚肉이 되고 만백성은 도탄塗炭에 빠졌다. 진실로 수령들의 탐학 때문이다.[78]

전봉준은 당시 조정에 몸담고 있는 벼슬아치와 지방관을 부정 세력으로 보았다. 다시 말해 당시의 지배세력을 모두 적으로 본 것이다. 한편 봉기 당시에는 부정한 수령과 이서를 징치懲治하면서 청산해야 할 첫 대상으로 꼽았다. 집강소 실시 기간에는 불량한 양반배와 포악한 토호를 일차 대상으로 삼았다. 그렇다면 전봉준은 봉기 과정에서 단순한 응징이 아니라 어떤 정치체제를 구상했다고 보아야 할 것이다. 맹목적으로 행동을 벌인 것만이 아님을 쉽게 추단할 수 있다. 적어도 의사결정·정책 집행·민중의 정치 참여 문제 등을 구상했다고 보는 게 상식에 부합할 것이다. 동경조일신문東京朝日新聞의 일본 기자는 이 문제가 무척 궁금해서 전봉준의 구상을 물어보았다.

문 : 그대가 경성에 쳐들어온 뒤 누구를 추대할 생각이었는가?
답 : 일본 군사를 물러나게 하고 간악한 벼슬아치를 축출해서 임금의 측근을 깨끗하게 한 뒤에 몇 명의 심지 굳은 선비를 내세워서 정치를

말게 하고 우리는 곧장 농촌으로 돌아가 평상의 직업인 농업에 종사할 생각이었다. 하지만 국사를 들어 한 사람의 세력가에 맡기는 것은 크게 폐해가 있음을 알기에 몇 사람의 명사에 협력해서 합의법에 따라 정치를 담당하게 할 생각이었다.[79]

이 말대로라면 합의법에 의해 정치를 맡긴다고 하면서 기존 세력을 참여시키지 않는다고 해석할 수 있겠다. 기존 세력에는 흥선대원군이나 민씨 세도가들도 포함될 것이다. 이 합의제는 근대적 입헌군주제나 선출직 국회와 같은 정치체제를 언급했다고 볼 수 없겠으나 적어도 한 사람에게 권력이 집중되는 것을 막으려는 의지를 읽을 수 있다. 이것이 실현된다면 밑으로부터 올라오는 민중의 동력이 뒷받침될 수 있을 것이다. 실제로도 전봉준은 민주적인 집단 합의를 구상했다고 볼 수 있겠다. 바로 집강소 활동에서도 의사를 합의해 결정한 것과 상통될 것이다. 적어도 전봉준은 밑으로부터의 변혁을 성공으로 이끈 뒤 정치체제를 합의제로 운용할 것임을 구상했던 것이다. 물론 오늘날의 민주정치와는 구분된다. 위 무장 봉기 포고문의 앞머리를 보면 전봉준의 전통적 근왕^{勤王} 의식이 드러난다.

지금 우리 임금은 어질고 효성스럽고 자애로우며 지혜롭고 총명하시다. 현량하고 정직한 신하가 있어서 잘 보좌하여 다스린다면 예전 훌륭한 임금들의 치적을 해를 가리키며 기대할 수 있다. (중략) 우리 무리는 비록 초야의 유민이나 임금의 토지를 갈아먹고 임금이 주는 옷을 입으면서 망해가는 꼴을 좌시할 수 없어서 온 나라 사람이 마음을 함

께하고 억조창생億兆蒼生이 의논을 모아 지금 의로운 깃발을 들어 보국 안민을 생사의 맹세로 삼노라.[80]

농민군은 때로 허위로 가득 찬 고종의 효유문을 받고 감격했다. 이를 두고 농민군이 왕조체제를 인정하고 폐정만을 개혁하는 수준으로 구체제를 고수하려 했다고 보기도 한다. 곧 보수개혁에 머물렀다는 의미다. 이는 하나의 관습적 관념일 수도 있고 전략적 접근일 수도 있다. 처음부터 왕조 타도를 외쳤다면 동조 세력을 끌어모으는 데 전략·전술적으로 큰 결함을 지니게 된다. 그러니 왕조체제를 받치고 있는 신분질서와 관료 제도를 거부하는 그 자체가 반왕조적 지향이었고 기득권을 거부하는 핵심과제였다. 전봉준이 국왕의 효유문을 들고 온 사자를 처단한 것이 바로 방증이 될 것이다.

농민군의 체제구상은 실천적 행동을 제외하고는 아주 단편적으로만 나타난다. 하지만 그들이 밑으로부터의 변혁을 지향하면서 기층민중의 의사를 대변하려 애쓴 의지를 곳곳에서 읽을 수 있다. 의사결정이라는 관점에서 볼 때 이를 소박한 수평적 리더십이라고도 볼 수 있겠다. 너와 내가 같은 레벨에서 의사를 소통하려는 것이다. 이를 과장이나 무리로 보아서는 그 실상에 근접할 수 없을 것이다.

최후

전봉준의 죽음은 너무나 당당했다. 그는 전쟁의 지휘자였기에 일반 범죄자와 달랐다. 게다가 외국 군대인 일본군과 싸웠기 때문에 전쟁의 포로 대우를 받을 수도 있었다. 적군의 대장은 전범으로 처형하는 경우도 있거니와 정치범으로 다루어 협상의 대상으로 죽임을 면해줄 수도 있었다. 그런데도 전봉준은 살아남을 수 있는 길을 찾지 않았다.

온갖 회유를 뿌리치고 꿋꿋하게 죽을 자리를 찾았다. 그 자신은 수많은 부하들이 자신의 거사로 죽었기 때문에 혼자 살아남을 수 없다는 결연한 의지를 보였다. 일본 세력과 타협할 수 없다는 의지도 보였다. 만약 그가 전쟁의 와중에 죽었다면 우리는 이런 의지를 확인할 수 없었을 것이다. 영웅은 죽을 자리를 바르게 찾아야 한다고들 한다. 전봉준은 역사인으로서 자신의 위치를 옳게 찾아갔던 것이다. 그러나 그의 의지와는 관계없이 일본 제국주의자들은 우리나라를 끝내 식민지로 전락시켰다.

전봉준은 죽은 뒤조차도 두 세력의 탄압을 받았다. 일제는 그가 외세를 반대하는 투쟁을 통해 항일전선을 구축했다 하여 반역자의 굴레를 벗겨주지 않았다. 일제는 전봉준의 전기와 농민전쟁에 관련되는 서적을 모조리 금서로 지정해 일반 독자의 접근을 막았다. 그런 탓으로 해방이 된 뒤에야 독자들이 이와 관련한 저술을 읽을 수 있었다.

둘째는 전봉준이 신분 해방을 위한 투쟁을 벌였기에 지배세력들은 그를 끝내 역적으로 몰았으며 농민군을 반역의 집단으로 규정해 끝까지 탄압을 가했다. 문벌을 자랑하던 양반들과 부정을 일삼던 버슬아치 출신들과 온갖 특권을 누리던 유림들은 조선왕조의 실체가 사라진 상황에서도 굳세게 기득권을 틀어쥐려고 안간힘을 썼다. 이들 잔재들은 농민군 세력을 탄압하는 것으로 자기만족을 얻으려 했다.

전봉준을 미워한 세력이 또 있다. 바로 북접 계통의 동학 세력이다 이들은 1894년 보은의 북실 전투에서 패배했다. 이곳에서 최시형과 손병희는 농민군의 시체를 팽개치고 도망쳤다. 이후 동학 조직이 와해되어서 김연국·손병희 등은 최시형을 데리고 숨어 다녔다. 그러면서 그 책임을 온전히 전봉준에게 뒤집어씌웠다. 이에 대해 이렇게 기록하고 있다.

전라도 고부에 사는 전봉준이 아버지의 원수를 갚으려고 동학에 의탁해서 그 고을에서 민요民擾를 야기하여 마침내 소요를 불러왔다. 서인주徐仁周는 섬으로 유배를 가서 갇혀 있으면서 도망치려고 포중包中을 불러 모으려 하였지만 마침내 혼탁한 난동에 이르게 하였으니 실로 국가의 반역이요 사문師門의 난적亂賊이었다. 서병학徐丙鶴은 속내로는 출세해보려는 계책을 품고 이곳저곳 줄타기를 하면서 사나운 자를 도와 모진 짓을 하였으나 일이 뜻대로 되지 않자, 끝내는 도를 배반하였으니 이는 실로 문장군蚊將軍(모기로 비유함)이었다. 이 세 사람 때문에 끝없는 풍파가 일어나서 초토의 분부가 있게 되어 각 고을의 민보民堡가 일어나서 죄가 없는 상령生靈이 억울하게 주륙을 입은 숫자를 헤아릴 수조차 없었다. 황송하기 비할 바 없겠다.[81]

서인주는 최시형을 충동해 폭력 봉기를 주장한 인물로, 전봉준에게 협조를 아끼지 않았으나 농민전쟁 당시에는 감옥에 갇혀 있었다. 서병학은 서인주와 함께 무력 봉기를 주장했으나 농민전쟁 당시에는 관군에 붙어 밀정 노릇을 하면서 배반했다. 전봉준을 아버지의 복수를 위해 봉기했다고 깎아

내리면서 이들과 함께 동학을 망친 인물로 몰아간 것이다. 천도교에서도 이런 의식을 그대로 유지해왔다.

손병희는 끝내 살아남아서 일본에 가서 정세를 살피기도 하고 러일전쟁 시기에 정치자금을 일본에 보내는 따위의 석연치 않은 행적을 보이기도 했으나 동학의 정신을 계승해 천도교를 창건했고 3·1운동의 주역이 되었다. 이것만으로도 손병희는 역사의 보상을 받았다. 손병희는 일제강점기에 여러 민족운동을 벌이면서, 자신과 생사를 같이한다고 맹세한 전봉준에 대해서 이러쿵저러쿵 도통 말이 없었다. 왜 그랬을까? 어쨌거나 한 지도자는 민중이 도모한 처절한 농민전쟁의 주인공으로 이름을 올렸고 한 지도자는 조선독립을 외친 거대한 만세 시위의 주역이 되었다.

평가들

식민지 시기에 전봉준에 대한 평가와 연구가 없었던 것은 아니다. 천도교 연구자들과 달리 여느 역사학자들은 전봉준을 높게 평가한 사례가 보인다. 박은식은 1914년 《한국통사》를 쓰면서 "동학란이란 양반 지배층의 압제와 관리의 탐학으로 인하여 일어났다"고 하면서 그 실패를 안타까워했다. 또 이때 30여만 명이 죽었다고 기록했다.[82]

장도빈은 1926년 최초로 동학농민전쟁을 다룬 단행본 《갑오동학란》을 간행했다. 그는 동학란을 혁명운동, 전봉준을 영웅으로 그리면서 발생의 원인과 경과를 기록했으며 전봉준의 최후와 「파랑새」 노래까지 소개했다. 그리고 사상자가 10만 명이었다고 기록했다. 그러면서 이렇게 평가하고 있다.

갑오동학란의 영향이 동학당 자체에는 더욱 호영향을 주었으니 갑오
동학란이 실패하였으나 그 무리불법無理不法한 관리와 양반을 타격하여
그들을 응징한 후로는 관리와 양반의 탐학 잔인한 행위는 그치고 약소
인민도 생명·재산을 보호하게 되었다. 동학란은 정신상이나 물질상
이나 자유·평등의 파종을 이뤄 조선인의 일조광명一條光明이 되었다.
동학당과 전봉준의 희생이 헛된 것으로 돌아가지 않았다.[83]

장도빈이 '동학란'을 처음으로 혁명으로 규정했고 전봉준을 역적이 아닌
혁명가로 평가했다. 이 책은 금서로 지정되었다가 1945년 발행한 《한국말
년사》에 수록되었다. 뒤를 이어 김상기는 1931년 8월 21일부터 10월 9일까
지 36회에 걸쳐 동아일보에 〈동학과 동학란〉이란 제목으로 연재를 하면서
그 시말과 결과 그리고 일본군의 움직임도 설명했다. 그리고 지방에서 떠
도는 얘기도 담았다. 여기서는 동학농민군의 처절한 활동을 기록했지만 장
도빈과는 달리 혁명으로 규정하지는 않았다. 이 책은 식민지 시기에 간행
되지 못했다가 1947년에 《동학과 동학란》이라는 제목으로 간행되었다.

권병덕*은 청주 접주로 보은 집회에 참여했고 농민전쟁에도 활동했으며
3·1운동 당시 33인의 한 사람이었는데 1935년 《갑오동학란》을 쓰면서 전
봉준의 애국적 행동을 높게 평가했다. 그는 전봉준이 일본의 회유를 뿌리
치면서 "너희는 나의 원수요 나는 너희의 원수니 너희는 마땅히 나를 죽일

---

* 권병덕權秉悳 충청북도 청주 출신. 동학농민전쟁에 가담했다가 살아남았다. 그 뒤 천도교에 입교해 도사道師 등 여러
  직책을 맡았으며 3·1운동 때 민족대표 33인에 들었다. 《이조전란사》를 저술했는데 여기에 동학농민전쟁 관련 사실
  을 담았다.

뿐이라, 여러 말 할 것이 없다"고 했다는 사실을 전해주었다. 특히 이 글에서는 "평안도 용강군 등지에서 봉기했다"는 사실을 적고 "동양의 풍운을 대기했다"고도 했다. 전국에 걸쳐 동학군 사상자가 10만 명 이상이었다고 밝히기도 했다. 이 글은 천도교 쪽에서 최초로 전봉준을 평가한 내용을 담았다.

오지영은 농민전쟁 당시에 참여한 지도자급 인사였다. 그는 천도교 혁신운동을 벌이기도 했는데 1940년 《동학사》를 단행본으로 간행했다. 이 책은 제목 그대로 동학사지 농민전쟁사는 아니다. 하지만 농민전쟁과 관련한 사실이 많이 실려 있다. 한데 이 책은 많은 사실의 오류를 제쳐두고라도 중대한 결함을 지니고 있다. 일본의 개입과 횡포에 대해서는 거의 다루지 않았다는 사실이다. 보기를 들면, 농민전쟁의 핵심인 공주 전투에 대해서 아주 간략하게 다루면서 "이때 관병과 일병은 세를 합하여 동학군의 앞을 가로막아 들어온다" 하는 정도로 표현했다. 결국 관군과 동학군이 전투를 벌인 것으로 마무리 지었다. 식민지 시기 전시체제에서 간행된 탓에 금기를 벗어날 수 없었던 것으로 판단된다. 하지만 전봉준을 영웅으로 받드는 모습을 보여주었다.

기쿠치 겐조·시노부(信夫淸三郎) 등 일본인 학자들의 답사기와 연구서도 있으나 여기서는 접어두기로 한다. 그들은 동학란이라 부르지 않고 동학당이라 표기하면서 일본군에 항거한 사실에 대해서는 평가를 하지 않는 모습을 보이고 있다. 한편 일제강점기인 1943년에 발행된 《전주부사》에는 전봉준의 사실 관계를 여러 가지로 왜곡하면서 "이 사건으로 생명을 잃은 자는 무려 3만여 명이었다"고 기록했고 또 김개남은 "전주의 장대(서교장)에서 효수형에 처해졌다"[84]는 사실을 밝히기도 했다.

한편 현대에 들어 동학 또는 천도교 연구자인 표영삼은 다음과 같이 쓰고 있다.

전봉준은 평소부터 의로운 일이라면 앞장 서는 인물이었다. 이런 지도자를 어떤 근거도 없이 아버지 원수를 갚기 위해 장두狀頭가 되었다고 비하할 수 있으랴. 변혁의 지도자는 세상을 보는 눈이 다르다. 전봉준은 우리 역사가 전환점에 이르렀다는 사실을 정확하게 알고 있었다. 그리고 나라가 위기에 처하게 된 원인도 알고 있었으며 어떻게 변화시켜나가야 할 길도 알고 있었다. 목숨을 걸고 잘못된 나라를 바로잡아 인민들의 생활을 편안하게 받들겠다고 나선 것은 세상을 꿰뚫어 보는 안목이 없으면 불가능하다. 이런 지도자를 애비 원수 갚기로 비하시켜서는 안 된다.[85]

천도교 연구자로서 표영삼의 전봉준에 이런 평가는 드문 사례에 속한다. 천도교의 일반적 평가와는 사뭇 다른 모습이다.

혁명 그 후

오늘날에는 동학란을 갑오농민전쟁 · 동학농민전쟁 · 동학농민혁명 · 동학농민운동으로 부르고 있으며 전봉준에 대한 평가도 새롭게 이루어지고 있다. 전봉준은 비록 현실에서는 일단 실패했으나 민중의 역량을 동원해 우리 역사에서 최초로 전국적 규모의 봉기를 이끌었다는 평가를 받았다. 그리하여 군사독재정권 아래에서 민주화운동이 전개될 때 그 상징으로 가장 내세우는 역사적 지도자로 부상했으며 그의 초상은 민주화운동의 시위 현장에서 늘 앞자리를 차지했다. 그는 우리 역사에서 저항의 상징으로 추앙되었던 것이다.

전봉준이 역적으로 처형을 당하고 난 뒤 고창의 당촌을 비롯해 주변의 전씨 마을은 쑥대밭이 되었다. 관군들은 전씨 마을을 덮쳐 재산을 약탈하거나 불태웠고 사람들을 죽이기도 했다. 그리하여 전씨 집성촌은 폐허가 되었으며 전씨들은 뿔뿔이 흩어졌다. 간신히 살아남은 한 전씨 후손은 족보를 벽장이나 대들보 위에 은밀하게 숨겨서 보관해왔다고 한다. 만일 전봉준의 일가붙이가 되는 사실이 발각되면 격심한 압제를 받았기에 족보마저 숨겼던 것이다.

전봉준이 죽고 난 뒤 그의 가족들은 모진 압제를 받았다. 그는 2남 2녀를 두었던 것으로 확인된다. 큰아들은 용규龍圭, 작은아들은 용현龍鉉이라 한다. 그가 죽을 무렵 거주지를 태인 동곡에 두었는데, 가족들은 동곡에 숨어 살았다. 큰아들은 동곡에서 죽었다고 하며 작은 아들은 때때로 노름을 하여 살림을 망쳤다 한다. 어느 날에는 동네 소를 몰래 몰고나가서 장터에 팔아 먹고는 도망쳤다고 한다.

두 딸은 성과 이름을 바꾸고 숨어살았다. 큰딸 옥례玉禮는 15세에 화를 피하여 마이산으로 들어가 이름을 김옥련金玉蓮으로 바꾸고 금당사의 공양주로 있었다 한다. 작은딸은 성녀姓女인데 그녀의 딸 강금례가 가정의 내력을 증언해주었다.[86] 그러니 전봉준의 혈손은 외손으로 이어졌다. 현재 친손은 찾을 길이 없고 외손은 확인이 된다. 한 가지 밝혀둘 얘기가 있다. 1905년 을사조약 이후 전국에서 의병이 세차게 일어났을 때 호남에서 의병대장으로 활동한 전화삼이 스스로 자신을 전봉준의 아들이라고 말했다 한다.

근래에 들어 전씨 문중에서는 예전 양자를 두는 전통에 따라 후손 중에서 항렬을 따져 양손을 두고 가계를 잇게 했다. 현재 전성준이 문중의 뜻에 따라 전봉준의 양손으로 지정되어 역할을 다하고 있다.

지금실의 언덕배기에 '녹두장군'의 묘소라 전해지는 초라한 무덤이 있었다. 마을 사람들은 가끔 제물을 차려놓고 녹두장군의 영혼을 위로하는 제사를 올렸다. 1990년대에 일 벌이기 좋아하는 호사가들이 이 무덤을 발굴해보니 유물이 한 점도 나오지 않았다. 가묘假墓(빈 무덤)를 조성할 때는 고인의 머리카락이나 쓰던 물건 따위 유물을 껴묻는 경우가 있으나 전봉준의 가묘에는 껴묻은 물건조차 나오지 않았다. 전봉준의 묘소가 없는 것을 안타까워한 마을 사람들이 마음을 모아 가묘를 만들어서 추모제를 지냈던 것이다. 「파랑새」를 목 놓아 부르던 민중이 전봉준이 살던 마을의 언덕에 가묘를 조성해 모셨으니 그 의미가 남다르다 하겠다.

이 책을 읽으면서 전봉준을 다시 만나 진지한 대화를 나누는 사랑방으로 삼기로 하자.

전봉준 생애

- 1855년 12월 전봉준, 전라북도 고창 당촌에서 태어남.
- 1862년 2월 진주 농민 봉기, 전국으로 확산.
- 1863년 12월 고종 즉위, 흥선대원군 집권.
- 1864년 11월 최제우, 대구에서 사형.
- 1866년 8월 프랑스 함대 강화도 점령, 병인양요 일어남.
- 1871년 4월 미국군 강화도 상륙, 신미양요 일어남.
- 1873년 11월 고종 친정을 선포, 흥선대원군 실각.
- 1876년 2월 한·일수호조약 체결, 첫 개항 이루어짐.
- 1882년 6월 임오군란 일어남.
- 1884년 10월 갑신정변 일어남.
- 1885년 8월 흥선대원군, 청나라에서 귀국.
- 1892년 11월 삼례 집회.
- 1893년 3월 보은 집회, 원평 집회.
- 1893년 11월 사발통문 작성.
- 1894년 1월 고부 봉기, 말목장터와 백산에 주둔.
- 1894년 3월 무장에서 기병, 포고문 발표. 백산에 호남창의대장소 설치.
- 1894년 4월 황토재에서 감영군 격파, 중앙군 전주에 입성. 농민군, 장성 황룡강 전투
          승리. 농민군, 원평에서 왕이 보낸 사자 처단하고 전주성 점령.
- 1894년 5월 전주 화해와 집강소 설치.
- 1894년 6월 일본군, 경복궁 점령. 개화정부 수립. 청일전쟁 발발.
- 1894년 7월 농민군 남원대회, 전라감사 김학진과 타협, 집강소 활동 본격화.
- 1894년 8월 전봉준, 일본 낭인과 2차 만남.
- 1894년 9월 전봉준, 삼례 집결 통문 보냄. 최시형, 남·북접 화해 선언, 대동원령 포

고. 정부 양호순무영 설치. 일본군 후비독립19대대 투입 결정.

- 1894년 10월 농민군 논산 진주. 일본군 용산 출발. 관군 이두황·이규태 남하. 농민군, 일본군·관군과 1차 전투.
- 1894년 11월 농민군 2차 공주 전투. 우금재 전투 패배. 전봉준, 고시문 발표. 전봉준, 논산·전주·원평·태인으로 남하.
- 1894년 12월 전봉준·최경선 등 체포. 전주 장대에서 김개남 처형. 나주 초토영 설치, 민보군, 각지 농민군 토벌.
- 1895년 1월 전봉준·손화중 나주 안치. 농민군, 강진병영 습격과 장흥 관아 점령. 북접 농민군, 영동 용산과 북실 전투. 농민군 지도자 서울로 압송. 정부에서 민보군 해산령 내림.
- 1895년 2월 농민군 지도자 서울에서 재판.
- 1895년 3월 전봉준·손화중·김덕명·최경선·성두한 등 지도자, 29일자(30일 새벽 2시) 최초의 교수형. 농민군 장령급 장형·태형·유배형 시행, 나머지 석방 조치.

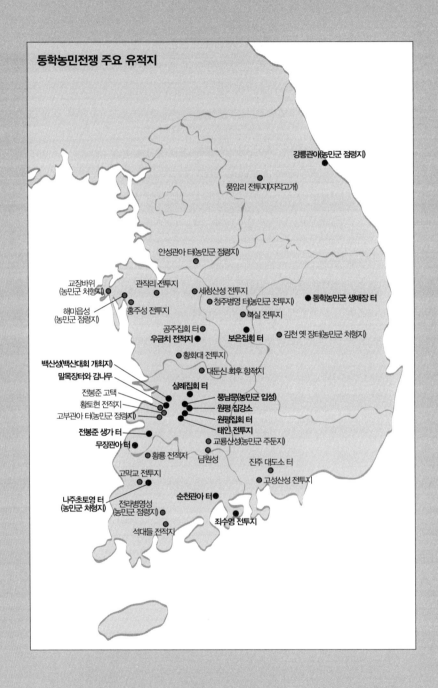

동학농민전쟁 주요 유적지

강릉관아(농민군 점령지)

풍암리 전투지(자작고개)

안성관아 터(농민군 점령지)

교장바위
(농민군 처형지)
관작리 전투지
세성산성 전투지
청주병영 터(농민군 전투지)
동학농민군 생매장 터
해미읍성
(농민군 점령지)
홍주성 전투지
북실 전투지
공주집회 터
우금치 전적지
보은집회 터
김천 옛 장터(농민군 처형지)

황화대 전투지

백산성(백산대회 개최지)
대둔신 회후 항적지

말목장터와 감나무
심례집회 터

전봉준 고택
풍남문(농민군 입성)
황토현 전적지
원평 집강소
고부관아 터(농민군 점령지)
원평집회 터

전봉준 생가 터
태인 전투지

무장관아 터
교룡산성(농민군 주둔지)

황룡 전적지
남원성

진주 대도소 터

고막교 전투지
고성산성 전투지

나주초토영 터
(농민군 처형지)
전라병영성
(농민군 점령지)
순천관아 터

석대들 전적지
좌수영 전투지

사발통문

고부에서 작성했으며, 사발통문 서명 중심 인물인 송두호의 손자 송종수 씨가 소장한 사본.

오른쪽과 같이 격문을 사방에 날려 전하니 여론이 비등했다. 매일 난망亂亡을 구가하던 민중들은 곳곳에 모여서 말하되, "났네 났어, 난리가 났어" "에이 참 잘 되얏지. 그냥 이 대로 지내서야 백성이 한 사람이 남아 있겠나" 하며 기일이 오기를 기다리더라.

이때 도인들은 선후책을 토의 결정하기 위해 고부 서부면 죽산리 송두호宋斗浩 집에 도소를 정하고 매일 운집해 차서次序를 결정하니 그 결의된 내용은 좌와 같다.

1. 고부성을 격파하고 군수 조병갑을 효수할 사.
2. 군기창과 화약고를 점령할 사.
3. 군수에게 아부하여 인민을 갈취한 탐관오리를 쳐 징계할 사.
4. 전주 감영을 함락하고 서울로 곧바로 올라갈 사.

오른쪽과 같이 결의가 되고 따라서 군사 전략에 능하고 모든 일에 민활한 영도자가 될 장…. (이하 판독 불능, 현대 문장으로 고쳤음.)

포고문

무장에서 발표한 최초의 선전포고문. 황현의 《오하기문》에 수록된 것을 필자가 번역.

사람이 세상에서 가장 귀하게 여김은 인륜이 있기 때문이며 군신과 부자는 가장 큰 인륜으로 꼽는다. 임금이 어질고 신하가 충직하며 아비가 자애롭고 아들이 효도를 한 뒤에야 국가를 이루어 끝없는 복록을 불러오게 된다. 지금 우리 임금은 어질고 효성스럽고 자애로우며 지혜롭고 총명하시다. 현량하고 정직한 신하가 있어서 잘 보좌하여 다스린다면 예전 훌륭한 임금들의 치적을 해를 가리키며 바랄 수 있다.

지금 신하가 된 자들은 나라에 갚으려는 생각을 아니하고 한갓 작록과 지위를 도둑질해 임금의 총명을 가리고 아부를 일삼아 충성스런 선비의 간언을 요사스런 말이라 하고 정직한 사람을 비도라 한다. 그리하여 안으로는 나라를 돕는 인재가 없고 바깥으로는 백성을 갈취하는 벼슬아치만이 득실거린다. 인민의 마음은 날로 더욱 비틀어져서 들어와서는 생업을 즐길 수 없고 나와서는 몸을 보존할 대책이 없도다. 학정은 날로 더해지고 원성은 줄을 이었다. 군신의 의리와 부자의 윤기와 상하의 구분이 드디어 남김없이 무너져 내렸다.

관자가 말하길 "사유四維(예의염치)가 베풀어지지 않으면 나라가 곧 멸망한다"고 했다. 방금의 형세는 예전보다 더욱 심하다. 위로는 공경대부 이하 아래로는 방백·수령에 이르기까지 국가의 위태로움은 생각지 아니하고 거의 자기 몸을 살찌우고 집을 윤택하게 하는 계책만을 몰두해 벼슬아치를 뽑는 문을 재물을 모으는 길로 만들고 과거 보는 장소를 교역의 장터로 만들고 있다. 그래서 허다한 재물이나 뇌물이 국고에 들어가지 않고 도리어 사사로운 창고를 채운다. 나라에는 부채가 쌓였는데도 갚으려는 생각은 아니하고 교만과 사치와 음탕과 안일로 나날을 지새워 두려움과 거리낌이 없어서 온 나라는 어육이 되고 만백성은 도탄에 빠졌다. 진실로 수령들의 탐학 때문이다. 어찌 백성이 곤궁치 않으랴.

백성은 나라의 근본이다. 근본이 깎이면 나라가 잔약해짐은 빤한 일이다. 그런데도 보국안민의 계책은 염두에 두지 않고 바깥으로는 고향집을 화려하게 지어 제 혼자 사는 방법에만 몰두하면서 녹위만을 도둑질하니 어찌 옳게 되겠는가?

우리 무리는 비록 초야의 유민이나 임금의 토지를 갈아먹고 임금이 주는 옷을 입으면서 망해가는 꼴을 좌시할 수 없어서 온 나라 사람이 마음을 함께하고 억조창생이 의논을 모아 지금 의로운 깃발을 들어 보국안민을 생사의 맹세로 삼노라. 오늘의 광경이 비록 놀랄 일이겠으나 결코 두려워하지 말고 각기 생업에 편안히 종사하면서 함께 태평세월을 축수하고 모두 임금의 교화를 누리면 천만다행이겠노라.

격문

백산에서 여러 곳으로 보낸 봉기를 알리는 글. 오지영의 《동학사》에 수록.

우리가 의를 들어 이에 이름은 그 본의가 결단코 다른 데 있지 아니하고 창생을 도탄 속에서 건지고 국가를 반석 위에다 두고자 함이다. 안으로는 탐학한 관리의 머리를 베고 밖으로는 횡포한 강적의 무리를 구축하고자 함이다. 양반과 부호의 앞에서 고통을 받는 민중들과, 방백과 수령의 밑에서 굴욕을 받는 소리小吏(낮은 벼슬아치)들은 우리와 같이 원한이 깊은 자라. 조금도 주저하지 말고 이 시각으로 일어서라. 만일 기회를 잃으면 후회해도 미치지 못하리라.

4대 행동강령

농민군이 지켜야 할 규율. 오지영의 《동학사》에 수록.

첫째, 사람을 함부로 죽이지 말고 가축을 멋대로 잡아먹지 마라.
둘째, 충효의 마음을 다하여 세상을 구제하고 백성을 편안케 하라.
셋째, 왜의 오랑캐를 섬멸하고 성스러운 길을 맑게 하라.
넷째, 군사를 몰아 서울로 들어가 세도가를 깡그리 없애라.

경군과 영병과 이교와 시민에게 보낸 고시

공주 전투를 끝낸 뒤 전 국민의 애국심을 호소하는 글. 경군京軍은 서울 주둔의 군사, 영병營兵은 지방 군대, 이교吏校는 하급 벼슬아치, 시민市民은 장사하는 상인. 원본은 고려대학교도서관 소장, 복사본은 국사편찬위원회 소장. 《동학농민전쟁 사료 총서》에 수록.

다름이 아니라, 일본과 조선이 개국한 이래로 비록 이웃 나라이나 여러 대에 걸쳐 적국이되었더니 성상의 인후하심을 힘입어 세 개의 항구를 열어주었다. 그리하여 통상을 벌인이후 갑신년(1882년 갑신정변) 시월에 네 흉물이 적에 협력해 군부君父의 위태로움이 아침저

녁에 달려 있더니 종사의 큰 복으로 간당을 소멸했도다.

금년 시월에 들어 개화파의 간사스런 무리가 왜국과 손을 잡고 결탁하여 밤을 타서 서울로 들어와 군부를 핍박하고 국권을 멋대로 휘두른다. 또 하물며 방백과 수령이 다 개화의 무리로 인민을 어루만져 구제하지 아니하고 살육을 좋아하며 생령을 도탄에 빠뜨리매 이제 우리 동학의 교도가 의병을 들어 왜적을 소멸하고 개화를 제어해 조정을 청평하고 사직을 안보할세, 매양 의병 이르는 곳에서 병정과 군교軍校가 의리를 생각지 아니하고 나와서 접전하매 비록 승패는 없으나 인명이 피차에 상하니 어찌 불쌍치 아니하리오.

기실은 조선끼리 서로 싸우자 하는 바 아니거늘 이와 같이 골육이 서로 싸우니 어찌 애달프지 아니하리오. 또한 공주 한밭의 일로 따져보더라도 비록 봄 사이의 일을 원수 갚은 것이라 하나 일이 참혹하며 후회가 막급하도다. 방금 대군이 서울을 압박하고 있어 팔방이 흉흉한데 편벽되어 서로 싸우기만 하면 가위 골육이 서로 싸우는 것이라. 일변 생각건대 조선 사람끼리라도 도는 다르나 척왜와 척화의 뜻은 같은지라. 두어 글자로 의혹을 풀어 알게 하노니 각기 들어보고 충군 우국의 마음이 있거든 곧 의리로 돌아오면 상의해 같이 척왜·척화하여 조선이 왜국이 되지 아니케 하고 같은 마음으로 힘을 합해서 대사를 이루게 하올세라.

전봉준 절명시

전봉준이 사형을 당하면서 마지막으로 지은 시. 시사신보에 수록된 것을 필자가 번역.

때를 만나서는 천지도 모두 힘을 합하더니 　　　　時來天地皆同力

운이 가니 영웅도 스스로 어찌하지 못하는구나. 　　運去英雄不自謀

인민 사랑하는 정의 나 실수 없어요. 　　　　　　愛民正義我無失

나라를 위하는 붉은 마음 누가 알아주리. 　　　　爲國丹心誰有知

파랑새

동학농민전쟁이 실패한 뒤 사람들이 부른 민요. 『나라사랑』 1974년 15집에 수록.

새야 새야 파랑새야
녹두밭에 앉지 마라
녹두꽃이 떨어지면
청포장수 울고 간다.

새야 새야 파랑새야
녹두밭에 앉은 새야
녹두꽃이 떨어지면
부지깽이 매 맞는다.

새야 새야 파랑새야
녹두밭에 앉은 새야
엄마 죽은 넋새 보오
엄마 죽은 넋이외다.

새야 새야 파랑새야
너는 어이 날아왔니
술잎 댓잎 푸릇푸릇
봄철인가 날아왔지.

가보잡기

황현의 《오하기문》과 여러 전설 등 관련 자료를 모아 필자가 정리.

이 무렵 서울이나 지방을 가릴 것 없이 골패놀이가 유행했다. 골패는 중국의 전통놀이였는데 임오군란壬午軍亂 이후 청나라 군인들이나 상인들이 곧잘 이 놀이를 했고 조선 사람들이 그 방법을 배웠다. 그런데 그 골패놀이의 방법이 복잡해서 조선 사람들은 쉽게 놀이판을 벌일 수 없었다. 그래서 그 방법을 쉽게 변형시킨 마조패馬弔牌라는 놀이를 유행시켰다. 마조패는 한때 전국으로 퍼져나갔다.

우리나라의 전통 노름 놀이에는 투전이 있었다. 투전놀이는 '가보'를 잡으면 판을 이기는 것으로 되어 있다. 가보는 두 장의 끝 수를 합해 9가 나오는 것을 말한다. 이를 '가보잡기'라 한다. 가보를 잡은 사람은 패를 바닥에 펴 보이면서 "가보낭청"이라 외친다. 이때 '낭청'은 벼슬자리에 나가는 것을 뜻하는 것 같다. 그런데 마조패에도 투전 방식을 적용시켜 가보잡기로 승부를 결정하게 했다.

한편 개항 이후 일본 상인들이 유행시킨 화투에도 가보잡기 방식이 적용되었다. 투전 놀이처럼 끝 수를 합해 9를 잡는 것이다. 그런데 어느 때부터인지 마조패에서 가보를 잡으면 "갑오갑자미甲午甲子尾(갑오는 갑자의 꼬리)"라고 외쳤다. 사람들은 처음에는 그 뜻을 몰랐다. 이때 와서야 사람들은 그 뜻을 "금상수上의 임금이 갑자년에 임금의 자리에 오르고 금년 갑오년에 큰 난리가 일어나 나라의 운수가 다하게 되었으니, 이는 갑오는 갑자의 꼬리가 되는 것을 뜻한다"고 풀이했다. 이 말이 궁중에도 흘러 들어갔다 한다. 곧 이 풀이는 현재의 임금인 고종이 물러난다는 것을 의미했다. 그야말로 양반사회 또는 기존 체제를 고수하려는 왕조의 위기를 조장하고 민심을 충동하는 유언流言이었다.

미주

1 기쿠치 겐조(菊地謙讓),《동학당의 난(東學黨の亂)》. 족보인 〈병술보〉에는 묘소가 태인에 있다고 했다.

2 기쿠치 겐조,《동학당의 난》.

3 오지영,《동학사東學史》.

4 최현식,《갑오동학혁명사》.

5 박문규,《석남역사石南歷史》.

6 기쿠치 겐조,《동학당의 난》.

7 《해월선생문집海月先生文集》 중 〈신묘년조〉.

8 《남원동학사南原東學史》.

9 윤효정,《풍운風雲 한말비사韓末秘史》.

10 김상기,《동학東學과 동학사東學亂》.

11 장도빈,《갑오동학란甲午東學亂과 전봉준全琫準》.

12 어윤중,〈취어聚語〉.

13 향토사학자 최순식이 수집한 증언.

14 황현,《오하기문梧下記聞》.

15 서울대주교 뮤텔Mutel,《동학문서東學文書》.

16 《남원동학사》.

17 최현식,《갑오동학혁명사》.

18 장봉선,《전봉준실기全琫準實記》.

19 〈전봉준 공초全琫準供招〉.

20 《고종실록高宗實錄》.

21 최현식,《갑오동학혁명사》.

22 장봉선,《전봉준실기》.

23 박문규,《석남역사》.

24 《고종실록》.

25 황현, 《오하기문》.

26 오지영, 《동학사》.

27 오지영, 《동학사》.

28 오지영, 《동학사》.

29 동경일일신문東京日日新聞.

30 《고부민요일기古阜民擾日記》.

31 기쿠치 겐조, 《동학당의 난》.

32 박문규, 《석남역사》.

33 황현, 《오하기문》.

34 황현, 《오하기문》.

35 국민신문國民新聞.

36 황현, 《오하기문》.

37 〈양호초토등록兩湖招討謄錄〉.

38 〈판결선언서判決宣言書〉.

39 《천도교창건사天道敎創建史》, 자료에 따라 가사가 약간 차이가 있음.

40 장도빈, 《갑오동학란과 전봉준》.

41 황현, 《오하기문》.

42 〈갑오약력甲午略歷〉.

43 〈순무선봉진등록巡撫先鋒陣謄錄〉.

44 《동학당 시찰일기東學黨視察日記》.

45 황현, 《오하기문》.

46 황현, 《오하기문》.

47 〈갑오약력〉.

48 《동아선각지사기전東亞先覺志士紀傳》.

49 《동학당 시찰일기》.

50 《1894년 농민전쟁연구 4》, 〈농민전쟁 전개과정〉.

51 오지영, 《동학사》.

52 〈선유방문병동도상서소지등록宣諭榜文並東徒上書所志謄錄〉의 '전봉준 상서全琫準上書'.

53 〈순무선봉진등록〉.

54 〈공산초비기公山剿匪記〉.

55 〈순무선봉진등록〉.

56 고종의 〈효유문曉諭文〉.

57 '고시告示 경군여영병이교시민京軍與營兵吏校市民', 《동학농민전쟁 사료 총서》에 수록.

58 《우선봉 일기右先鋒日記》.

59 《우선봉 일기》.

60 《우선봉 일기》.

61 〈순무선봉진등록〉.

62 《우선봉 일기》.

63 《우선봉 일기》.

64 《김낙철 역사金洛喆歷史》.

65 황현, 《오하기문》.

66 황현, 《오하기문》.

67 이용구李容九, 〈생애와 홍주유적洪疇遺績〉 등.

68 《동아선각지사기전東亞先覺志士記傳》《홍범 유적洪範遺績 현양사사사玄洋社社史》 등 종합.

69 메사마시신문.

70 〈전봉준 공초〉.

71 기쿠치 겐조, 《동학당의 난》.

72 《전봉준과 대원군 사이에 무슨 일이 있었는가》.

73 〈전봉준 판결 선언全琫準判決宣言〉.

74 대판조일신문大阪朝日新聞.

75 오지영, 《동학사》.

76 김문자의 논문 〈전봉준의 사진과 무라카미 텐신〉 참고.

77 『나라사랑』 1974년 15집에 수록.

78 황현, 《오하기문》 〈갑오년조〉.

79 동경조일신문 1895년 3월 6일자. 우윤의 《전봉준과 갑오농민전쟁》 참고.

80 황현, 《오하기문》 〈갑오년조〉.

81 《해월선생문집》.

82 《갑오동학甲午東學의 난亂》.

83 장도빈, 《갑오동학란과 전봉준》.

84 〈동학東學의 변란變亂과 전주全州〉.

85 《동학 2》, 〈해월의 고난 역정〉.

86 최현식, 《갑오동학혁명사》.

전봉준, 혁명의 기록

초판 1쇄 인쇄 2014년 10월 27일
초판 4쇄 발행 2020년 6월 10일

지은이 | 이이화

발행인 | 박재호
편집팀 | 고아라, 홍다휘, 강혜진
마케팅팀 | 김용범, 권유정
총무팀 | 김명숙

디자인 | 이석운
종이 | 세종페이퍼
인쇄 · 제본 | 한영문화사

발행처 | 생각정원
출판신고 | 제25100-2011-000320호
주소 | 서울시 마포구 양화로 156(동교동) LG팰리스 814호
전화 | 02-334-7932 팩스 | 02-334-7933
전자우편 | 3347932@gmail.com

ISBN 979-11-85035-13-0 (03300)

이 도서의 국립중앙도서관 출판예정도서목록(CIP)은 서지정보유통지원시스템 홈페이지(http://seoji.nl.go.
kr)와 국가자료종합목록 구축시스템(http://kolis-net.nl.go.kr)에서 이용하실 수 있습니다.(CIP제어번호:
CIP2014029954)